智能交通先进技术译丛

网联汽车与智慧城市的大数据分析

[美] 鲍勃·麦昆（Bob McQueen） 著

王昕彦 孙德林 梁桂航 宋进桂
李尊胜 李 栋 祁美玉 张建伟 译

机械工业出版社

本书对交通运输、数据科学、汽车设计和智慧城市规划多个学科的交叉领域进行了探索，其目的是对智慧城市的交通运输提供全面的指导建议。本书论述了大数据、网联汽车和自动驾驶汽车、智慧城市及分析学的概念；解释了如何将书中所包含的工具和技术应用于智慧城市交通服务；总结了大数据分析技术对交通的价值，以及应采取哪些步骤来利用这些强大的资源；最后，提出了对智慧城市专业人士的建议。

本书读者对象包括交通运输规划人员和交通工程师、行业分析师、数据科学家、数据工程师和开发人员、汽车制造人员、智慧城市倡导者和实施者、大学师生。

Big Data Analytics for Connected Vehicles and Smart Cities, by Bob Mcqueen, ISBN: 978-1-63081-321-5.

©2017 Artech House.

This title is published in China by China Machine Press with license from Artech House. This edition is authorized for sale in China.only,excluding Hong Kong SAR,Macao SAR and Taiwan.Unauthorized export of this edition is a violation of the Copyright Act.Violation of this Law is subject to Civil and Criminal Penalties.

本书由Artech House授权机械工业出版社在中国境内（不包括香港、澳门特别行政区及台湾地区）出版与发行。未经许可之出口，视为违反著作权法，将受法律之制裁。

北京市版权局著作权合同登记 图字：01-2019-0961号。

图书在版编目（CIP）数据

网联汽车与智慧城市的大数据分析 /（美）鲍勃·麦昆（Bob McQueen）著；王昕彦等译. —北京：机械工业出版社，2020.4

（智能交通先进技术译丛）

书名原文：Big Data Analytics for Connected Vehicles and Smart Cities

ISBN 978-7-111-65611-1

Ⅰ.①网… Ⅱ.①鲍… ②王… Ⅲ.①汽车-智能通信网-关系-现代化城市-城市建设-研究 Ⅳ.①U463.67 ②C912.81

中国版本图书馆CIP数据核字（2020）第081730号

机械工业出版社（北京市百万庄大街22号 邮政编码100037）

策划编辑：赵海青　　责任编辑：赵海青　王　婕
责任校对：陈　越　　封面设计：鞠　杨
责任印制：常天培

北京虎彩文化传播有限公司印刷

2020年8月第1版第1次印刷
169mm×239mm·16.25印张·2插页·270千字
标准书号：ISBN 978-7-111-65611-1
定价：125.00元

电话服务　　　　　　　　　网络服务
客服电话：010-88361066　　机　工　官　网：www.cmpbook.com
　　　　　010-88379833　　机　工　官　博：weibo.com/cmp1952
　　　　　010-68326294　　金　书　网：www.golden-book.com
封底无防伪标均为盗版　　　机工教育服务网：www.cmpedu.com

译者序

智慧城市（Smart City）利用各种信息技术或创新概念，将城市的系统和服务打通并集成，以提升资源运用效率，优化城市管理和服务，以及改善市民生活质量。IBM 曾于 2010 年正式提出"智慧城市"愿景，国内也有不少公司提出了智慧城市的架构体系，并在若干城市建设项目中得到应用。

智慧城市涉及领域广泛，交通运输是其中的一个重要方面。交通工具正在发生变革，新的交通运输服务形式也正在出现。网联汽车和自动驾驶汽车正在推广和开发，它们在提高效率、安全性和改善无人驾驶用户体验等方面存在极大的可能性。除此之外，网联汽车和自动驾驶汽车还会对大数据分析方法产生重大影响，从而有可能使交通运输数据由收集和分析发生革命性的变化。

本书的宗旨是从交通运输角度对智慧城市的建设提出建设性意见。内容涉及数据科学、统计学、交通运输及城市规划等多个学科，介绍了大数据、分析工具和分析技术可以解决的问题；讨论了大数据的不同维度、大数据的重要性和大数据与智慧城市交通运输的相关性；分析了网联汽车和自动驾驶汽车及其对汽车工业的影响。

本书介绍了数据湖概念和创建数据湖的可靠方法，对数据湖的创建具有指导意义。书中所介绍的交通运输数据分析学的实际应用和概念，以及智慧城市交通运输服务成本和效益的估算方法，对智慧城市的交通运输管理和规划具有参考价值。

本书可供交通运输规划人员和交通工程师、行业分析师、数据科学家、数据工程师和开发人员、汽车制造人员、智慧城市倡导者和实施者，以及大学师生阅读参考。

参与本书翻译的人员有王昕彦、孙德林、梁桂航、宋进桂、李尊胜、李栋、张建伟、祁美玉等。由于译者水平所限，书中难免有不妥之处，敬请各行业专家和读者朋友批评指正。

译者
2019 年 9 月

前言

在编写本书的过程中，我很好地体现了苏格兰传统。在苏格兰，包括造船和桥梁建设在内的大型工程都有着悠久的历史。"克莱德建筑"一词成为高质量工程的代名词，它将创新、实用及可靠的方法结合起来。本书希望沿袭这一历史传统，提供一个既坚固又具创新性的工程结构，以弥合数据科学和交通运输之间的鸿沟。本书研究了智慧城市的发展趋势，重点研究了智慧城市所需的交通运输服务类型。虽然智慧城市远不止交通运输，但由于交通在提供智慧城市所需的传递性和可达性方面十分重要，所以对这个问题给予了重点关注。

由于网联汽车和自动驾驶汽车在提高效率、安全性和用户体验等方面存在可能性，所以本书也对其进行了重点介绍。因为这些车辆将产生数据集，会对大数据分析产生重大影响，从而有可能使交通数据的收集和分析发生革命性的变化。

在过去几年的咨询工作中，我有幸与交通、数据科学和分析学方面的专家密切合作，从而对数据管理和分析领域正在发生的变化有了独特而深入的理解。大数据概念的出现，使得以前被认为对存储和计算显得太大的数据集能够作为一个单一的存储库来处理，从而产生新的领悟与理解。在咨询过程中，特别感谢 Teradata Inc. 的员工，他们提供了数据科学和分析学方面的知识、专业技能和经验，使我能将其与先进的交通运输技术相融合。只有在大数据分析技术方面处于世界领先地位的人，才能提供这样的经验。有机会参与横跨数据科学和交通运输的项目，对于获取本书构思所需的信息和背景至关重要。我认为，将大数据分析技术应用于智慧城市会获益匪浅，希望本书将有助于揭示这些技术的威力和改善交通运输的方法。

大量来自数据科学和交通运输行业的人士对本书的创作产生了影响，由于人数太多，不能一一提及。然而，考虑到对本书关于这一主题理解所产生的影响的重要性，有几位朋友应该特别提及，其中，最为重要的是 Teradata Inc. 的工业顾问彼得·基维斯特（Peeter Kivestu）。在过去的两年里，我与彼得密切合作，学到了很多关于数据分析学和数据科学的知识。在这一过程中，彼得成了我的好朋友，并且成为我获得知识和灵感的绝妙来源。其他对我有显著影响的包括以下人员。感谢所有提供帮助的人，是你们给予我知识和智慧。

Al Stern, Citizant
Eric Hill, MetroPlan Orlando
Mary Gros, Teradata
Albert Yee, Emergent Technologies
Eva Pan, LA County Metropolitan Transportation Authority
Matt Burt, Volpe Center
Alberto Belt, Teradata
Greg McDermott, Teradata
Mena Lockwood, Virginia Department of Transportation
Alex Estrella, SANDAG
Gregory Kanevsky, Teradata
Michael Bolton, Pace Bus, Chicago
Alfredo Escriba, Kapsch
Jacek Becla, Teradata
Mickey Schwee, Tableau Software
Anita Vandervalk-Ostrander, Cambridge Systematics
James Dreisbach Towle, SANDAG
Mike Riordan, Teradata
Apurva Desai, Kyra Solutions
James Durand, Ohio State University
Mike Smith, Teradata
Armand Ciccarelli, Appian Strategies
James Garner, PACE Bus, Chicago
Mohammed Hadi, Florida International University
Ashley Holmes, Indiana Toll Road
Jane White, LA County
Nicola Liquori, SunRail
Bill Malkes, GRIDSMART
Jason Trego, Amazon
Nikola Ivanov, University of Maryland
Bill Thorp, Kyra Solutions
Jeff Siegel, HNTB
Paul Huibers, Teradata
Brandon Lucado, Teradata

Jeremy Dilmore, Florida Department of Transportation District 5
Peter Thompson, SANDAG
Bruce Teeters, Teradata
Jim Clark, Rhythm Engineering
Petros Xanthopoulos, Stetson University
Carrie Feord, Teradata
Jim Durand, Ohio State University
Piyush Patel, Kyra Solutions
Charles Ramdatt, City of Orlando
Jim Misener, Qualcomm
Prof. Kan Chen, Cheryl Wiebe, Teradata
Jim Wright, Ram Prasad, Kyra Solutions
Chris Bax, Cubic Transportation Systems
John Thuma, ActionIQ
Randy Cole, Ohio Turnpike
Chris Davis, MIT Enterprise Forum of Cambridge
Kathleen Frankle, University of Maryland
Ray Traynor, SANDAG
Chris Francis, Citizant
Katie Eastburn, Kyra Solutions
Rebekah Hammond Dorworth, Kyra Solutions
Chris Kane, Teradata
Katie Steckman, Amazon
Rick Harmison, Teradata
Chris Sullivan, Teradata
Kevin Borras, H3BM
Rick Schuman, INRIX
Cindy Wiley, Teradata
Kevin Hoeflich, HNTB
Rob Hubbard, Cisco
Clay Packard, Atkins
Klaus Banse, ITS Columbia
Robert Bruckner, RMB Consultive

Damian Black, SQLStream

Kris Milster, Traffic Technology Services

Robert Murphy, aecom.com

Dan Graham, Teradata

Kyle Connor, Cisco

Stephen Payne, AECOM

Danielle Stanislaus, Emergent Technologies

Luis Hill, H3BM

Steve Gota, LA County Metropolitan Transportation Authority

Darla Marburger, Claraview

Marc Chernoff, Teradata

Tim Lomax, Texas Transportation Institute

David Lawson, NewSci

Marc Grosse, Teradata

Tip Franklin, Smart Cities Consultant

Devang Patel, Kyra Solutions

Marcie Selhorst, Teradata

TJ Ross, Pace Bus Chicago

Diane Gutierrez-Scaccetti, Florida's Turnpike Enterprise

Mark Demidovich, Georgia DOT

Tony Stryker, Teradata

Dick Kane, Mark Hallenback, University of Washington, TRAC

Tushar Patel, Florida Department of Transportation District 5

Dr Mohamed Abdel-Aty, University of Central Florida

Martha Morecock-Eddy, HNTB

Vatsal Patel, Litmus Solutions

Dr. Essam Radwan, University of Central Florida

Martin Rosell, WirelessCar

Vik Bhide, City of Tampa

Ellison Alegre, SANDAG

Mary Eward, Teradata

鲍勃·麦昆

目录

译者序

前言

第1章 引言

1.1 知识目标 ...001
1.2 词频云图 ...001
1.3 导语 ...002
1.4 背景 ...002
1.5 为什么提出这个问题？为什么现在提出这个问题？ ...004
1.6 本书的目标读者 ...004
1.7 各章内容概览 ...006
参考文献 ...010

第2章 拟解决的问题

2.1 知识目标 ...011
2.2 词频云图 ...011
2.3 导语 ...012
2.4 问题而不是答案 ...014
2.5 问题概述 ...014
2.6 与安全性有关的问题 ...018
2.7 与效率有关的问题 ...019
2.8 与用户体验有关的问题 ...024
2.9 如何处理这些问题？ ...026
参考文献 ...026

第3章 什么是大数据

- 3.1 知识目标 ...027
- 3.2 词频云图 ...027
- 3.3 导语 ...028
- 3.4 如何度量大数据? ...029
- 3.5 什么是大数据? ...030
- 3.6 挑战 ...036
- 3.7 交通运输大数据 ...040
- 3.8 交通运输系统管理及运营 ...045
- 参考文献 ...046

第4章 网联汽车和自动驾驶汽车

- 4.1 知识目标 ...047
- 4.2 词频云图 ...047
- 4.3 导语 ...048
- 4.4 什么是网联汽车 ...050
- 4.5 网联汽车的挑战 ...052
- 4.6 什么是自动驾驶汽车? ...059
- 4.7 自动驾驶汽车的挑战 ...062
- 4.8 网联汽车和自动驾驶汽车之间的差异概要 ...064
- 4.9 智慧城市中的网联汽车和自动驾驶汽车 ...065
- 4.10 网联汽车和自动驾驶汽车对交通运输业可能产生的影响 ...066
- 4.11 大数据和可连接性 ...067
- 4.12 智慧城市内的网联汽车和自动驾驶汽车 ...067
- 4.13 网联汽车和自动驾驶汽车对汽车工业可能产生的影响 ...069
- 4.14 小结 ...070
- 参考文献 ...071

第5章 智慧城市

5.1 知识目标 ...073
5.2 词频云图 ...073
5.3 导语 ...074
5.4 什么是智慧城市? ...075
5.5 智慧城市的目标 ...083
5.6 走向智慧城市的步骤 ...085
5.7 智慧城市框架 ...088
5.8 投资效果评估 ...093
5.9 智慧城市的挑战 ...093
5.10 智慧城市的机遇 ...094
5.11 从伦敦拥堵费项目中吸取的经验教训 ...096
5.12 感性城市 ...100
5.13 小结 ...102
参考文献 ...102

第6章 什么是分析学?

6.1 知识目标 ...104
6.2 词频云图 ...104
6.3 导语 ...105
6.4 分析学定义 ...106
6.5 为什么说分析学是有价值的? ...107
6.6 智慧城市服务分析学 ...109
6.7 智慧城市的分析学绩效管理 ...118
6.8 分析学和数据湖如何密切配合? ...119
6.9 如何确定与分析学相关的数据需求 ...120
6.10 小结 ...120
参考文献 ...121

第7章 分析学在交通运输中的实际应用

- 7.1 知识目标 ...122
- 7.2 词频云图 ...122
- 7.3 导语 ...123
- 7.4 什么是综合支付系统？ ...124
- 7.5 为什么综合支付会成为智慧城市的良好起点？ ...125
- 7.6 综合支付系统分析及其实际应用 ...126
- 7.7 什么是MaaS？ ...126
- 7.8 为什么MaaS是智慧城市的良好起点？ ...127
- 7.9 MaaS分析及其实际应用 ...128
- 7.10 什么是交通管理？ ...129
- 7.11 为什么交通管理会成为智慧城市的良好起点？ ...129
- 7.12 交通管理分析及其实际应用 ...130
- 7.13 什么是公共交通管理？ ...131
- 7.14 为什么公共交通管理会成为智慧城市的良好起点？ ...131
- 7.15 公共交通管理分析及其实际应用 ...132
- 7.16 什么是绩效管理？ ...133
- 7.17 为什么绩效管理会成为智慧城市的良好起点？ ...134
- 7.18 绩效管理分析及其实际应用 ...135
- 7.19 小结 ...135
- 参考文献 ...137

第8章 交通运输应用案例

- 8.1 知识目标 ...138
- 8.2 词频云图 ...138
- 8.3 导语 ...139
- 8.4 什么是应用案例？ ...140
- 8.5 智慧城市交通运输应用案例 ...141
- 8.6 小结 ...151
- 参考文献 ...151

第 9 章 数据湖的创建

- 9.1 知识目标 ...152
- 9.2 词频云图 ...152
- 9.3 导语 ...153
- 9.4 数据湖的定义 ...156
- 9.5 数据湖的工作方式 ...156
- 9.6 数据湖的价值 ...160
- 9.7 数据湖的挑战 ...162
- 9.8 创建数据湖的方法 ...164
- 9.9 成功的组织 ...166
- 9.10 小结 ...168
- 参考文献 ...169

第 10 章 交通运输数据分析学的实际应用和概念

- 10.1 知识目标 ...170
- 10.2 词频云图 ...170
- 10.3 导语 ...171
- 10.4 概念 ...172
- 10.5 高速公路车速可变性分析 ...173
- 10.6 智慧城市可达性指数 ...182
- 10.7 通行费回报指数 ...184
- 10.8 干线道路绩效管理 ...186
- 10.9 公共汽车购置的决策支持 ...186
- 10.10 分析学应用的思考 ...187
- 参考文献 ...190

第 11 章 智慧城市交通运输服务的效益和成本估算

- 11.1 知识目标 ...191

11.2 词频云图 ...191
11.3 导语 ...192
11.4 方法概述 ...193
11.5 若干假定 ...195
11.6 智慧城市成本与效益评估 ...198
11.7 成本估算目的的假定配置 ...200
11.8 智慧城市交通运输服务的成本评估 ...209
11.9 智慧城市交通运输服务成本汇总 ...221
11.10 智慧城市交通运输服务的效益评估 ...222
11.11 智慧城市交通运输服务成本和效益总结 ...229
11.12 小结 ...230
参考文献 ...231

第12章 全书总结

12.1 知识目标 ...234
12.2 词频云图 ...234
12.3 导语 ...235
12.4 第1章回顾 ...236
12.5 第2章回顾 ...236
12.6 第3章回顾 ...237
12.7 第4章回顾 ...237
12.8 第5章回顾 ...238
12.9 第6章回顾 ...238
12.10 第7章回顾 ...239
12.11 第8章回顾 ...239
12.12 第9章回顾 ...239
12.13 第10章回顾 ...240
12.14 第11章回顾 ...240
12.15 给智慧城市交通运输专业人员的建议 ...241
12.16 小结 ...243
参考文献 ...244

第 1 章 引 言

1.1 知识目标

1. 本书的写作背景是什么?
2. 为什么选择这些主题?
3. 为什么本书现在具有重要意义?
4. 哪些人是本书的预期读者?
5. 本书涉及哪些主题?
6. 不同的读者群阅读本书后期望的收获应该是什么?

1.2 词频云图

　　用可视化方式对文件内容进行概略描述的一个好方法是创建一个词频云图。词频云图显示文件中最常使用的词汇,其字体大小与词汇的使用频率成正比,它提供了一种快速简单的方法来概述文件内容。第 1 章的词频云图如图 1-1 所示。在其余各章的开头都提供了类似的词频云图。

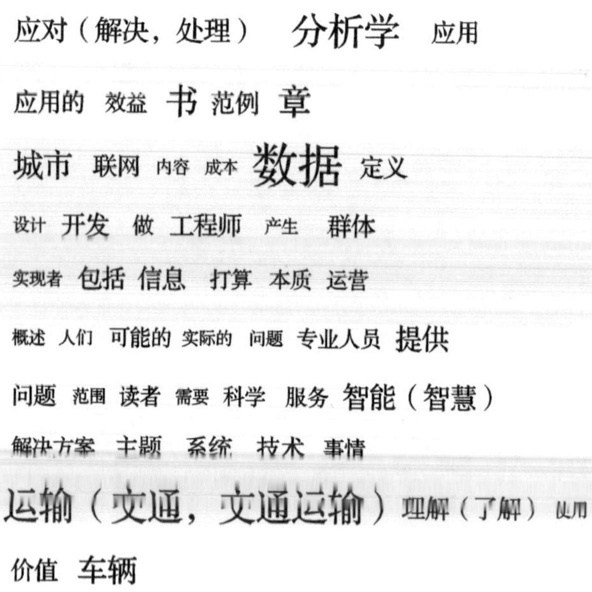

应对（解决，处理） 分析学 应用
应用的 效益 书 范例 章
城市 联网 内容 成本 数据 定义
设计 开发 做 工程师 产生 群体
实现者 包括 信息 打算 本质 运营
概述 人们 可能的 实际的 问题 专业人员 提供
问题 范围 读者 需要 科学 服务 智能（智慧）
解决方案 主题 系统 技术 事情
运输（交通，交通运输） 理解（了解） 使用
价值 车辆

图1-1 第1章词频云图

1.3 导语

本书对几个主要学科（包括交通运输、数据科学、汽车设计和智慧城市规划）之间的交叉领域进行了探索，其目的是对智慧城市的交通运输提供全面的指导。本章作为本书内容的背景介绍，帮助读者了解本书的具体内容。

1.4 背景

现在是成为一名交通运输专业人员的绝佳时机。技术和数据可用性所提供的机会是巨大的，我很荣幸有机会写这本书来交流这些精彩的东西。1997年，我写了一本关于系统架构技术在智能交通系统中应用的书。当初的动机是将有价值的技术和方法提供给交通运输专业人员以及有兴趣将系统工程和系统数据分析技术应用于交通运输的其他人员使用，其重点是系统工程和交通运输之间的接口。而本书提供了一个类似的机会，并可能产生更好的效果。这个新机会在于解决交通运输和数据科学之间的接口问题，从而说明在智慧城市和交通运输背景下，数据科学和分析学方面的最新进展的用处和威力。本书的写作动机与我早先的工作动机相同，即提醒交通运输专业人员注意：在安全性、效率和增强用户体验方面存在着实现数据价值的极大可能性。

本书的大部分内容来源于我公司为 Teradata Inc. 进行的一系列咨询活动。Teradata 公司是航空交通运输业、银行业和零售业等多个市场领域中大数据分析的领导者。这些咨询活动的目的是支持将相关经验和专门知识引入智能交通系统和智慧城市领域。这些任务通过与领先的大数据分析专家合作，并与交通运输客户进行协调，为探索和定义交通运输与数据科学之间的交叉领域提供一个独特的机会。

本书的出现是因为我们正在经历着数据科学能力的快速提升与各种交通运输数据可用性增长的局面。事实上，现在有关交通运输基础设施和运营的可用数据可能比以往任何时候都多。智慧城市、网联汽车和自动驾驶汽车的兴起有望为已经从基础设施传感器获得的数据增加更多的数据量。

智慧城市是一个为了解决先进技术的应用问题，加强服务并改善市民和游客的生活而被广泛采用的总括性术语。根据联合国的统计，现在住在城市里的人比住在农村地区的人多[1]，因此，智慧城市的重要性正在提升。网联汽车在车辆与后台设施之间具有双向通信能力。本书使用"后台设施"一词来代指远离道路的处理中心或管理中心。该中心接收来自车辆和道路基础设施的数据，并对其进行数据处理，然后将其转化为信息、感知能力和理解能力。后台设施这一术语通常不用于交通运输，然而本书描述了几种不同的处理和管理中心，有一个通用的术语是十分有用的。网联汽车的双向通信能力也使车辆能够相互通信，从而通过避免潜在的撞车事故来提供一些重大的安全改进。车辆到后台设施的连接还能够从车辆中提取大量数据，并将信息传递给驾驶员。自动驾驶汽车使私人汽车减轻驾驶员的驾驶负担，并且使货运车辆以及公交车辆不再需要驾驶员成为可能。这些自动驾驶汽车的发展需要大量的管理和控制数据。同时，这些先进的车辆也将产生大量的数据。

近年来还出现了私人数据源，这增加了交通运输专业人员以及其他希望了解与交通运输有关的发展趋势和运行模式的人员可以获得的数据量。交通运输专业人员正在努力通过管理这些数据并将其转化为信息，而从中提取价值。本书旨在认识和解决交通运输专业人员面临的新挑战和机遇，为将大数据分析技术应用于智慧城市的交通服务相关的决策和战略研究提供帮助。

1.5 为什么提出这个问题？为什么现在提出这个问题？

本书背后的思想是基于一个简单的问题：如何将关于大数据和数据科学的所有宝贵经验汇总在一起？此外，对那些有兴趣将这些技术应用于智慧城市交通运输的人，怎样才能以一种有意义的方式展现这些经验？我很幸运能够在过去两年里专注于大数据分析技术在交通领域的应用。在交通运输背景的基础上，这一时期充满了对新兴数据科学和分析技术如何有益于智慧城市交通运输的意外发现和新见解。从交通运输和数据科学的边界出发的有利视角，提供了这两个主题领域如何相互关联的独特观点。因此，本书的成功定义是在智慧城市社区中建立认识和兴趣，激励从业人员熟悉和利用可用的新工具和功能。智慧城市交通通过大数据的有效利用和分析，可以释放出巨大的能量。

虽然由于大数据分析技术这两个术语的广泛使用，这个问题可能有些老生常谈，但将这些原理应用于智慧城市交通却存在巨大的可能性。这些术语流行的事实也可以被认为是积极的，因为这意味着更多的人至少意识到正在发生什么事情。不幸的是，这种意识并不总是建立在坚实的基础之上。这是在这个特殊时期写这本书的另一个原因。希望这种对大数据分析技术的普遍兴趣，将变成一个能增加更多信息并揭示交通运输机制供求双方真实属性的平台。

正在发生的数据科学革命的性质不仅仅与数据的大小或数量有关。随着数据集越来越大，它们在洞察力和理解力上也变得更丰富，这会存在刺激交通运输的可能性。因此，它将有能力存储和操作大量的数据，获得更好的信息，并从这些信息中获得更深刻的见解。这是通过一个横跨整个企业或组织的更宽的数据视角来实现的。这还提供了将数据合并到一个集中访问的存储库中的能力，而以前它可能是以互不联通的形式存储数据，以适应数据管理技术的限制。这种获得企业范围数据视图的新能力会使信息可能性大幅增加。

1.6 本书的目标读者

确定本书的目标读者有两个目的。首先，可让作者清楚地了解目标读者群，以指导内容的选择和呈现形式。其次，可使读者了解通过阅读本书可以实现的价值。本书主要面向以下读者：

（1）交通运输专业人员

这部分读者包括交通运输规划师、交通工程师、交通运输运营和服务提供专业人员、货运规划人员和货运业务专业人员，以及交通运输领域的行政领导。本书的目的是让这个群体了解什么是大数据分析技术，以及怎样才能以一种实际而有用的方式将大数据分析技术应用于交通规划、运营和服务提供。

（2）行业分析师、数据科学家、数据工程师和开发人员

分析师、科学家、工程师和开发人员很可能涉及大数据分析系统的开发，或将现成的商业解决方案应用于交通运输问题。他们的技术和解决方案如何以一个实际并且有用的方式应用在交通运输领域，本书为这些读者提供了一个总的看法。

（3）汽车制造人员

这部分读者包括工程师、产品规划师和在汽车制造企业工作的设计师，还包括设备和服务供应商，他们与汽车制造人员合作，向驾驶员提供网联汽车和自动驾驶汽车的解决方案。本书的目的是让这个群体全面了解大数据分析技术如何以可行的方式应用于交通运输领域。文中还讨论了网联汽车和自动驾驶汽车在数据提供、数据转换为信息以及利用分析学来理解趋势和模式的范围内的价值。汽车制造人员及其电子产品供应人员对网联汽车和自动驾驶汽车都有深入的参与。本书能够为正在进行的决策和产品开发提供有价值的信息。

（4）智慧城市倡导者和实施人员

这个读者群包括负责智慧城市交通运输规划的城市官员、市长和负责实施智慧城市愿景的其他行政领导。本书为这部分读者提供了可以从城市分析的角度集成到智慧城市中的各元素的信息。此外，本书阐明了大数据的威力，并为将大数据分析技术纳入任何智慧城市愿景提供了坚实的业务依据。对于将重点聚焦在开发更智能和更好的城市交通运输来说，这是一个令人兴奋的时刻。可以设想，在对交通运输供应、需求和营运条件的详细理解基础上，大数据分析将成为智慧城市交通运输发展的核心。这一认识有望在很大程度上改善城市交通运输的服务提供。

（5）大学教授和学生

对于这个读者群来说，本书的目的是提供智慧城市背景下的大数据分析的

最新有用资源。希望对最新方法和技术如何应用于交通运输的解释将促使下一代利用当前的努力作为平台，并逐步确立数据、数据分析和交通运输的作用。在许多方面，大数据分析技术象征着新型沥青、混凝土和钢筋之类的建筑基础。

1.7 各章内容概览

本书后续各章讨论了一系列与大数据分析相关的主题，展示了它们与交通运输的相关性，然后确定了可以做的事情。

每一章的开头都列出了这一章的知识目标。这是教学系统设计的一种应用，旨在确保每一章的教学目的事先得到明确界定，以便能够在随后的内容中得到落实。第2章至第12章的内容概述如下。

（1）第2章内容

本章概述了大数据、分析工具和分析技术可以解决的问题。传统的系统工程方法是用一组需求来定义问题的解决方案或答案。对于系统工程师来说，这似乎是合乎逻辑的。然而经验表明，当人们描述一个需要解决的问题并接着了解可能的解决方案时，他们会根据刚刚接收到的关于可以做什么的新信息而改变对问题的看法。由于这个原因，本书讨论了通过应用大数据分析技术可回答的问题的定义。该想法是通过采用图1-2所示的具体方法实现的，本书的内容完全支持做什么-怎样做的循环操作。

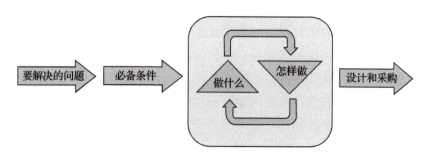

图1-2 做什么-怎样做循环法

该方法从要解决的问题开始，继而包括需求、争论点、存在的问题以及目标在内的必备条件。该方法定义了要解决的问题，解释了什么是大数据，然后定义了可以做什么。将要解决的问题和随后提出的解决方案的定义相结合，使读者能够制订自己的方法，以确保最终解决方案充分考虑到需要做什么和怎样做。在该方法的开头，首先要定义要解决的问题，以确定主题并向读者介绍大数据分析技术的价值。

通过定义与今天交通运输相关的重要问题，就可以以一种实际可行的方式来完成此任务。在某些情况下，读者可能已经知道所界定的问题和争论点。然而，本书希望所提供的说明能够加强读者原有的知识，并使读者更好地掌握大数据分析技术的实际应用。

要解决的问题可以看作是数据科学与交通运输之间桥梁的基本要素。可以假定，问题的关键在于桥梁的交通运输一侧，而解决方法则存在于数据科学一侧。通过对问题的定义，我们开始建造这座桥，并让读者做好解决问题的准备。

（2）第3章内容

本章探讨大数据的性质，目的是提供对本主题的可靠概述和理解。这不是数据科学家对大数据的定义，而是数据科学学科的一种交通运输观点。第3章讨论大数据的不同维度、重要性及其与智慧城市交通运输的相关性。此外，第3章提供了存在于交通运输生态圈内的大数据源以及大数据性质的例子。总体目标是彻底定义大数据的性质及其在形成支持分析平台方面所起的作用。

（3）第4章内容

本章讨论了网联汽车和自动驾驶汽车。这是两个不同的主题，涉及使用先进的车辆技术，有时被称为远程信息技术。大数据分析技术在网联汽车中起着重要的作用。网联汽车涉及利用无线电技术将车辆与道路基础设施连接起来以及将车辆与其他车辆连接起来的概念。从本质上说，这种能力能够从车辆中获取数据，并能在车辆行驶中向驾驶员提供信息。第4章是本书的一个重要组成部分，这是因为，网联汽车象征着巨大的潜在数据源。

《福布斯》（Forbes）杂志最近的一篇文章[3]介绍了福特 Fusion Energi 插电式混合动力汽车。这辆车 1USgal 行驶 108mile（1USgal=3.785dm^3，1 mile=1.609km），每小时产生 25 GB 的数据。将这一数据率外推到整个美国的网联汽车，每年总共可以产生大约 2 ZB 的数据。这是一个即便是数据科学家也难以理解的数字，但 2013 年，整个万维网（World Wide Web）产生了 4ZB 的数据。这提供了网联汽车数据的潜在规模的概念，即占整个万维网数据量的

50%。诚然,这一估计值很可能偏高,因为并不是所有的汽车都像这款福特汽车那样"聪明"。然而,它确实给出了网联汽车的大数据将会对交通运输产生影响的粗略印象。网联汽车的大数据分析技术包括管理来自车辆的数据量,在管理中心进行分析,然后将这些分析和结果反馈给驾驶员和其他与交通运输操作和管理有关的人员。第 4 章还介绍了自动驾驶汽车,其特点是无需驾驶员即可操作。

(4)第 5 章内容

本章论述了智慧城市的概念。世界各地的许多城市已经开始倡议建设智慧城市。在美国,一项最近的智慧城市挑战赛由美国交通部发起[2],吸引了来自美国的 78 个城市的响应,俄亥俄州哥伦布市被选为获胜申请者。很明显,智慧城市不仅局限于交通领域,还涵盖了社会服务、社交网络、能源网络以及居住和工作的智能场所。第 5 章旨在从交通的角度来审视智慧城市,因为智慧城市的核心特征之一是大数据分析技术的广泛应用。第 5 章还简要概述了智慧城市可以预期的其他服务,展示了大数据分析技术与交通运输服务一起如何适应更多的城市应用。

(5)第 6 章内容

本章介绍了数据分析,特别是交通运输方面的数据分析。良好的分析为交通运输专业人员提供了影响其组织绩效的机会。另外,第 6 章讨论了数据分析的本质,并提供了一些交通运输之外的例子,以使读者对这一主题有更加深刻的理解。

(6)第 7 章内容

本章以第 6 章为基础,详细介绍了可用于交通运输的分析技术知识,其目的是从交通运输的角度将"分析"从术语变成现实。因此,第 7 章对已经应用的分析技术和将来可能应用的分析技术进行描述。这些分析技术可以直接关系到安全性、效率或用户体验的改善。第 7 章还讨论了这些用于智慧城市交通运输的不同方面(如规划、运营和维护)的应用程序的相关性。

(7)第 8 章内容

本章采用系统工程术语"应用案例"来系统地捕获大数据分析技术可以做的事情。此外,第 8 章还介绍了与智慧城市相关的交通运输应用案例。这些案例将以包含以下属性的标准格式呈现:

1）智慧城市交通运输服务。
2）应用案例名称。
3）目标。
4）分析的预期结果。
5）成功标准。
6）源数据示例。
7）商业利益。
8）挑战。
9）可应用的分析。

本章将向读者介绍如何将书中所包含的工具和技术应用于智慧城市的交通运输服务，还提供了一个可形成智慧城市应用案例样本的基础逻辑结构。案例样本并不是一个全面的处方，而只是在整个智慧城市进行通盘考虑的一种模式。这么做的目的是使对大数据分析技术将会做什么的描述正规化。这是在本章中介绍的"做什么-怎样做"循环的一部分。由于人们对如何解决实际问题的理解在日益加深，这种正规化描述的进展就会涉及对解决实际问题所需的知识演变。

（8）第9章内容

采用数据湖概念可清晰地表达如何创建一个集中的、可访问的、可显示的数据体。第9章讨论并解释了一种创建数据湖的可靠方法。该方法结合了以前在创建数据湖项目中所遇到的常见错误和挑战以及克服困难所积累的经验。这种方法并不是创建数据湖的万能方法，而只是一个为每个执行程序构建定制方法的模型。

（9）第10章内容

本书所包含的技术和概念的实例为解释本书内容的相关性和有用性提供了一个强有力的工具。理想情况下，这些例子会呈现一个完整的技术和概念的执行程序。然而，由于大数据分析技术在交通运输中的应用还处于早期阶段，所以没有太多的实例能够代表成熟的应用程序。因此，第10章介绍了实例和概念的组合。其中一些实例代表已经与客户执行的例子，而其他的则表示已经与客户讨论过，但尚未实现的项目概念。

（10）第11章内容

本章提出了第5章所界定的所有16种智慧城市交通运输服务的成本和效

益的估算方法。影响成本的因素有若干个，包括数据的大小、用户数、要支持的查询类型以及要实现的查询速度。因此，成本估算需要的详细设计远远超出了本书范围。但还是可以根据过去的经验提供一套标准和预期费用范围，这样就可以定义预算成本，以便纳入未来计划和工作方案。因此，第11章定义并解释了作为成本估算基础的模型结构。

此外，第11章探讨了将大数据分析技术应用于交通运输的价值和好处。从提高安全性、效率和增强用户体验这一核心价值出发，推断出通过应用大数据数据分析技术可以实现的一系列价值和好处。虽然所获得的确切利益和价值将受到问题性质和设计细节的重大影响，但还是可以提供一些范围并估计预期的价值和效益。在为大数据分析技术投资建立业务依据时，这些应该是有价值的。第11章的成本估算和效益评估结束于效益成本估算方法的开发。虽然这些方法都是近似的，但它们有助于为智慧城市交通运输服务的发展确定一个草图规划方法。

（11）第12章内容

第12章是本书的结尾部分，概述了书中所涵盖的基本要素。具体而言，第12章讨论了大数据分析技术与交通运输、智慧城市和网联汽车的相关性。此外，第12章还总结了大数据分析技术对交通运输的价值，以及应采取哪些步骤来利用这些强大的资源。最后，第12章提炼了书中的基本信息，明确了对智慧城市专业人士的建议，为消化本书的内容后需要考虑的行动提供了一份简明的行动摘要。

参 考 文 献

[1] United Nation, Department of Economic and Social Affairs, Population Division (2014), *World Urbanization Prospects: The 2014 Revision, Hightlights (ST/ESA/SER.A/352).*

[2] U.S. Department of Transportation, Notice of Funding Opportunity Number DTFH6116RA00002, "Beyond Traffic: The Smart City Challenge—,Phase 2" March 21, 2016, https://www.transportation.gov/smartcity/nofo-phase-2, retrieved April 3, 2017.

[3] McCue, T. J., "108 MPG with 2013 Ford Fusion Engeri, Pluse 25 Gigabytes of Data," *Forbes*, January 1, 2013, http://www.forbes.com/sites/tjmccue/2013/01/01/108-mpgwith-ford-fusion-energi-plus-25-gigabytes-of-data/#23ac1cd14coa5.

第 2 章 拟解决的问题

2.1 知识目标

1. 为什么说大数据分析技术很重要?
2. 大数据分析技术如何实现价值?
3. 为什么本章只有问题而没有答案?
4. 数据的价值是什么?
5. 应用大数据分析学可以回答哪些问题?
6. 一旦我有了问题,我能做些什么?

2.2 词频云图

本章内容的词频云图如图 2-1 所示。

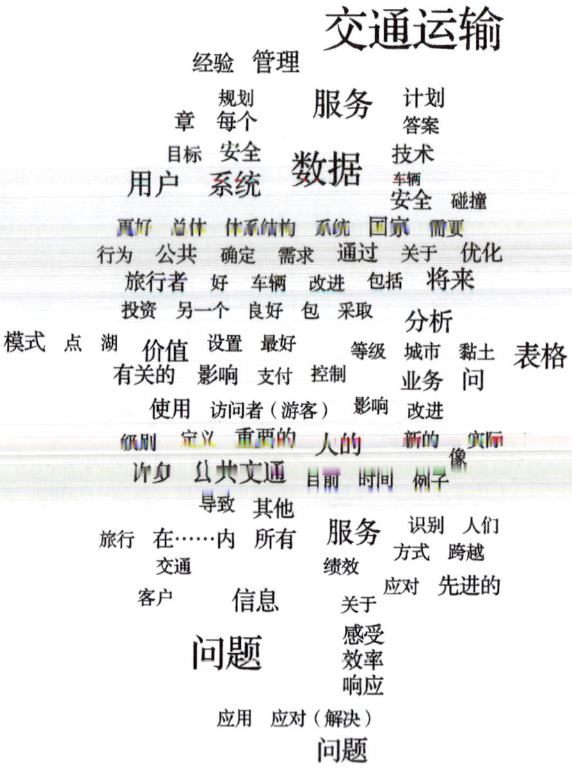

图 2-1　第 2 章词频云图

2.3　导语

过去，与有兴趣利用大数据分析技术的客户讨论中，客户经常提出这个问题："我们如何开始？"一个简单的回答是："停止丢弃数据"。这似乎是个奇怪的开始，但事实是，许多交通运输机构由于各种原因不保留原始数据。其原因有对存储数据的成本和复杂性的误解，也有对与保存数据有关的责任的担忧。有时，另一个因素也在起作用，即与数据价值相关的观念问题。不幸的是，数据没那么有吸引力。除非你是一名数据分析师或数据科学家，否则大量的数据并不引人入胜。只有将数据转化为信息，将数据与用户的需求相关联或者与用户每天进行的工作相关联，才能实现数据的真正价值。要求人们保存一样东西，这使得传达它的价值显得尤为重要。我们面临的挑战是如何定义一种方法来改变对作为一种原材料的数据的理解。以黏土为例，它是一种在建筑中被广泛使用的相对常见的原材料。在地面上，黏土是一种令人讨厌的物质，似乎没有什么价值。它通常有一种刺激性的气味，让人很难意识到这种材料可以作为未来价值的基础。

在伦敦，许多建筑物是用黄色黏土制成的一种著名砖块建造的。在许多情况下，这些建筑物具有极高的视觉价值，但人们对不起眼的黏土的认识还是没有改变。看来，如果能从基本材料经过各种转变过程，再到输出价值的最终产品这一整个价值链上引导思想观念的更新，那么对原始基本材料的感知就会发生改变。

那么，黏土与大数据分析技术有什么关系呢？就像黏土一样，我们对原始数据价值的认识也不够。有些交通运输机构即使汇总了数据，然后又会扔掉原始数据，而有些机构甚至不收集数据。然而，如果交通运输业要按照一个将数据转化为信息、洞察力和可操作策略的过程来开发未来愿景的话，也许它会开始认识到，数据是一种可以改变智慧城市交通的原材料。许多人认为，主要问题是由于成本的限制而无法存储大量数据。幸运的是，我们对数据价值的新认识与以较低成本存储大量数据的新能力恰好吻合。这一问题将在第11章中讨论，其中包括成本和效益估算。

数据科学的进步使过去认为不可能的数据存储和处理成为可能。多亏了Hadoop、Google（谷歌）和Amazon（亚马逊），一些重要的存储和操作数据的新能力正在与人们对数据价值的新认识相融合。还存在着构造和重组数据以便优化数据检索和管理的新的可能性。

例如，一个称为数据湖的新概念允许将来自多个源的数据合并到一个存储库中。数据湖（本质上是集中式的数据存储库，它可以从多个来源获取数据，并使其在整个组织或企业间都可以进行访问）可以包含各种各样的结构化和非结构化数据。在数据湖中，数据干净、连续且容易访问，这与数据沼泽的内容不同。因此，数据湖可以在全企业范围内查看数据。就像用黏土建造的宏伟砖房一样，未来的数据湖和综合数据交换也可以用作为原料的数据来建造。第10章将进一步详细介绍数据湖。

2.4 问题而不是答案

本章是本书的一个关键组成部分。为了吸引读者参与进来并解释为什么理解大数据和数据分析是值得的，重要的是定义和界定这些工具和技术可以解决的问题。本章提供了一个高层构架，为在第 9 章中应用案例的讨论奠定了基础。要解决的问题概括了交通运输专业人员遇到的需求、问题和目标。找出和确定要解决的问题，也是以结果为导向的大数据和数据分析技术的第一步。对这些问题的理解将构成定义应用案例和分析工作目标的基础。

2.5 问题概述

本章所包含的问题并不是详尽无遗的，而是为了展示一些通过将大数据分析技术应用于交通运输可以解决的问题。其目的是确认可以做些什么，并提高交通运输行业对可以提出问题的认识，这些问题可能是在交通运输领域之外的商务领域中提到过的。描述交通运输的绩效测评和管理有多种方法，绩效测评通常作为问题的答案。对这些绩效测评的不同方法的概述表明，它们都可以归结到三个根本的绩效领域：提高安全性、提高效率和增强用户体验（假定交通运输对环境的影响可归入效率绩效领域）。这三个领域将被用来构造通过应用分析技术可以回答的问题清单，这些问题可划分为三大类：

1) 与安全相关的问题。
2) 与效率相关的问题。
3) 与增强用户体验相关的问题。

根据与交通运输专业人士就他们的需求、问题和目标进行的谈话，我列出了一个有 20 个大问题的清单。"大问题"一词被用来表示这些问题都是高层次的问题，与它们相关的还有若干更详细的问题。每一个大问题可能都会有各自不同的读者群，为了解决读者群的差异问题，本节将大问题与它们可能的读者群联系起来，见表 2-1。

表 2-1　20 个大问题与其适合的读者群

问题	交通规划与交通专业人员	公共交通规划师与操作专业人员	货运规划师与操作专业人员	业务分析师、数据科学家、数据工程师和开发人员	汽车制造人员	智慧城市倡导者与实施人员	大学教授与学生
安全性问题							
1. 如何最大限度地提高交通运输系统的安全性？	●	●	●	●	●	●	●
2. 安全性改进的效果怎样？	●	●	●	●	●	●	●
效率问题							
3. 交通运输系统的瓶颈在哪里？	●	●	●	●		●	●
4. 如何优化交通运输系统的效率？	●	●	●	●		●	●
5. 交通运输资产是如何运作的？如何更好地管理这些资产？	●	●	●	●		●	●
6. 如何优化当前以及未来的运营和资本支出？	●	●	●	●		●	●
7. 网联汽车和自动驾驶汽车将对交通运输系统产生什么影响？	●	●	●	●	●	●	●
8. 如何使交通运输客户更容易付款？		●	●	●		●	●
9. 如何改善市民的服务水平？	●	●	●	●		●	●
10. 如何提高游客的服务水平？	●	●	●	●		●	●
11. 如何优化土地利用？	●	●	●	●		●	●
12. 交通运输系统有哪些服务缺陷？	●	●	●	●		●	●
13. 交通运输目前的需求和未来的需求是什么？	●	●	●	●		●	●
14. 如何最大限度地获得工作机会？	●	●	●	●		●	●
用户体验问题							
15. 如何提高旅客在交通运输系统中的用户体验？	●	●	●	●	●	●	●
16. 交通运输客户是否感到物有所值？	●	●	●	●		●	●

（续）

用户体验问题							
17. 交通运输客户如何看待服务水平？	●	●	●	●	●	●	●
18. 一站式出行服务会对交通运输系统产生什么影响？		●	●	●		●	●
19. 旅客如何最大限度地利用交通系统？	●	●	●	●			●
20. 更好的信息会如何改变旅行行为？	●	●	●	●	●		

读者可能会问：为什么我们要讨论问题而不讨论答案？这是因为，当我们阅读完这本书时，将会得到答案。然而，由于大数据分析技术在智慧城市交通中的应用还处于起步阶段，所以在提出问题和提供答案方面还是很有价值的。定义这些问题的另一个重要原因是，这是解释大数据分析技术可以解决的需求、问题、挑战和目标的一个积极方法。一个问题也可以被认为是一个集中的起点，这是迈向大数据分析技术的第一步。在交通运输之外的许多领域中，对大数据分析技术的探索始于要解决的问题。最终，所实现的系统是能够在整个业务或企业中灵活多变的应用程序。在交通运输中应用先进技术的经验表明，迈出重要的一小步，便会取得立竿见影的效果，同时为商业合理性提供基础，然后再采取下一步行动，这是确保技术成功应用的最佳途径。这就是为什么项目的概念在交通运输中如此重要，因为它的重点、目标、结构以及明确定义的问题都需要解决，还可能要经过精确的计划和预算。这并非是一个避免对答案和解决办法进行识别和定义的问题。第6章和第9章将讨论如何构建数据湖和分析技术的本质，作为起点，2.6～2.8节对可以解决的问题进行探讨。

定义问题前还要对组织中支持大数据分析的组织结构这一重要方面进行思考。在私营部门组织中，通常有一名或多名业务分析员专注于数据的使用和信息的提取，以提高业务绩效。通常，这种类型的角色在交通运输组织中不那么突出，因为交通运输组织的重点是交通运输服务的规划、设计、交付、维护和运营。虽然信息技术在现代交通领域中发挥着重要作用，但数据的使用和数据价值的提取仍然是一个新兴的课题。因此，希望这些问题能够促使在交通运输企业内展开一场谁将负责大数据分析，以及该角色将如何适应组织的整体背景的讨论。此外，提出问题将有助于定义我们要实现的目标。通过集中思考和后续行动，问题可以产生强大的威力。例如，当我与客户的讨论最初专注于大数据分析的优点时，我建议创建交通数据湖，并获取交通数据分析能力以实现数据发现。几分钟后，客户提出了以下问题："您能将所有这些术语与绩效管理或主动管理联系起来吗？因为这些主题都在当前的工作计划中讨论过，并且有资格获得资助。"这不仅说明了一个问题的力量，而且还强调了一个事实，即概念无论多么好，都必须符合本组织目前的需要，而且应与目前组织的势头保持一致。鉴于政府部门新技术实施的采购周期和规划时间相对较长，交通运输机构最好继续执行现行举措。这些措施可加以补充和加强，以达到与变革相同的效果。提出问题的另一个目的是帮助交通运输机构确定一个与当前挑战有关的适当起点。这一起点还必须与先前计划的组织势头完全吻合。换句话说，他们需要解决以前发现的大数据和数据分析解决方案尚未考虑的业务问题。

在开始探索这20个大问题之前，让我们先考虑4个问题，这4个问题对于将交通运输看作一个系统是非常有价值的。2010年，在休斯敦举行的美国智能交通协会（Intelligent Transportation Society of America）年会上，当时的IBM董事长萨姆·帕米萨诺（Sam Palmisano）的主旨演讲将IBM在系统开发方面的丰富经验引入了交通运输领域。这4个问题都是从这个主旨演讲引申来的。

在那次演讲中，帕米萨诺指出，IBM在确定一个系统是否真的是一个系统时，要考虑以下4个问题[1]：

1）它是否有明确的目的？
2）主要元素是否相互关联？
3）我们能在任何时候确定其状态吗？
4）它能适应环境的变化吗？

有明确的目的是指为该系统预先确定和商定一套目标。交通运输在这方面做得很好，虽然我们往往对各个元素（例如收费公路、公共交通系统和高速公路）都制订各自的目的和目标，而不是为一个城市内的整个交通网络设定一套单一的目标。这就引出了关于连接性的第二个问题。现存的一种趋势是烟囱管式（专用的）交通运输，以获得专业化和密切控制的好处。但当涉及应用先进技术时，这种专用的交通运输是无效的，因为其中许多技术都是为共享而设计的。例如，如果你的工作需要你在全国各地旅行，你没有必要为此买一架飞机。我们只需要购买一张机票，就可以和许多人共用一架飞机。许多先进技术就是这样，它们使用各种机制来确定哪些人能够分担实现给定目标所需要的成本和努力，这才是更有意义的。

关于系统状态的问题直接涉及传感器的使用，并最终探测用于交通运输的车辆数据，这使得传感器和电信网络的广泛使用将交通运输要素连接在一起。可以预期，这些来源的数据量将在今后几年内迅速增长。

最后关于适应性的问题是我们需要将先进技术应用于交通运输的重要原因之一，也是为什么说全面和详细地了解交通运输当前运营状况和未来需求方面的进展很重要的原因。许多交通运输项目涉及沥青、混凝土和钢材的使用，其计划期限可以是多年的，因此现在就做出决策，为未来的 30～50 年做好远景规划。虽然基础设施没有很大的灵活性，但交通运输需求具备动态属性，我们也具备为了获取更好的结果的管理能力，这就和基础设施方面的僵硬化形成了鲜明对比。

虽然表 2-1 列出了问题的预定读者群，但鼓励读者对所有问题进行探讨，以便全面了解这一主题。请注意，这些高层次问题的定义并不代表对每一个主题的深层理解，其目的是提供相对全面的概括。

这 4 个简单而有力的问题对于确定交通运输的目前状况以及改进服务提供和以更有效的方式管理交通运输所需的行动和投资有很大帮助。

2.6 与安全性有关的问题

与安全相关的问题集中在如何通过减少碰撞和事故来提高安全性上，同时考虑改进的成本。

（1）如何最大限度地提高交通运输系统的安全性？

交通运输系统的安全性可以从多个维度来衡量。不同出行方式（如私人汽车、公共交通车辆、自行车、步行和货车）的安全性也有不同的维度，包括碰撞、事故、急救资源的部署、事故响应，当然还有人的行为。准确地描述碰撞的总数和碰撞类型只是一个起点。大数据分析还可以解决与街道照明、道路宽度、行驶速度、天气状况、人行道的几何参数等因素有关的其他交通问题。通过分析，我们可以确定这些因果之间的关系，并支持将导致其他问题的数据发现的方法。例如，在零售业务中，大公司使用大数据分析来确定购买产品 A 的客户还会购买产品 B 的概率。这些信息可以用来定位彼此接近的产品，并根据一种产品的销售情况来预测另一种产品的需求。当然，只有在建立了一个合适的中央数据存储库（数据湖），并结合上述因果关系的所有数据，才能实现数据分析。如果随后再添加有关投资计划或安全改进工作计划的数据，就能提出一套关于安全改进效果的全新问题。对关键因素进行简单的前后比较，便能确定安全改进的精确效果。还需考虑可能影响安全改进的其他因素，例如总体经济状况以及车辆和道路技术的改进。

（2）安全改进的效果怎样？

理想的情况是，对安全改进的投资将带来正的投资回报，即量化的安全效益超过改进所需的总成本。这个问题包含两个方面：一方面，必须从减少事故发生、减轻事故严重程度和事故对经济的总体影响等方面衡量安全改进的效果；另一方面，还必须用资本和运营资金来衡量投资。为了完全回答这个问题，需要从安全投资的绝对影响和效率的角度，以一美元获取的改进来对这些成本进行估算。

2.7 与效率有关的问题

与效率有关的问题是多种多样的，但都围绕着以最小的支出获得最高的价值这一宗旨。这包括确定投资的优先次序或目标，以确保资金得到合理的使用；还包括对补充投资的评估，确保投资是相互支持的，而不是相互冲突或相互否定的。

（1）交通运输系统的瓶颈在哪里？

根据交通运输方式的不同，这个问题可以呈现不同的形式。例如，私人汽车模式问题可以通过测量行驶速度或行驶时间并在整个道路网中进行比较来解决。对于公共交通系统来说，绝对车速不如站间旅行时间和从旅客出发地到最终目的地的总旅行时间重要。瓶颈可以根据预先准备和商定的定义或模板来确定。这种方法可以用来识别利用模式分析的大型数据集中的瓶颈。

从货运的角度来看，除了货运方式之间的转换所导致的延迟时间（例如将货物从轨道车辆转到道路车辆或反之所用的时间）之外，端到端（出发地到目的地）的旅行时间是问题的一个重要部分。

（2）如何优化交通运输系统的效率？

由于交通运输系统由多种模式组成（私人汽车、公共交通系统、货运、航空交通运输以及渡轮），所以这是一个系统性的问题，它由多个子问题组成，包括目前每种交通运输方式的效率水平是多少、目前所有交通运输模式的综合效率水平有多高等。对于使用多种交通运输模式的旅行者来说，这个问题很可能是要问从最初的出发地到目的地的时间是多少。

（3）交通运输资产是如何运作的？如何更好地管理这些资产？

交通运输资产包括沥青、混凝土和钢材等基础设施，以及用于数据收集和控制的电信网络和设备。前者的例子包括道路和桥梁，后者包括动态信息标志牌、光纤网络和基于基础设施的路边传感器（如交通速度和流量测量设备）。这个问题强调了对基础设施和设备进行清点的必要性。现有资产的类型和位置的问题会引出关于基础设施和设备的期望性能水平的进一步的问题。

（4）如何优化当前以及未来的运营和资本支出？

确定今后几年交通运输支出预算和工作方案的一种典型方法，是在前几年的支出额基础上增加一个百分比。虽然这样是切实可行的，但我们可以通过提出一些问题来做得更好，例如，以前的投资产生了什么影响？未来的投资会产生什么影响？这就引出了这样的问题："为了实现1%的交通运输模式转换以改善公共交通，应该进行什么投资？何时进行投资？"

（5）网联汽车和自动驾驶汽车将对交通运输系统产生什么影响？

美国交通部估计，网联汽车可以减少美国70%～80%的无损伤撞车事故[2]。可以预期，自动驾驶汽车将通过完全消除驾驶风险来进一步减少事故。提出这个问题会引发更多的问题，譬如，网联汽车和自动驾驶汽车对交通运输各个方面的影响有哪些。这些方面包括车队管理、交通运输系统、电子收费系统和一站式出行服务（Mobility as a Service，MaaS）的开发。MaaS提供公共服务和个人服务供旅行者选择，包括优步（Uber）、出租车服务和公共交通服务，使旅行者能够选择最佳的出行方式和环境。

（6）如何使交通运输客户更容易付款？

在大多数情况下，作为对服务的回报，交通运输客户必须支付费用。这些费用包括运费、通行费和停车费。通常情况下，在服务点支付费用会导致交通延误和拥堵，因此，支付费用也可能被视为使用该系统的一个障碍。这个问题涉及如何应用技术手段使用户更容易支付交通运输服务费用。这就引出了其他问题，例如，是否可以建立一个统一的系统来支付城市内所有交通方式的费用？同样地，有人可能会问，是否可以将从整个城市的交通运输支付系统收集到的数据作为输入，以便更好地进行运营管理和规划？

（7）如何改善市民的服务水平？

这个问题要求我们明确服务和服务水平的精确含义是什么，以及我们希望为城市和市民提供怎样的目标服务水平。一项服务可以被认为是有价值的某种东西。表 2-2 归纳的用户服务已被确定作为国家智能交通系统（Intelligent Transport System，ITS）开发计划[3]的一部分。这个计划是一项多年计划，旨在确定一个将先进技术应用于交通运输的国家框架。该计划定义了八个用户服务包或类别，详见表 2-3～表 2-9。表 2-2～表 2-9 的每个表的第二列提供了对每个用户服务项目的简要注释。这些注释并不是基于国家智能交通系统计划任务，而是基于作者自己的理解。

在交通运输领域，往往把重点放在项目而不是服务上。可以认为，项目是提供服务的一种手段，但是正是这些服务才提供了安全、效率和增强用户体验诸方面的最终价值。应用先进技术（如网联汽车、自动驾驶汽车和智慧城市）的服务演化方法可能是一种非常有效的途径来定义随时间、空间和服务级别变化的方案。这个问题还有另一个组成部分，即服务水平。在确定了我们打算向市民提供的服务之后，我们希望提供的服务水平无疑会涉及其他问题，例如客户准备支付多少费用等。

表 2-2　国家智能交通系统总体计划旅行和交通管理用户服务包

用户服务	注释
旅行前信息	开始旅行之前向旅行者提供旅行信息服务
途中驾驶员信息	在车辆内为车辆驾驶员提供旅行信息服务
路径引导	提供详细指令，使驾驶员能有效地从 A 地到达 B 地。以历史数据为基础，并结合当前的交通状况
乘车匹配及预约	将共享乘车需求与可用容量相匹配，并为旅行者提供预留容量。优步就是一个很好的例子
旅行服务信息	向旅行者提供关于旅行中可能得到的和可能需要的服务信息
交通管制	包括由交通信号灯提供的交通管制服务，以及由高速公路上的交通管制和动态信息标志提供的交通管制服务
事故管理	事故管理过程所需的服务，从勘测、验证到现场清理的响应
旅行需求管理	确定和协助旅行需求管理的服务
排放测试和减少排放	测量、监测和减轻交通运输过程环境影响的服务
公路铁路交叉口	管理平交道口处的铁路车辆与道路车辆之间潜在冲突的服务

表 2-3　国家智能交通系统总体计划公共交通运输管理用户服务包

用户服务	注释
公共交通运输管理	使公共交通系统(包括公共汽车和轨道车辆)的运营规划和管理实现自动化的服务
途中公交信息	为公共交通系统乘客提供实时信息服务
个性化公交服务	为旅客个体提供需求驱动的公共交通服务
公众旅行安全	保护和加强旅行公众安全的服务

表 2-4　国家智能交通系统总体计划电子支付用户服务包

用户服务	注释
电子支付管理	使用支付系统技术,使旅行者能够在没有现金的情况下支付通行费、公交车票和停车费

表 2-5　国家智能交通系统总体计划商用车运营用户服务包

用户服务	注释
商用车电子清关	支持与商用车辆清关相关流程的自动化服务
自动路边安全检查	使货车和货物的路边安全检查过程自动化的服务
车载安全和安保监测	依靠车载设备监测和保障货车和货物安全的服务
商用车辆行政管理过程	使商用车行政管理过程自动化的服务
危险材料的安全和事故响应	加强危险材料的安全操作和与危险材料有关的事故响应的服务
货运流动性	通过最大限度地提高行程时间可靠性和最大限度地缩短绝对行程时间来提高货运流动性的服务

表 2-6　国家智能交通系统总体计划应急管理用户服务包

用户服务	注释
应急通知和个人安全	使旅客能够在危急情况下,通知有关部门所需要援助的服务
应急车辆管理	通过尽量缩短应急响应时间和优化现有资源来提高应急响应过程效率的服务
救灾响应和疏散	提高交通运输系统救灾响应和疏散效率的服务

表 2-7 国家智能交通系统总体计划先进安全系统用户服务包

用户服务	注释
纵向避撞	加强巡航控制能力,能够保持本车与前车之间安全距离的车载服务
横向避撞	通过提供车道偏离警告或横向碰撞警告来提高安全性的车载服务
交叉路口避撞	与路边设备合作以警告驾驶员在交叉路口可能发生碰撞的车载服务
视觉增强避撞	为驾驶员提供更好的视野以避免发生碰撞的服务
安全准备	使驾驶员和车辆状况与道路状况一起受到监测的服务
碰撞前约束系统部署	提供安全设备和辅助设备的预部署服务,以减轻碰撞的后果
车辆自动操作	无人驾驶车辆能够在没有人为干预的情况下完成操作

表 2-8 国家智能交通系统总体计划信息管理用户服务包

用户服务	注释
存档数据	支持使用数据存储和管理系统从智能交通系统应用程序中提取数据并将这些数据应用于交通运输规划和管理的服务

表 2-9 国家智能交通系统总体计划维护与施工管理用户服务包

用户服务	注释
维护与施工	使维护和施工作业能够利用先进技术进行车队管理、工厂管理和现场总体控制的服务

(8)如何提高游客的服务水平?

城市的游客与其本地居民是一样重要的。对许多城市来说,游客和居民活动会对经济产生巨大的影响。以上为市民确定的注释对游客也同样有效,但需要说明的是,游客可能会有更多的需求,这些需求与他们对交通系统缺乏了解和对城市的不熟悉有关。这就可能导致为游客专门确定和提供其他服务项目,因而需要提出更多的问题。

(9)如何优化土地利用?

这个相当广泛的问题有几个相关的子问题。第一个问题是土地使用对交通运输的确切影响是什么?这个问题通常通过一系列调查来解决,这些调查将对每一次土地使用所产生的出行量进行估计。土地使用可能与零售、教育、商业或制造业有关。可以发现,世界上许多城市都由于地铁系统的建成促使了地铁站附近的加速发展，这会在一定程度上帮助我们理解交通运输对土地利用的影响。另一个问题是，我们对交通运输对土地利用的影响的理解够不够深刻？交通运输究竟会怎样影响土地开发？

（10）交通运输系统有哪些服务缺陷？

为了识别和定义服务缺陷，有必要为每种交通运输模式建立预期的服务水平。一般情况下，大多数城市交通运输服务提供商会依照规定的服务水平目标开展工作并对实际达到的服务水平加以测评。针对涉及多种交通运输模式的综合交通运输系统，确定服务水平目标和衡量服务水平，为服务质量提供了改进的空间。

（11）交通运输目前的需求和未来的需求是什么？

这个问题可分为两个部分。第一部分是城市交通需求现状分析。这就引出了一个问题：我们是否有足够的数据来描述当前的需求？显而易见的后续问题是，我们是否有足够的能力来满足当前的需求？可以说，任何交通运输方式的拥堵都不过是需求超过了运力。此论点假定在日常运行状况下，因为拥堵也可能是由于意外情况（如撞车、事故和车辆故障）造成的。问题的第二部分与未来有关，即根据我们对过去的了解，是否有可能准确地预测未来的需求？未来可以被定义为接下来的5分钟、1小时，或者接下来的50年。这就引出了我们有哪些工具可用于预测，以及如何验证这些工具的准确性等问题。

（12）如何最大限度地获得工作机会？

在许多智慧城市规划中，一个核心目标是最大限度地获得就业机会。这就引出了这样的问题：工人住在哪里？哪里有合适的就业机会？另外可能的问题会是：目前居住地和工作地之间有什么交通选择？这也会导致另一些问题，例如，如何利用交通来刺激经济增长和就业机会？

2.8　与用户体验有关的问题

与用户体验相关的问题集中在客户服务以及在实际的绩效度量之外用户如何看待服务质量等方面。

（1）如何提高旅客在交通运输系统中的用户体验？

为推动商业活动和指导投资决策，用户体验已经成为企业和商业的一个重要参数。交通运输行业也是如此。为了增强用户体验，有必要了解用户行为，弄清用户需要什么，并找到提供当前尚不存在的新的服务项目的机会。就像在数据科学领域中所说的，用户将拥有一种无论你喜欢还是不喜欢的体验。问题来了，它是一个好的体验吗？这种体验达到预定的效果了吗？

（2）交通运输客户是否感到物有所值？

这个问题与旅行速度、旅行时间、可靠性、价格和舒适度的总体状况相关。这也可以定义为旅行者压力指数。这个问题需要对不同的交通运输模式进行比较，以确定价格、可靠性和总旅行时间。这很可能会揭示社会上某些阶层没有得到公平的待遇。

（3）交通运输客户如何看待服务水平？

这个问题通常是通过在特定时间和地点进行拍摄快照式的一系列调查来回答的。根据目前的数据科学能力，解决这个问题的另一种方法是在整个城市不断地问这个问题。很明显，用户情绪会随时间、地点以及交通运输系统中的事件（如施工和服务延迟）而变化。鉴于用户的期望值是由像网飞（Netflix）和沃尔玛（Walmart）这样的不参与交通运输的组织来设定的，提出类似于与其他人相比我们做得如何这样的问题也是很重要的。不仅仅是其他交通运输人员，还要和其他影响客户的人相比，我们做得怎样？如果你的客户的感受分值评级低于航空公司或保险公司，也许你应为此而感到忧虑。

（4）一站式出行服务（Maas）会对交通运输系统产生什么影响？

像优步提供的服务对社会和旅行者行为的影响已经非常明显。在许多国家，由于优步服务的可用性，驾车次数显著减少。当这扩展到更广泛的选择组合时，将对交通运输系统产生怎样的影响？这涉及一些其他问题，例如今后应如何为交通运输投资制订指标，以及为实现一种服务组合，这些交通运输投资应如何与私营部门的投资充分协调。

（5）旅客如何最大限度地利用交通系统？

如果顾客在沃尔玛以不到 300 美元的价格购买到一台高品质的数码录像机，但将其带回家却发现盒子里没有用户手册，购买者绝对会感到震惊。相比之下，在城市中建立的价值数十亿美元的交通系统，往往没有足够的"用户手册"。这就会引出许多问题，例如，旅客需要什么信息？将信息传达给旅客的最好方式是什么？通过传递旅客信息来影响旅客行为的最佳方式是什么？

（6）更好的信息会如何改变旅行行为？

当涉及旅客信息时，需要对"更好"一词下个定义。"更好"可能有多个方面，包括获取信息更快、信息质量更好以及信息更加完整及时。如果可以做到这些，那么我们可以期望旅行者的行为发生什么变化呢？当涉及路线选择、方式选择和旅行时间安排时，决策质量信息将如何改变旅行者的选择？在交通运输能力和需求管理的战略决策中，这些都是重要的问题。

2.9 如何处理这些问题？

前面确定的所有问题都可以使用数据湖和分析技术进行有效和彻底的解决。希望这些问题的精确解释和描述将扩大对可能采取行动的认识范围。这一点很重要，因为问题通常是由对可能发生的事情的感知而构成的。此时，确定能够直接解决当前的需求、担忧和难题以及目标的问题是很有价值的。启发人们对与回答问题相关的机遇和挑战进行思考也是有益的。如何处理这些问题的建议详见第 12 章。

参 考 文 献

[1] Palmisano, S. J., "A Smart Transportation System: Improving Mobility for the 21st Century, *Intelligent Transportation Society of America, 2010 Annual Meeting & Conference*, Houston, Texas, May 5, 2010. https://www.ibm.com/smarterplanet/global/files/us__en__us__transportation_ibm_samjpalmisano_smartertransportation_systems_05052010. pdf., retrieved July 27, 2016.

[2] "V2 V: Cars Communicating To Prevent Crashes, Deaths, Injuries," U.S. Department of Transportation website, https://www.transportation.gov/fastlane/v2v-cars-communicating-prevent-crashes-deaths-injuries retrieved July 27, 2016.

[3] The National Intelligent Transportation Systems Development Program, http://www.iteris.com/itsarch/html/user/userserv.htm. retrieved on July 27, 2016.

第 3 章 什么是大数据

3.1 知识目标

1. 大数据是如何度量的？
2. 大数据的特征是什么？
3. 数据科学领域发生了什么变化？
4. 工商业大数据的一些例子是什么？
5. 交通运输业大数据的一些例子是什么？

3.2 词频云图

本章词频云图如图 3-1 所示。

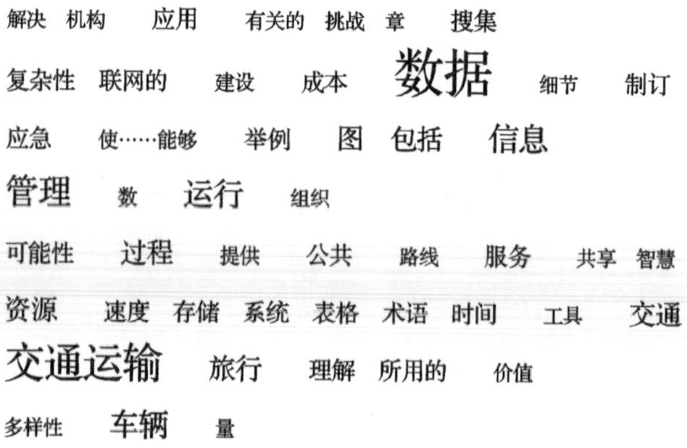
解决 机构 应用 有关的 挑战 章 搜集
复杂性 联网的 建设 成本 数据 细节 制订
应急 使……能够 举例 图 包括 信息
管理 数 运行 组织
可能性 过程 提供 公共 路线 服务 共享 智慧
资源 速度 存储 系统 表格 术语 时间 工具 交通
交通运输 旅行 理解 所用的 价值
多样性 车辆 量

图 3–1 第 3 章词频云图

3.3 导语

对于商业和交通运输业，大数据可能与互联网一样重要。大量的数据有助于对影响企业运作的基本机制进行更准确的分析和更深刻的理解。本章根据数据科学中的最佳做法来探讨大数据的本质。通过提供一些交通运输大数据源的例子，从交通运输的角度使这个主题更加生动。使用正确的方法，可以实现大数据的真正价值。一个很好的解释方法是，数据本身很难处理，也不太吸引人，而且它的含义隐藏得较深。它很像构成音乐的基础符号，页面上的音符和不同的音乐频率结合在一起，形成了一些令人愉快的乐章，这便是创作和编曲的结果。当应用更多的工具和专门知识来提取所需结果时，数据就会鲜活起来。音乐家通过将数字和符号进行转换，从而以音乐的形式产生令人愉悦的信息，如图 3–2 所示。

音乐“数据”
PRELUDE
转变成声音“信息”
转变成音乐“信息”

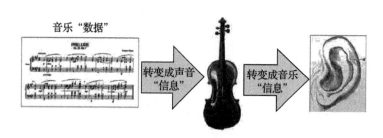

图 3–2 数据转变成信息（以音乐为例）

3.4 如何度量大数据?

在讨论大数据的性质时,从 3.5 节开始将要使用大数据量值的术语来表示各种交通运输和非交通运输应用中大数据的相对大小。因此,在开始研究大数据之前,讨论如何度量大数据是十分有用的。

与所有数据一样,大数据以字节为单位进行度量。1 字节(B)等于 8 比特(bit),1 比特代表一个 1 或一个 0,被称为二进制或底数为 2 的数字。二进制非常有用,当计算机中集成电路的开关关闭时表示 0,接通时则表示 1。术语"比特"是二进制数字的缩写,可以被认为是计算机中最小的数据单位。您可能还想知道,半个字节被称为"nibble"。在电信和互联网通信中,连接速度通常以每秒的比特数来描述。这通常被称为带宽,其描述的是通信信道的速度而不是容量。一个 ASCII 字符(用来构建单词的字符之一)由一个字节组成。

随着数据大小的增长,将前缀放置在字节的前面,以表示 1 000 的倍数。这些前缀在字节方面的含义见表 3-1[1]。为了提供语境,本表给出了一些注释,从而将数据大小与可识别的东西相关联。例如,如果您知道某一数据的大小为 4 ZB,可能会很难理解。但如果说 2016 年底,全球互联网年流量超过泽字节(ZB)范围,到 2020 年将达到 2.3 ZB[2],那么你就会开始理解这个数字的庞大程度了。

表 3-1 数据的数量级

大小和前缀	底数为 10 的指数	注释
1000B=1kB	3	—
1000kB=1MB	6	一本典型的纯文本英语书的容量[3]
1000MB=1GB	9	—
1000GB=1TB	12	212 个数字化视频光盘的容量[7]
1000TB=1PB	15	—
1000PB=1EB	18	—
1000EB=1ZB	21	2016 年互联网流量[8]
1000ZB=1YB	24	—
1000YB=1BB	27	—
1000BB=1NB	30	—

3.5 什么是大数据?

大数据是一个广泛使用的术语,重要的是我们对这一术语要有一个明确并且一致的定义。大数据一词描述的是非常庞大而且复杂的数据集,以至于很难使用传统的数据处理软件和硬件。目前的趋势是组合更大的数据集,因为其对数据具有更丰富的洞察力和理解力。大型数据集有一个全企业或全组织范围的数据视图,从而比一系列筒仓即较小的数据集输出更多的信息。

大数据可以被看作是数据科学的一种进化,有些方面是新的,有些则不是。例如,大多数有潜力的交通运输大数据应用都要应对改善安全性、效率和用户体验的问题。这些都是交通运输行业多年来一直在寻求解决的问题。大数据新的方面包括数据大小的指数增长和新的数据可用性(包括结构化数据和非结构化数据)。与此同时,许多方面(数据量、速度、多样性、可变性和复杂性)也出现了迅猛发展。

1. 大数据的特征

1)分析能力:具备图形和路径分析的能力以及对新的、非关系数据类型和现有关系数据的分析能力。

2)工具性:能够从事故报告的文本或视觉资料中洞察数据,以快速发现数据中有用的信息。

3)经济性:通过降低成本保留更多的数据。没有必要丢弃信号时序、速度、流量和占用数据。通过利用新技术,可以在成本和性能方面将适当的存储机制应用于适当的数据集。这也使得能够适当地访问不同的数据类型。

4)结构性:混合系统的出现,使新旧工具能够在单一框架内协同工作,从而实现对新数据的快速发现分析。

2. 大数据的维度

根据《纽约时报》报道,大数据一词的起源可能归因于以下两个人[4]。坊间的证据表明,它最早是由硅图(Silicon Graphics)公司的约翰·梅西在20世纪90年代中期引入的。他想用一个单一的术语来描述数据存储和数据管理方面的一系列问题。另一位可能是宾夕法尼亚大学的约翰·迪包尔德,他在论文《用于宏观经济测量和预测的大数据动态因素模型》(*Big Data Dynamic Factor Models for Macroeconomic Measurement and Forecasting*)中首次结合宏观经济学使用了这个术语,该论文于2000年首次发表,并于2003年出版。

现在，这一术语不仅代表着数据量，还代表着一系列维度，如类型、量、速度、多样性、可变性、复杂性和真实性，以下依次对其进行分析。

（1）类型

数据有两大类型：实时数据和存档数据。这些数据还有许多不同的名称，例如，实时数据可以被称为业务数据，存档数据可以被称为静态数据。还可以被分别称为"热"数据和"冷"数据，其含义是，热数据是在短期内实时使用的，而冷数据的存储是为了长期使用。静态数据和动态数据这两个术语也被用来区分数据类型，二者的区分在于在任何特定时间的数据使用方式。实时数据必须以能够快速访问的方式加以保存，为此，可以将不常使用的数据移动到存档类型中，从而以较低的成本长时间存储大量数据。如今，在实时数据的存储过程中，还可以对其进行分析。实时分析的使用是将实时数据与存档数据加以区分的另一个原因。

（2）量

数据的量是一个明显的维度。"大"这个形容词给人的感觉是，数据科学的这一部分是关于容量的。过去，有一种趋势是将较大的数据集分割开来，以便更有效地存储数据并实现快速访问。如今，随着快速、低成本数据存储的出现，人们倾向于将数据整合到中央存储库中。这就产生了一个企业范围的数据视图的效果，如果将数据加以分割并存储在整个组织的多个存储库中，这可能会有些困难。那么，大数据多大呢？以下是交通运输领域之外的几个例子：

1）每天大约有 1 PB 的数据上传到 YouTube[5]。

2）据估计，人脑的记忆存储容量为 2.5 PB[6]。

3）Netflix 用户每年大约有 4.7 PB 的数据流[7,8]。

将这些数字与 20 世纪 80 年代初在伦敦哈克尼区的经历进行对比。当时，有人购买了一台带有 2 MB 硬盘的"超级大脑"（Superbrain）个人计算机，但工作人员和管理人员竟不知道该如何处理所有的存储空间！注意，一兆字节（MB）是一拍字节（PB）的十亿分之一。

（3）速度

将数据传输速度等效为一个电信链路，每秒能够支持的比特数是很好理解的。例如，典型的商业互联网连接可能支持大约 100 Mbit/s 的数据传输速度。然而，数据传输速度超出了通信可实现的速度（能够大致测量出我们从感知数据到对其采取行动的速度)。虽然数据通信的吞吐量和延时可以测量数据在网络中的传输速度,但还有其他因素会影响我们利用数据并将其转化为信息的速度。这一过程如图3-3所示,有如下几个步骤。

1) 感知:在这一步中,通过几种不同的方式(包括传感器、闭路电视摄像机、智能手机和基于道路基础设施的传感器)来收集数据。这些数据可以包括坊间数据,并且可以是结构化或非结构化的形式。

2) 提取:这个步骤将数据聚集到一个数据平台,并将其整合成一个有意义的、条理分明的数据体。本书第9章将讨论这个问题。

3) 处理:在这一步骤中,原始数据被转化为信息。大量的0、1和原始信号数据被转换成有意义的总和、表、可视化信息和其他类似的结构,使人们能够理解数据中的趋势和模式。

4) 消化:在这一过程中,相关人员要开始吸收这些信息,并思考这些信息将对他们的工作和组织产生的影响。这就可能使人们认识到需要进一步的信息。它也可能强调需要对组织进行微调,以确保吸收过程尽可能有效。

感知 ➡ 提取 ➡ 处理 ➡ 消化 ➡ 理解 ➡ 行动

图3-3 从感知到行动的步骤

5) 理解:以所收到的信息为基础进行知识开发,例如对驱动交通运输需求的潜在机制或旅行者行为的详细描述的理解。这一过程中可能会出现一些令人兴奋的时刻,比如,当旧的不明显的联系或机制被识别和理解时、当新的理解使人们认识到现有交通运输服务方面存在缺陷时。这一步表示已经进入科学投资规划或制订基于结果的工作计划阶段,第8章将对此进行更详细的讨论。

6) 行动:最后一步是利用对数据的理解,创造新的信息,并将其转化为可操作的策略。在收集数据过程开始时,就应该考虑这一步骤。如果理解无法付诸行动,那么收集数据以及花费时间将其转化为信息的过程就没有意义。在我们目前的智慧城市交通阶段,这可能涉及资源的重新配置、定义新的交通需求规模、采用更有效的交通工程设施或改变公交服务频率等。

值得注意的是,许多交通运输机构在对数据用途没有明确认知和详细理解的情况下,就开始大规模的收集数据。希望大数据分析技术的应用能使交通运输机构对这一过程有更加全面的认识，并对数据的用途有更加详细的理解。这又将带来确定所需数据质量更好的方法。从更长远的角度来看，也可以预期随着我们对交通运输因果关系的更好理解，数据湖（集中的数据存储库）的建立和运行也将实现自动响应（第 9 章将详细介绍数据湖）随着大数据分析遍及整个组织，在工商业中呈现的趋势如图 3-4 所示。可以预计，在交通运输方面也会出现类似的趋势。

从报告的起点出发，与交通运输需求和供应相关的机制的分析能力，使我们能够具备预测未来交通状况、需求和供应的能力。

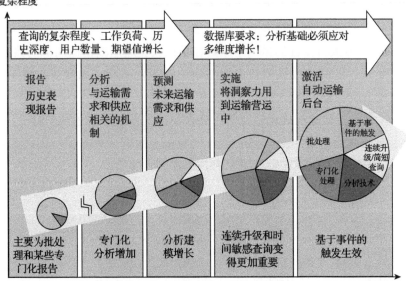

图 3-4　从报告到自动化的途径

这使我们有能力通过运用在交通运输方面已经取得的见解，使知识具有可操作性。这反过来又使基于分析成果所定义的触发器自动激活事件。这种递增式增长是通过并行迁移实现的，在这种改变中，分析模型在优化，专业分析能力在提高，然后是不断更新和响应时间敏感查询的能力。最终，基于事件的触发成为现实。用交通术语来说，基于事件的触发意味着自动生成要显示在动态信息标志上的消息，或者根据需求的变动和事件的发生自动重新设定交通信号的时间。它还可以包括对事件的自动响应、资源的分配和使用流量控制设备来管理交通等。

（4）多样性

大数据的另一个维度是可以收集和处理的数据种类增多。例如，在交通运输领域，可以收集的数据范围很广，包括车辆速度、交通量、旅行时间、公交乘客数以及车辆位置。

上述项目可以被描述为传统的交通运输数据。在大数据时代，当我们不需要约束数据大小时，还可以添加一些非传统数据，例如电力消耗、零售交易、智能手机位置数据以及来自网联汽车的探测数据。

这只是几个将其他数据与传统数据混合，从而创建数据种类更多的大数据的例子。事实上，为了更深入地了解交通运输需求，包括交通流量和出行原因，可能要收集种类繁多的数据，从这一点上讲，目前只是探索了表面的东西。预计，导致可变性的另一个原因在于扩大交通运输机构内部的数据收集。通常，交通运输机构数据收集的中心集中在运营部门。如图3-5所示，对于交通运输来说，除了运营之外还有很多业务。

请注意，不同的交通运输机构可能有不同的术语来描述每个阶段，图3-5使用了通用术语。事实上，交通运输机构在大数据分析方面所面临的挑战之一是如何以无缝的方式在整个组织内共享数据和信息。

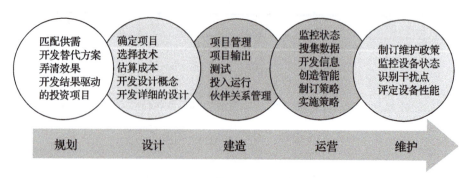

图3-5　交通运输活动全貌

（5）可变性

数据分析人员和数据科学家对数据可变性有一个有趣的共同点——他们都酷爱面对这种可变性。一种典型的应对可变性的方法是创建平均值和总和，以便能够处理数据。数据专家认为这并不是一个很好的方法，他们认为，数据的价值体现在细节当中,而总和和平均值忽略了这些细节。在交通领域,一个很好的例子就是交通信号灯之间的平均间隔时间。虽然这是衡量性能的一个重要指标,但它忽略了非常有价值的细节。例如,如果一位驾驶员以50mile/h的速度行驶,在红灯亮时停下来,然后继续以50mile/h的速度向前行驶,再在下一个红灯处停下来,那么测得的平均车速可能是30mile/h。如果另一位驾驶员在每个十字路口均遇到绿灯信号,他可以以30mile/h的车速匀速通过这段道路。因此,只看平均速度是无法将这两位驾驶员的两次行驶区分开来的,这就会丢掉一些重要的细节。在信号控制的道路上,详细记录行驶车辆每秒的速度曲线将解决这一问题。过去,这类曲线被认为是难以管理的。直到最近,诸如探测车辆数据收集等技术才使得获取这类数据成为可能。在大数据分析的世界里,数据是可用的,并且将其转化为有意义的信息的动力即将出现。

(6)复杂性

数据变得越来越复杂,而从多个数据源可能会捕获到相同的数据又增加了其复杂性。为了对来自多个数据源的相同数据进行比较,已经开发了一些技术,也就是所谓的八角形感测技术。图3-6提供了一种以信息技术为中心的视图,显示了导致数据复杂性增加的所有因素。

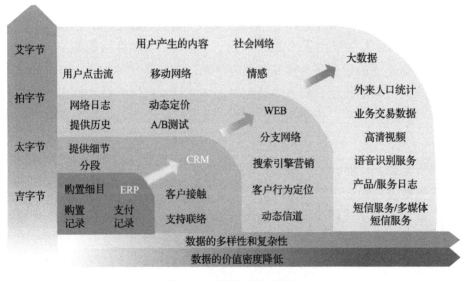

图3-6 信息复杂性的增长

该图显示了从解决组织内部资产优化的企业资源计划（Enterprise Resource Planning，ERP）向考虑组织和客户之间的外部界面的客户关系管理（Customer Relationship Management，CRM）的变迁过程。这促进了网络的广泛使用，网络不仅是大数据驱动的结果，而且自身也可以生成大数据。这种从 ERP 向大数据的迁移增加了数据的多样性和复杂性，但却降低了数据的价值密度。价值密度是衡量从数据获得的价值相对于数据大小的一种方法。价值密度的降低是创建数据湖以便从数据中提取最大价值的另一个原因。

（7）真实性

这个维度与大数据的不确定性有关。随着数据传输速度的增加以及包括结构化数据和非结构化数据可变性的增长，与数据精度有关的不确定性可能很大。这就需要工具和技术帮助我们理解数据的不确定性，或许还能够将排名应用于数据的质量。篡改数据或其他可能影响数据质量的问题也会影响数据的真实性和可信度，这为真实性增加了一个安全维度。

3.6 挑战

除了机遇之外，大数据还面临着一些挑战，包括复杂性分析、捕获、管理、搜索、共享、存储以及传输。

从交通运输角度描述这些挑战时，由于采用了一种简化的观点，有可能"冒犯"阅读这本书的数据分析师和数据科学家，这不是我的本意。本节的重点是解释交通运输的价值，而不是研究对这一主题如何进行技术描述。其目的是提高对挑战的认识，说明挑战的性质，并概述运用数据科学如何应对这些挑战。

（1）复杂性分析

根据数据的复杂性对数据进行分类是数据分析和数据科学中一个新兴的领域。随着数据集规模的迅速增加和处理的自动化，可以将多个系统连接在一起，这就导致了复杂性的增加。如果不对其进行管理，就会导致系统内发生不可预测的行为和数据处理的困难。典型的工程方法将试图消除复杂性，但这与从大数据中获取最大价值是背道而驰的。正如 3.5 节所述，数据真正的价值存在于细节中，因此复杂性是无法避免的。在复杂性分析领域已经开发了工具和技术，从而使人们能够理解复杂性并开发对系统复杂性进行建模与控制的新方法。

（2）捕获

相对于大数据，数据捕获是另一个挑战。虽然交通运输界擅长从传感器和其他道路设备中获取自动数据，但大数据要求将多个数据集结合起来，以便给我们提供正在寻找的信息。这意味着，除非我们在数据捕获方面投入的资源有所增加，否则必须考虑自动化解决方案。数据捕获包括将数据带回中央存储库的过程以及该过程所需的工作。在数据领域中，这被称为数据提取、转换和加载（Extraction-Loading-Transformation，ETL）。如果多个数据源包含有组织以外的数据，那么数据捕获过程还将包括某种形式的数据共享协议的建立。

（3）管理

交通运输在当前数据（更别提大数据）方面所面临的主要挑战之一，就是要让整个组织知道哪些数据是有用的，这些数据位于哪里。目前，有一些自动化工具可用于协助管理过程，并为主数据管理和数据治理技术的定义提供支持。数据创建的重要元素之一在于明确和规定谁可以访问数据，以及他们对更改数据有什么权限。

为了强调有效应对这一挑战的重要性，这里展示该领域的一些例子。佛罗里达州交通部在最近的一次报告中提供了以下实例[9]：

1）一个项目小组完成了一项关于某条新道路的可行性研究。六个月后，另一个项目团队也进行了同样的研究。他们并不知道第一个研究报告和相关数据的存在。

2）由于没有找到调查数据，项目组被推迟进入道路项目的下一阶段。由于进度要求，项目组不得不重复调查并重新收集数据。

3）重新铺设某一段道路路面的工程项目完成。一个月后，在同一段道路上安装了一个新的路灯系统，要求挖掘路面。

这些例子从交通运输的角度捕捉了数据管理的本质及其带来的挑战。如果交通运输组织不知道数据的存在，并且无法及时访问数据，那么为数据收集投入资源就失去了意义。这些案例使佛罗里达州交通部启动了一项为交通运输组织配备最新的数据管理技术的重大计划。

（4）搜索

为了对交通运输专业人员有用，搜索工具和技术必须直观、简单和便于理解。重要的是要将重点放在工具的使用和价值上，而不是需要开发利用这些工具的技能和专门知识。用户已经习惯了 Google 的强大功能，这为在因特网上搜索数据提供了极好的途径。同样，用于搜索大数据的工具也要具有这些直观的功能。搜索工具越来越复杂，使人们能够得到更精确的结果，而不仅仅是各种可能性的列举。这些不仅与因特网有关，而且还应适用于内部大数据系统。

（5）共享

数据共享有可能成为交通运输组织面临的最大挑战之一。利用光纤和铜线在电信网络上共享数据的物理功能才刚刚开始。据了解，除非有数据共享协议准备就绪，否则将不会在电信网络之间传输任何信息。数据共享也可能是公共部门和私营部门之间的一项挑战。确定适当的共享协议对于启用数据流至关重要。为了有效地解决数据共享问题，还需要为数据开发一种商业模式。一种商业模式可能是公共部门只简单地收集以实现有效交通运输的数据，作为其日常业务的一部分，然后将这些数据免费提供给希望作为其产品和服务基础的私营部门组织。另一种商业模式也可能是公共部门机构将尝试开发协议，从而使它们能够分享通过公共部门数据所产出的产品和服务的价值。数据商业模式的定义还将包括详细规定在公共机构内完成多少数据的处理以及数据收集和处理的成本。

（6）存储

数据存储的挑战涉及跨数据存储基础设施的数据集管理。如果这些基础设施没有得到适当的管理和结构化，就有可能在数据存储上花费过多的时间和资金。这让我们回到了实时数据和存档数据之间的区别上。解决数据存储结构的一个显而易见的方法是将它们分开，以便在适当的数据集上使用较昂贵的实时存储和数据访问方法。值得注意的是，这一问题是由市场上极为积极的发展（获取数据存储的成本急剧下降）所引起的。然而，当涉及数据维护和管理时，还会有数据获取之外的隐性成本。1980—2009 年期间每吉字节的平均硬盘存储器成本大幅下降，如图 3-7 所示[10]。

随着时间的推移，硬盘存储器的购置成本已从峰值的每吉字节（千兆字节）70 万美元大幅下降到每吉字节 0.3 美元的低点。当然，获取硬盘空间只是数据存储成本的一个构成要素,其他要素还包括维护、升级、电源、托管硬盘存储的物理设施以及管理它的成本。然而,硬盘存储器的购置成本似乎是一个表明成本下降有多么巨大的很好的衡量尺度。最近出现的另一种选择,是从别的数据中心或所谓的云中租借数据存储空间。云是一个服务器网络,这些服务器有些用于处理数据,有些用于存储数据。

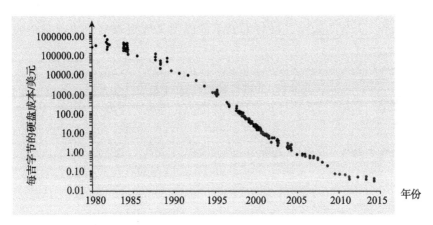

图 3-7　1980—2009 年期间每吉字节的平均硬盘存储器成本大幅下降

（7）传输

当一个大数据集进入高太字节或低拍字节时,数据传输就成了一个问题。表 3-2 显示了可供交通运输机构使用的各种传输速度下 1PB 数据和 1TB 数据的传输时间。

根据表 3-2,即使以 10 000 Mbit/s（10 Gbit/s）的最快速度,传输 1PB 的数据也需要将近 14min。这表明,在开发大数据分析能力时,应认真考虑各种数据提取和处理中心的服务器托管问题。

表 3-2　数据传输时间

数据传输速度 /Mbit/s	1PB 数据的传输时间 /min	1TB 数据的传输时间 /min
10	13 333.33	13.3
50	2 666.67	2.7
100	1 333.33	1.3
1 000	133.33	0.1
10 000	13.33	0.0

3.7 交通运输大数据

我们从交通运输的角度,通过探索交通运输领域内一些潜在的大数据来源,将大数据带到现实生活。请注意,本章中使用了前面讨论的大数据的定义,它不仅涉及数据大小,还要涉及可变性和传输速度。这样做的目的并不是要创建交通运输中所有可能的大数据来源的目录,而是提供对各种可能性的概述。可以从交通运输先进技术的不同应用领域来考察交通运输中的大数据,见表3-3。

表3-3 先进交通运输技术应用领域

交通运输管理
旅行信息
公共交通运输管理
电子支付
商用车业务
应急管理
网联汽车和自动驾驶汽车
智慧城市
存档数据
维护与施工作业

(1)交通运输管理

交通运输管理包含在交通管理区域内的所有活动,包括交通信号控制管理、高速公路管理和事故管理。表3-4列出了可以从这些来源生成的数据,代表着交通运输管理领域内可能出现的数据。更完整的目录可以参考《交通管理数据词典》(*Traffic Management Data Dictionary*)[11]。

表3-4 交通运输管理数据来源

交通信号定时
车速
交通量
交叉口转弯计数

(续)

交叉口之间的通行时间
事故数量
事故持续时间
事故响应时间

（2）旅行信息

旅行信息涉及收集有关交通运输系统的数据，并将其转换为能够及时传递给旅行者的信息。总体想法是通过提供决策质量信息来改进出行决策。旅行信息可以通过包括网络和车辆信息系统在内的多种渠道进行传递。表 3-5 汇总了可从旅行信息系统获取的数据。

表 3-5 旅行信息数据来源

旅行者信息
出行需求
旅行条件
用户偏好
旅行成本
行程时间的可靠性
旅行方案的可用性
最佳路线选择
乘车匹配选择

（3）公共交通运输管理

公共交通运输管理包括管理公交车辆车队和提供乘客信息所需的活动。它包括固定路线管理、辅助客运管理和机动路线服务管理。固定路线服务遵循预定路线和时间表。辅助客运服务通常是按需提供的，可供无法乘坐其他公共交通车辆的客户使用。近年来，灵活路线服务被引入，能够将固定路线的某些方面与按需服务的某些方面结合起来。例如，灵活路线服务的一种方法是分派一辆在区域内行驶的公共汽车，并允许客户按需调用公共汽车服务。客户可以要求从住所到区域内的任何地点或到最接近固定路线服务的接入点提供公共汽车服务。其数据来源见表 3-6。

表 3-6　公共交通运输管理数据来源

公共交通运输管理
车辆位置
当前服务水平
乘客负荷
各个公共汽车站的上、下旅客数
公交服务需求
旅行方案的可用性
最佳路线选择
乘车匹配选择
工作人员资源分配

（4）电子支付

电子支付的设计旨在使旅客能更容易地为交通服务付费。电子支付包括电子收费、电子售票和电子支付停车费。这些系统很可能成为有价值数据的重要生成器，表3-7列出了相关的数据来源。

表 3-7　电子支付数据来源

电子支付
乘客负荷
公交需求
各个公共汽车站的上、下旅客数
票价
税收
多座客车及快车道使用交易
账目

（5）商用车业务

商用车业务涉及货运系统的管理和操作。这涉及货车和驾驶员的管理以及与经营货车货运业务有关的行政程序。表3-8列出了可由商用车操作系统生成的数据来源。

表 3-8　商用车业务数据来源

商用车业务
驾驶员证件
车辆证件
货物证明材料
车辆状况
驾驶员状况
货物状况

（6）应急管理

应急管理涉及急救车辆的车队管理、紧急情况通知警报的发送以及与救灾和疏散有关的活动。表 3-9 列出了应急管理系统可能产生的数据来源。

表 3-9　应急管理数据来源

应急管理
急救车辆位置
紧急情况的发生位置和性质
威胁数据
交通运输网络状态
救灾计划
事故管理计划
危险物事故响应计划

（7）网联汽车和自动驾驶汽车

网联汽车涉及车辆与后台基础设施之间的双向对话，以及车辆与车辆之间的双向对话。在第 4 章的网联汽车和自动驾驶汽车讨论中将进一步探讨这一主题。从车辆系统中提取数据的能力使表 3-10 中列出的样本数据成为可能。

（8）智慧城市

智慧城市的交通要素提供了极大的数据生成可能性，这些数据包括本章描述的所有其他应用领域的数据。智慧城市将把重点放在联网的市民和游客上。表 3-11 列出了智慧城市可能呈现的其他数据来源。

表 3-10　网联汽车和自动驾驶汽车数据来源

网联汽车和自动驾驶汽车
车辆运行数据
车辆位置
车辆瞬时速度
车辆识别号
驾驶员状况
驾驶行为

表 3-11　智慧城市的额外数据来源

智慧城市
基于智能手机位置数据的运动分析
数据众包服务
社会情感与用户感知

（9）存档数据

为了认识到将先进技术应用于交通运输的数据可能性，美国交通部在其"国家 ITS 体系结构发展计划"中引入了存档数据这个用户服务类别。该计划明确了从所有其他应用领域提取数据，用于系统和性能管理。表 3-12 列出了数据可能性的样本。

表 3-12　存档数据来源

存档数据
当前运行状况
设备状态
资产
交通运输量
交通运输线
旅行信息
公共交通运输管理
电子支付
商用车业务
应急管理
网联汽车和自动驾驶汽车
维护与施工作业

（10）维护与施工作业

维护与施工作业涉及与交通运输基础设施更新和建设有关的活动，它包括资产管理以及建设和实施所涉及的项目管理的各个方面。表 3-13 列出了其数据可能的来源。

表 3-13　维护与施工作业数据来源

维护与施工作业
建设活动的各个阶段
替代路线和绕道
工作区速度限制
资产状况
资产位置与资产目录
建设资源分配
建设工作区状态
劳动力资源配置

3.8　交通运输系统管理及运营

因为目前往往将数据进行分离并归类，所以数据的可能性也按照应用领域进行了分组。交通运输由一系列专门化的重点领域所组成，在这些领域内收集和利用了特定的数据。还注意到，在许多情况下，进入交通运输组织的数据来自业务部门，这些数据不一定能到达规划和设计等其他部门。随着大数据概念的引入，这种情况预计会发生巨大变化。的确，随着交通运输系统管理及运营（Transportat; on Systems Management and Operations，TSM&O）新概念的引入，交通运输专业已朝这个方向迈进。例如，公共交通中的旅行时间可靠性和服务水平会受到交通管理质量的显著影响。固定路线公共汽车运营的改善直接关系到交通拥挤和其他交通状况。TSM&O 提供了在规划、设计、建设、运营和维护交通运输系统之间进行更紧密集成的可能性。在这种整合和协调中，大数据的实施将是一个极其宝贵的工具。

参 考 文 献

[1] Wikipedia, https://en.wikipedia.org/wiki/Terabyte#Illustrative_usage_examples, retrieved April 3, 2017.

[2] Cisco website, http://www.cisco.com/c/en/us/solutions/collateral/service-provider/visualnetworking-index-vni/vni-hyperconnectivity-wp.html, retrieved July 30, 2016.

[3] Wikipedia, https://en.wikipedia.org/wiki/Megabyte#Examples_of_use, retrieved April 3, 2017.

[4] *New York Times* "Bits" blog, http://bits.blogs.nytimes.com/2013/02/01/the-origins-ofbig-data-an-etymological-detective-story/, retrieved July 29, 2016.

[5] Google Cloud Platform blog, https://cloudplatform.googleblog.com/2016/02/Googleseeks-new-disks-for-data-centers.html, retrieved July 29, 2016.

[6] Scientific American.com, "What Is the Memory Capacity of the Human Brain?" Paul Reber (Professor of Psychology at Northwestern University), https://www.scientificamerican.com/article/what-is-the-memory-capacity/, retrieved April 3.

[7] Netflix help center, https://help.netflix.com/en/node/87, retrieved on July 29, 2016 at 3:07 p.m.

[8] Netflix quarter to 2016 letter to shareholders, http://files.shareholder.com/downloads/NFLX/2531277189x0x900152/4D4F0167-4BE2-4DC1-ACC7-759F1561CD59/Q216LettertoShareholders_FINAL_w_Tables.pdf, retrieved on July 30, 2016.

[9] Information Technology Strategic Plan Update, Enterprise Information Management, ROADS project, presentation delivered by April Blackburn, Chief Information Officer, Florida Department of Transportation, June 17, 2015.

[10] "History of Storage Costs," [online] updated March 9, 2014, by Matthew Komorowski, retrieved on August 1, 2016.

[11] *The Traffic Management Data Dictionary*, the Institute of Transportation Engineers, http://www.ite.org/standards/tmdd/, retrieved April 3, 2017.

第 4 章 网联汽车和自动驾驶汽车

4.1 知识目标

1. 电子和信息技术对汽车有何影响?
2. 什么是网联汽车?
3. 与网联汽车相关的挑战是什么?
4. 什么是自动驾驶汽车?
5. 与自动驾驶汽车相关的挑战是什么?
6. 网联汽车和自动驾驶汽车之间的区别是什么?
7. 网联汽车和自动驾驶汽车如何适应智慧城市?
8. 网联汽车和自动驾驶汽车如何影响交通?
9. 网联汽车和自动驾驶汽车涉及的大数据分析有哪些?

4.2 词频云图

本章词频云图如图 4-1 所示。

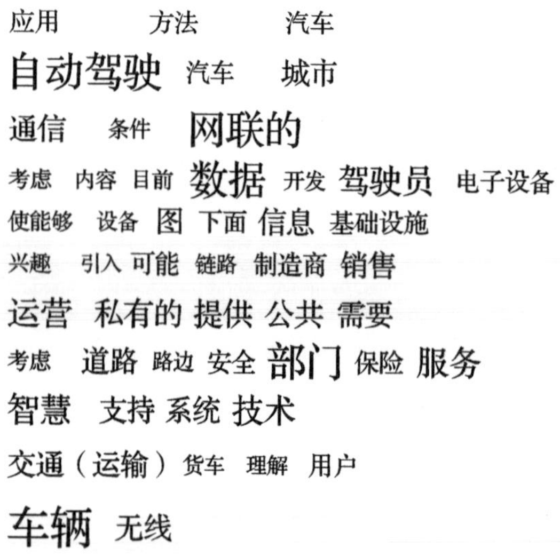

应用　　方法　　汽车
自动驾驶 汽车　城市
通信　条件　**网联的**
考虑　内容　目前　**数据**　开发　驾驶员　电子设备
使能够　设备　图　下面　信息　基础设施
兴趣　引入　可能　链路　制造商　销售
运营　私有的　提供　公共　需要
考虑　道路　路边　安全　**部门** 保险　服务
智慧　支持　系统　技术
交通（运输）　货车　理解　用户
车辆 无线

图 4-1　第 4 章词频云图

4.3　导语

网联汽车和自动驾驶汽车属于将先进技术应用于车辆以及将车辆和道路作为一个单一系统来处理的更大范畴。自 20 世纪 50 年代以来，私人汽车上的电子产品占比一直稳步增长[1]，如图 4-2 所示。

目前，汽车总成本的 30%～35% 由汽车电子产品构成。预计到 2030 年，这一数字将增长到 50%。汽车电子技术应用见表 4-1[2]。

表 4-1　汽车电子技术应用

汽车电子技术	作用
主动安全技术	避免和减缓碰撞的后果
底盘电子技术	监控和管理底盘系统
驾驶员辅助系统	为驾驶员提供决策支持
发动机电子控制技术	对发动机运行进行监控和管理
娱乐系统	车载娱乐系统，如收音机和数字音乐播放器
乘客舒适系统	空调、加热式座椅和提高乘客舒适性的其他应用技术
传动电子控制技术	对发动机和车轮之间的传动系统的运行进行监控和管理

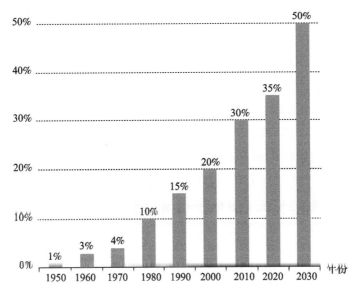

图 4-2　汽车电子产品成本占汽车总成本的百分数

驾驶员辅助和主动安全系统可视为网联汽车的一部分。网联汽车可以被认为是车辆电子技术的一种演变，也可以认为是车辆和道路感知方式转变的一部分。一段时间以来，人们逐渐认识到，如果将交通运输作为一个单一的系统来处理也许会更好。

看来，我们正在接近交通运输服务交付的临界点，这将使我们看到联网应用的激增，并能够更好地了解目前的运营状况和预测不久的将来的运营状况。反过来，这将产生大量的数据，并迫切需要将这些数据转化为信息以及理解将会得到的新见解。大数据分析技术将在这一过程中发挥至关重要的作用。

网联汽车可以被视为最终的联网交通运输系统的一个重要组成。通过联网交通运输系统，车辆能够与后台的基础设施以及其他车辆相连。

本章不打算对支持网联汽车和自动驾驶汽车的车载和电信技术进行详细的说明。本章的目的主要是介绍在智慧城市、大数据分析技术的背景下，网联汽车和自动驾驶汽车的基本特征。当考虑到这些特征在大数据分析技术应用方面的潜力以及它们可能对交通运输服务产生非常广泛的影响时，了解网联汽车和自动驾驶汽车的基本要素以及与这些要素相关的服务演变就非常重要了。

本章的主题是网联汽车和自动驾驶汽车，乍一看，这些术语可能会有些混乱。虽然两种类型的车辆都涉及远程信息处理，但二者之间存在很大区别。然而，这两种车辆都可能对我们的交通运输系统产生重大影响，并在智慧城市中发挥核心作用，同时以探测车辆数据的形式提供新的数据，因此本书将对这两个概念加以解释。

如果不充分考虑网联汽车和自动驾驶汽车，就很难处理大数据分析和交通运输问题。网联汽车和自动驾驶汽车是联邦政府部门和私营部门投资的重点[3]。有了网联汽车，才有能力在驾驶员和信息技术基础设施之间建立一个可靠的双向通信渠道，才有希望在安全、效率和用户体验方面取得实质性进展。在技术方面有不止一种方法可支持双向通信链路，不同的方法具有不同的功能和适用于不同的应用。

就自动驾驶汽车而言，通过采用能够自行驾驶的技术，可以在安全性和用户体验方面获得潜在的收益。这对于货运和公共交通可能特别有用，因为驾驶员不会试图到达某一目的地，而是将其作为车辆运行的一项要求。自动驾驶汽车（在 4.6 节中将详细讨论）很可能从驾驶员支持和协助到完全自动驾驶分阶段推进。

4.4 什么是网联汽车

本质上讲，网联汽车使用无线通信和车载设备来支持车辆和后台之间的双向数据交换。在车辆和后台之间建立和运行无线链路主要有两种方法，分别是广域无线技术和专用短程通信（Dedicated Short-Rarge Communications，DSRC）技术。

网联汽车的广域无线方式是借助蜂窝无线服务使用广域无线技术，从而使后台和车辆之间的双向通信连接成为可能。在这种情况下，支持与网联之间进行通信的基础设施已经到位，其形式是由 Verizon、AT&T、Sprint 和 T-Mobile 这样的大运营商开发和运营的无线网络。这些无线服务被用来支持基于云计算的后台应用程序，通过使用私有部门的数据和信息，在车辆与云服务设施之间实现宽带无线连接。

Airbiquity Choreo 应用程序[4]通过云计算服务在网联汽车和汽车制造商之间提供连接，如图 4-3 所示。使用此应用程序，将车辆数据、使用行为和地理位置以及应用程序和内容进行组合或融合，以提供来自车辆的数据流。该程序还可以支持数据传递，使用车辆内的多通道动态人机界面（也称为车载信息终端）将这些数据转换为信息。

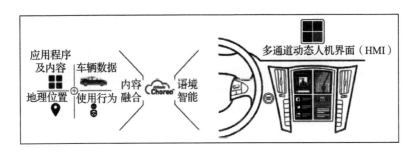

图 4-3　基于云服务的网联汽车示意图

DSRC 法，顾名思义，是利用网联汽车与道路基础设施之间的专用通信链路的方法。这一方法以多年来在电子收费系统应用方面积累的经验为基础，其优点是能够支持与车辆之间的高速、高可靠性和低延迟通信，缺点是需要在道路沿线按照规定间隔安装道路设备（Roadside Equipment，RSE）。所提供的短距离通信通常使车辆能够在大约 1km 的范围内与 RSE 单元进行通信。该方法还要求在车辆上安装专用设备，以便与路边基础设施进行通信。

1999 年 10 月，美国联邦通信委员会（Federal Communications Commission，FCC）为 DSRC 分配了范围较窄的无线电信频率（频带）。该频带宽度为 75 MHz（5.8502～5.925 GHz），位于无线电频谱的微波部分。虽然保留这个频带最初是为了提高使用 DSRC 的汽车驾驶员、乘客和行人的安全性，但是 FCC 现在正在考虑如何让其他用户共享这个频带。无线频谱是一种稀缺资源，Wi-Fi 使用量的增长导致频谱需求激增，这促使 FCC 重新评估频谱分配。然而，与其他未经允许的应用共享频带可能会给 DSRC 的可靠性打个问号。

DSRC 在交叉路口的应用如图 4-4 所示，其目的是利用车辆与车辆之间以及车辆与基础设施之间的通信来提高安全性[5]。

图 4-4 DSRC 在交叉路口的应用

4.5 网联汽车的挑战

网联汽车会遇到很多挑战，下面对此进行介绍。

（1）安全性问题

最近在《连线》(Wired)杂志上发表的一篇文章将网联汽车的相关安全问题摆在了人们的面前，该文章描述了冒充黑客的研究人员如何能够在一辆著名品牌车辆中获得对车辆系统的远程控制[6]。该事件的公开致使该制造商召回了 140 万辆汽车。我们生活在一个信息无处不在的时代，能够每天 24 小时通过有线和无线技术与网络保持连接。电信技术和互联网在全球范围内的共享使用，使其成为一种性价比高的通信手段。

这种共享也意味着它容易被滥用。在过去的几年里，发生了许多引人注目的事件，例如敏感数据被未经授权的使用者提取。还有一种看法是，无线通信链路不如有线安全。这引起了公众对网联汽车和自动驾驶汽车使用无线通信的担忧。不过，如果管理得当，无线通信就可以像有线一样安全[7]。

加密和密码可以用来保证无线通信链路的安全，然而人们经常牺牲安全来换取方便。不需要输入密码，或者为了容易记住而使用太弱的密码（密码强度低），这当然是很方便的，但这样的密码也为黑客提供了方便。

使用强密码和加密是管理无线通信链路以确保安全的关键。计算机网络安全与物理安全之间的平衡也很重要。如果一个狡猾的罪犯说服你放弃密码信息，那么网络安全的强度就无关紧要了。此外，如果一个没有道德原则的车辆维修技师可以直接进入您的网联自动驾驶汽车，那么您的无线通信链路的安全性就可能是一个未知数了。

同时考虑网络安全和物理安全的平衡方法，可以使无线通信链路既具有适当的安全性，又能为驾驶员的使用提供方便。不允许用户访问的系统才是世界上最安全的系统！

（2）驾驶员培训

几年前，在伦敦郊外举行的交通拥挤收费定价研讨会上，一位来自交通运输研究实验室的心理学家指出：如果你按照习惯驾驶的话，你就不会受到新信息的影响。

随着车辆系统变得更加复杂和基础设施变得更加灵活，采用车道动态指定、部分时间硬路肩行驶、可变限速和动态路径确定，可能需要考虑对驾驶员进行培训。似乎合理的是，随着车辆和交通运输基础设施信息技术内容的增加，可能必须向用户提供更完善的培训服务。

解决这一特殊挑战的另一种方法是确保用户界面设计得足够好，以支持普通驾驶员的需求。定义明确的用户界面可让用户专注于手头的内容和任务，而不是试图理解底层技术。就像在看电视时，关注的应是电视节目内容，而不是考虑电视是如何工作的。

在 2014 年的一次远程通信会议上[8]，据说当时有 173 个以上的软件应用程序可在车辆上使用。这表明存在一定程度的零散性和缺乏标准化。技术层面和可用性层面都需要标准化。讨论组表示，终端用户正在与这些应用程序使用的图形用户界面的复杂性和可变性进行斗争。由于应用程序的复杂性，人们难免担心驾驶员会因此分心而引发一系列安全问题。

与此同时，人们越来越意识到，懂技术但不那么富裕的年轻网联汽车用户和不太懂技术却很富裕的年老网联汽车用户之间可能存在代沟。此外，最近有关政府暗中监视活动的爆料使消费者对分享数据或被跟踪持谨慎态度。积极的一面是，使用云计算服务可以在车辆之间实现高度的可移植性，并支持诸如被盗车辆或车辆变更（购买和销售）等情况。

由于智能手机的用户数比车辆要大得多，所以智能手机与车辆之间的关系也是非常重要的。这种关系还为新技术应用提供了一个支持性更强的平台。

这可能是汽车和信息技术供应商之间潜在的竞争领域，也可能成为合作的机遇。毫无疑问，汽车制造商将网联汽车视为与客户保持长期关系的最佳机会。

（3）数据所有权

数据所有权可能会被视为一个微不足道的问题，但即使是最先进的分析技术也需要数据。最大的问题是谁拥有这些数据。澄清数据所有权和是否存在共享必要数据的协议是使用大数据分析技术的前提条件。"谁拥有这些数据？"这个问题的答案可能是驾驶员、汽车制造商、电子供应商、云服务运营商和道路运营商中的一个或多个。

驾驶员显然拥有所有权，因为他们已经支付了汽车和车载设备的费用。然而，无论是汽车制造商还是电子供应商，都可能具有一定的权利，因为他们在车载设备的安装和从车载设备到后台基础设施的数据流入和提取上具有控制权。

云服务提供商也可能具有一定的权力，因为所有数据都必须通过云从车辆传递到最终目的地，并反向传递。数据所有权问题也是公共机构关注的问题，因为如果没有数据，就无法实现从网联汽车获取探测车辆数据的真正潜力。在短期内，公共部门应准备与私营部门合作，以便就数据交换的看法进行交流。

私营部门显然可以获得大量对公共部门有益的数据。同时，由于希望有诸如宽度、高度和限速等背景数据，私营部门可能有兴趣从公共部门接收数据。这种双向数据交换的成功谈判需要公共部门做好谈判准备。公共部门的数据必须是经过归纳、整理并容易获取的，这就需要准备适当的营销材料来描述数据及其价值。也许现在就是公共部门和私营汽车部门就数据共享与合作开展讨论的好时机。

（4）选择最佳的电信方式

正如前面所讨论的，最好的电信方法取决于人们打算用它做什么。根据美国交通部的介绍，可以得到网联汽车支持的一些服务见表4-2[9]。

表4-2中的项目可能被视为最终网联汽车场景的菜单。许多应用程序需要车辆与路边之间以及车辆与车辆之间的高速、低延迟、可靠通信，目前只有DSRC才能提供该类型的通信，使之成为这些应用程序的最佳选择。然而，汽车行业已经在一些早期的市场服务上取得了进展，这些服务不需要DSRC的高速和低延迟特性，因此可以得到蜂窝无线和云计算服务的支持，相关服务见表4-3[10]。

表 4-3 提供了可由网联汽车技术支持的服务的综合菜单。这些服务包括导航、娱乐、车辆管理、安全和发动机管理等。其服务范围较广，因此可能会影响车辆运行和驾驶员行为的许多方面。虽然上文所述的私营部门业务模式和服务很可能在短期内占上风，但以后的市场安全应用也可能需要与道路 DSRC 设备进行合作，因而还可能需要公共部门发挥更重要的作用。因此，为这两种做法做好准备是明智的。从长远来看，公共部门会假定道路设备是为某些安全应用而准备的。应继续筹备道路设备的安装，对公共部门在发展和部署基础设施方面需要采取的行动与有关车载系统的私营部门需要采取的行动进行协调。应该假定，私营部门将领导信息服务和数据的早期市场。

表 4-2 DSRC 支持的服务项目

V2I 安全
闯红灯警告
弯道车速警告
停车标志间距辅助
现场天气影响警告
减速 / 工作区警告
在信号控制的人行横道上有步行者警告（公交车辆）
V2V 安全
应急电子制动灯（Emergency Electronic Brake Lights，EEBL）
前端碰撞警告（Forward Collision Warning，FCW）
交叉路口运动辅助（Intersection Movement Assist，IMA）
左转向辅助（Left Turn Assist，LTA）
盲点 / 车道变换警告（Blind Spot /Lane Change Warning，BSW/LCW）
禁止通过警告（Do Not Pass Warning，DNPW）
在公共汽车前方有车辆在右转弯警告（公交车辆）
服务机构数据
基于探测器的路面维护
用探测器实现的交通量监测
基于车辆分类的交通量调查
CV 实现的转弯运动与交叉路口分析

（续）
CV 实现的出发地 – 目的地分析
工作区旅行者信息
环境
有信号控制的交叉路口的生态临近与离开
生态交通信号定时
生态交通信号优先通行权
网联生态驾驶
无线感应/磁共振充电
生态车道管理
生态车速协调
生态协同自适应巡航控制
生态旅行信息
生态坡度计量
低排放区域管理
AFV 充电/加油信息
生态智能驻车
动态生态路线规划（轻型车辆、公交车辆、货运车辆）
生态 ICM 决策支持系统
道路气候
驾驶员劝告和警告（Motorist Advisories and Warnings，MAW）
增强型市场决策支持系统（Marketing-Decision Support System，MDSS）
车辆数据翻译机（Vehicle Data Translator，VDT）
气候响应交通信息（Weather Response Traffic Information，WxTINFO）
流动性
先进旅行信息系统
智能交通信号系统（Intelligent Traffic Signal System，I-SIG）
信号优先（公交车辆、货运车辆）
流动可达行人信号系统（Mobile Accessible Pedestrian Sigand System，PED-SIG）
急救车辆优先权（Emergency Vehicle Preemption，PREEMPT）
动态车速协调（Dynamic Speed Harmonization，SPD-HARM）

(续)

流动性
排队警告（Queue Warning，Q-WARN）
协同自适应巡航控制（Cooperative Adaptive Cruise Control，CACC）
事故现场前对应急响应人员进行分级引导（Incident Scene Pre-Arrival Staging Guidance for Emergency Responders，RESP-STG）
事故现场作业区给驾驶员和工作人员的警告（Incident Scene Work Zone Alerts for Drivers and Workers，INC-ZONE）
应急通信和疏散（Emergency Communications and Evacuation，EVAC）
连接保护（Connection Protection，T-CONNECT）
动态公交运营（Dynamic Transit Operations，T-DISP）
动态共乘（Dynamic Ridesharing，D-RIDE）
货运专用的动态旅行
规划与性能
运费优化
智能路边系统
智能检查
货车智能驻车

表 4-3 云计算网联汽车服务项目

导航	娱乐	远程应用	电动汽车	安全
1. 实时获得方向、地图 2. 移动互联：兴趣点、移动中获得较宽泛的信息 3. 拥堵 / 事故警报 / 路线重置建议、气候 / 道路状况警报 4. 市内首选路线 / 驻车引导 5. 旅程规划	1. 存取 / 播放音乐、视频、电影、TV、游戏 2. 网络收音机 3. 社交网络、聊天 4. 旅程信息、时间安排 5. 座椅调节 6. 个性化项目 7. 因特网服务	1. 遥控锁门 / 开门 2. 遥控设备管理 3. 车辆信号跟踪 4. 防盗报警 5. 地理围栏 (Geo-fencing)	1. 最近的充电站及收费信息 2. 安排充电时间 3. 家庭充电 4. 评估行驶里程、蓄电池充电状态 5. 碳足迹	1. 车速、距离劝告 2. 横向碰撞警告、协同车道变更、并入辅助 3. 违反交通信号警告 4. 汽车故障警告 5. 碰撞时自动呼叫救助，即 eCall 6. 故障抢修 7. 整车安全性

(续)

车辆管理	车队管理	OEM[一]	经销商、服务中心	行业
1. 给个人和修理店的车辆维护提示警报 2. 远距离诊断 3. 故障召回 4. 驾驶员表现分析	1. 循迹行驶和信号跟踪、递送通知 2. 最佳路线和旅程管理 3. 绩效分析 4. 旅程记录 5. 虚拟训练 6. 报警和报告 7. 燃料/能量管理 8. 休息时间违章	1. 备件、物流管理 2. 现场分析与问题鉴别 3. 车辆寿命周期管理 4. 品牌改进 5. 与业务系统整合 6. 客户概述	1. 担保、物流、库存 2. 服务预约、登记 3. 流动的员工 4. 促销活动/产品演示 5. 产品信息/指南 6. 生活方式概述	1. 保险（每次使用支付费用） 2. 零售：在线购物、警报 3. 预付费申请 4. 智能交通系统 5. 远程医疗 6. 银行交易

可以预见，随着市场的成熟，公共部门的作用将会增加，更高的市场渗透率将为安全应用提供支持，例如避免碰撞。还应注意的是，不需要驾驶员操作就能够在道路和高速公路上行驶的无人驾驶汽车（完全由私营部门开发）的出现，可能会扰乱网联汽车安全应用的后期市场。

图4-5所示描述了一个可能的路线图，包括早期使用云计算服务，然后在后期的市场中使用DSRC支持的服务。从图4-5的底部开始，描述了一种增量方法，该方法从第一阶段展示的基于云服务或广域无线服务开始。云计算服务将解决数据收集、车辆与车辆之间的通信以及随后的车载服务，将在2016—2021年首次推出，如第一阶段中的阴影区域所示。其次是区域性DSRC基础设施的实施，这些措施将在2021—2026年首次推出，如第二阶段中的阴影所示。最后是国家DSRC基础设施的实施，其目标是在全国建立一个完全联网的车队，将在2026—2036年实现，如第三阶段中的阴影区域所示。由于需要在美国的每个主要十字路口安装DSRC收发器，所以DSRC的推出被认为将在进程的后期进行。根据与客户的讨论、参加的会议和对市场的总体评估，这个时间表代表了我对部署过程的最佳估计。

应对这一挑战的方法还应考虑到需要选择与所安装设备的生命周期相协调的技术方法。典型的生命周期如下：

1）道路，30～50年。

[一] OEM指Original Equipment Manufacturer，原始设备制造商。

2）车辆，10～15年。

3）智能手机，9～18个月。

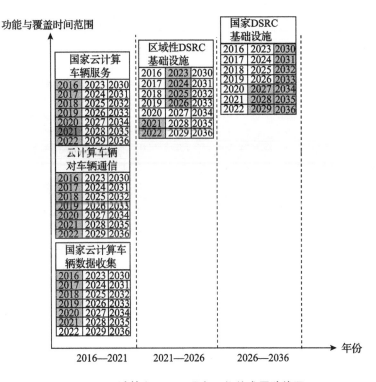

图4-5 云计算和DSRC服务可能的发展路线图

这些统计数字表明，智能手机是一个更适合新兴技术的环境，因为它的生命周期可以支持新技术的加速部署。

4.6 什么是自动驾驶汽车？

自动驾驶汽车是指在没有驾驶员的情况下能够运行的车辆。早在世纪之交（也就是20世纪与21世纪的过渡期），这项技术就被称为自动公路系统，并在美国和欧洲进行了有重要意义的示范试验。当时，人们认为实现无人驾驶操作的最佳方法是使用插入路面的磁性标记，尽管也已开始研究如何使用视频和光探测与测距（Light Detection and Ranging，LIDAR）传感器，使车辆能够不依赖道路基础设施运行。

如今，有的乘用车、货车和公共汽车能够使用车载传感器和计算机实现完全自主运行。2015年在法国波尔多举行的智能交通运输系统世界大会上，展示了一辆短程穿梭运行的车辆，一次可搭载12人，不需要驾驶员。图4-6所示是一张在西班牙圣塞巴斯蒂安拍摄的该车辆的照片。

图4-6 自动驾驶短程穿梭车辆

除了图4-6所示的短程穿梭的自动驾驶汽车外，几乎所有主要汽车制造商都有自动驾驶汽车，谷歌也有（图4-7）。

图4-7 谷歌的自动驾驶汽车

自动驾驶汽车现处于不同的试验阶段，大多数制造商都一致认为在未来5～8年内它们将会投放市场。自动驾驶技术也可以应用于货车，图4-8所示为利用自动驾驶汽车技术穿越欧洲的一列沃尔沃（Volvo）货车编队。

图4-8　自动驾驶货车编队

　　作为由荷兰组织的2016年欧洲货车编队挑战赛的一部分，包括达夫、戴姆勒、依维柯、曼、斯堪尼亚和沃尔沃在内的几家制造商在阿姆斯特丹的国际交通展览会上展出了各自的自动驾驶货车，通过使用最先进的技术，实现了从不同的欧洲城市到荷兰的公路编队行驶。它们在欧盟智能交通系统的主要交通运输通道上行驶，如北欧物流走廊以及鹿特丹、法兰克福和维也纳之间的路线。货车编队是指紧靠在一起而结伴行驶的两辆或两辆以上的货车队伍。

　　编队中的第一辆货车有一名驾驶员，下一辆货车则使用无线通信连接到这辆货车上。在美国和欧洲，自动驾驶的货车已经行驶了数百万英里，而且这种技术可在自主模式下操纵车辆。

　　低成本摄像头、LIDAR（激光雷达）和其他能够实现自主操作的传感器和执行器的使用推动了自动驾驶汽车的出现。与此同时，适当软件的开发也在加快，并出现了人工智能和机器学习技术。后者可以用来训练车辆如何在没有驾驶员的情况下行驶。

　　在自动驾驶普及之前，仍然必须克服大量的挑战。一项特别的挑战是，如何确定适当的过渡性安排，使自动驾驶汽车能够在混合交通流情况下逐步得到使用。混合交通情况中，有些车辆是自动驾驶的，而有些车辆仍然是由驾驶员操作的。这就会存在一些问题，因为并非所有的车辆都采用自动控制，驾驶员可能会在知道自动驾驶汽车会做出相应补偿的情况下，表现出危险的驾驶行为而寻求现场刺激。

目前尚不清楚的是，公众和交通监管机构将如何应对这一技术。自动驾驶汽车的逐步推出对由自动驾驶汽车和非自动驾驶汽车构成的交通流也带来了一些挑战。

4.7 自动驾驶汽车的挑战

在自动驾驶汽车的推行和操作方面存在一系列挑战，下面将对此进行分析。

（1）监管

任何新技术的引入，都会伴随着一系列挑战，其中一些挑战与技术本身有关，而另一些挑战则涉及人们对技术的反应。如果该技术与过去截然不同，正如网联汽车和自动驾驶汽车，则可能需要做出相当大的努力，以确保该技术与现有的法律和监管框架相符。否则，将需要制定新的法规。在探讨与网联汽车和自动驾驶汽车相关的一些挑战之前，先考虑一下过去是如何处理新技术引进的。

1886年，卡尔·弗里德里希·本茨（Karl Friedrich Benz）发明了第一辆以汽油为燃料的内燃机驱动的汽车。在此之前，英国使用蒸汽动力机车），导致了一系列机车法令的出台，其中最著名的是1865年的《机车法》（*Locomotive Act*）[11]，也称为《红旗法》（*Red Flag Act*）。该法案规定，在城镇道路上，机车应遵守4mile/h和2mile/h的限速。当时，道路机车的最高时速为10mile/h。该法案还规定，如果道路机车连接有两辆或两辆以上车辆，则必须有一个手持红旗的人在每辆车前至少60yd（码，1yd=0.9144m）处步行引导。这一相当严厉的规定在随后的立法中被修改，限速放宽到12mile/h，并取消了对摇摆红旗的要求。

当时有一种看法认为，新技术构成了安全威胁。也可能是这样的情况，与马车交通运输和具有竞争地位的英国铁路业有关的既得利益者在立法上有发言权。这里要吸取的教训是，新技术（蒸汽驱动的道路机车）的经济效益使得安全问题和监管需求得到了迅速而有效的解决，内燃机驱动汽车的引入则又增强了这一进步的势头。

当自动驾驶汽车出现时，我们对此的反应就像过去对蒸汽机车的反应一样。这个事实为未来的决策提供了非常乐观的基础，因为历史已经表明，市场力量最终将冲破监管规则。

（2）分段实施

对于网联汽车，从当前状态过渡到完全装备的网联汽车几乎没有问题。如 4.4 节所述，有两种不同的方法，并且在任何一种情况下，技术都可以实施且障碍很少。对于自动驾驶汽车，情况则有所不同。其中挑战之一是自动驾驶汽车的逐步和安全地引入，即从当前每辆车都有驾驶员的情况下，经过一定程度的部分自动化，到完全自动化。针对自动驾驶汽车的相关术语，美国汽车工程师学会（Society of Automotive Engineers，SAE）开发了一个框架，来描述从现在到未来的可能的过渡过程，见表 4-4。

表 4-4 美国汽车工程师学会自动驾驶汽车进化表

SAE自动驾驶级别	名称	描述性定义	转向和加/减速的执行	驾驶环境监视	动态驾驶任务的应变操作	系统性能（驾驶模式）
驾驶员监视驾驶环境						
0	人工驾驶	动态驾驶任务所有方面（甚至是在警告或干预系统加强的情况下）的全部时间的操作均由人类驾驶员完成	人类驾驶员	人类驾驶员	人类驾驶员	不详
1	驾驶员辅助驾驶	特定驾驶模式的执行由具备转向或加/减速功能的驾驶员辅助系统利用驾驶环境信息来完成；希望动态驾驶任务的其他所有方面的操作由人类驾驶员完成	人类驾驶员和系统	人类驾驶员	人类驾驶员	某些驾驶模式
2	部分自动驾驶	特定驾驶模式的执行由一个或几个既有转向又有加/减速功能的驾驶员辅助系统利用驾驶环境信息来完成；期望动态驾驶任务的所有其他方面的操作由人类驾驶员完成	系统	人类驾驶员	人类驾驶员	某些驾驶模式

（续）

		自动驾驶系统监视驾驶环境				
3	有条件的自动驾驶	特定驾驶模式的所有动态驾驶操作由自动驾驶系统完成；期望人类驾驶员对干预需求做出适当的响应	系统	系统	人类驾驶员	某些驾驶模式
4	高度自动驾驶	即使驾驶员没有对干预需求做出适当的响应，特定驾驶模式的所有动态驾驶操作均可由自动驾驶系统完成	系统	系统	系统	某些驾驶模式
5	完全自动驾驶	在可由人类驾驶员控制的所有道路和环境下，所有时间的所有动态驾驶操作均由自动驾驶系统来完成	系统	系统	系统	所有驾驶模式

4.8　网联汽车和自动驾驶汽车之间的差异概要

此刻，对网联汽车和自动驾驶汽车之间的差异进行总结是很有价值的。尽管网联汽车和自动驾驶汽车都涉及先进技术在交通运输领域的应用，研发团队也有很大的重叠，但是将二者区分开也是很重要的。

图 4-9 展示了一辆车辆对基础设施通信的网联汽车，通过利用 DSRC 技术或蜂窝无线技术，增加了与外界通信的能力，这一过程还使用了云计算服务。当然，网联汽车也包括车辆对车辆（V2V）的通信，如图 4-10 所示。

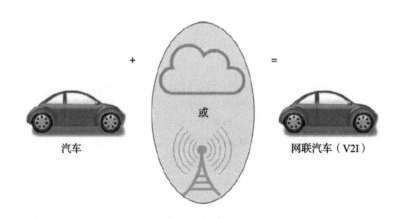

图 4-9　与基础设施通信的网联汽车

图 4-10　与车辆通信的网联汽车

自动驾驶汽车是一种无须驾驶员的车辆,如图 4-11 所示。该图展示的要点是一辆去掉驾驶员的小汽车可被看作是自动驾驶汽车。当然,对于公共汽车和货车也是如此。可以说,自动驾驶对于公共汽车和货车更有价值,因为驾驶员不能选择去处,只是作为运行的需求留在车内。通过引入自动驾驶即无人驾驶可以实现公共交通和货运成本的大幅降低。网联汽车与自动驾驶之间的另一个重要区别是,网联汽车极有可能在自动驾驶汽车之前大量出现在市场上。

图 4-11　自动驾驶汽车

4.9　智慧城市中的网联汽车和自动驾驶汽车

智慧城市将提供更广阔的技术环境,使网联汽车和自动驾驶汽车能够在其中运行。智慧城市的一个方面是物联网(Internet of Things,IoT)的使用。随着网联汽车和自动驾驶汽车的出现,人们对物联网的兴趣大大增加。它被视为下一代互联网,预计将不仅连接计算机和智能手机,还可以连接多种不同的设备,包括冰箱、空调系统、家用设备、办公设备、零售系统和金融系统。

这个概念是，网联汽车将超越车辆与后台的连接，最终支持车辆与许多其他东西之间的连接。谷歌通过收购 Nest 和苹果（Apple），宣布进入家庭自动化系统，从支持物联网的发展趋势。似乎物联网也被用作一个营销工具，向驾驶员解释网联汽车的价值和好处。至少从交通运输的角度来看，物联网的一个重要信息是车辆不是天地万物的中心，而是更大的物联网络的一部分，该网络可以给人们提供服务。日产汽车网联服务主管 Dan Teeter，通过描述一名 IoT 市民一天的生活对此进行了总结[8]。

一位名叫帕特的驾驶员开着他的自动驾驶汽车上班，他的智能手表和座椅安全带传感器检测到他的血压和心率在升高，因此汽车切换到播放舒缓音乐并对他进行了背部按摩。到了工作地点，汽车放下帕特后自己开往预付款停车位。它会要求家里的冰箱检查有无健康食品，如果没有，它就会从当地的一家健康食品商店下订单。当帕特决定提前下班时，该车会通过一个网联的温控开关使他的屋子比平时提前变凉爽。这辆车找出最佳的回家路线，自动支付沿途的通行费，并在屏幕上播放一部喜剧电影来帮助他放松。

这幅关于网联汽车可能的未来景象很好地说明，私营部门正在考虑的服务远远超出了从车辆到后台中央数据库的简单连接；也展现了网联汽车和自动驾驶汽车在像智慧城市这样更广泛的框架内将如何整合。

对于自动驾驶汽车，很可能会被用来促成使用无人驾驶汽车的按需交通运输服务。优步已经在尝试这样的方法，因而不难想象未来优步会利用无人驾驶汽车提供服务。第 5 章将详细讨论智慧城市。

4.10　网联汽车和自动驾驶汽车对交通运输业可能产生的影响

虽然上述私营部门的商业模式很可能在短期内占上风，但以后的市场安全应用很可能需要与道路设备配合，公共部门也将发挥更为重要的作用。因此，明智的做法是为这两种模式都做好准备。短期内，公共部门应就数据交换的看法与私营部门接触。

私营部门显然可以获得大量对公共部门有利的数据，有迹象表明，私营部门也有兴趣从公共部门获得例如道路几何参数、限速、限重和限高等基础数据。要成功地就这种双向数据交换进行协商，就需要公共部门做好谈判准备。公共部门的数据需要总结和易于理解，这就需要准备适当的营销材料来描述数据和数据的价值。

长远来说,公共部门应设想某些安全应用需要道路设备来支持。因此,应继续筹备安装道路设备和对公共部门为开发基础设施所需采取的行动和私营部门就网联汽车所需采取的行动进行协调。也许,私营部门将引领早期的信息服务和数据市场。然而,随着市场的成熟,当更高的市场渗透率能为安全应用(如避免碰撞)提供支持时,公共部门的作用将会增强。还应指出的是,完全由私营部门开发的、能够在没有驾驶员操作的情况下在道路和高速公路上行驶的自动驾驶汽车的出现,可能会扰乱日后的安全应用市场。

4.11 大数据和可连接性

使用受网联汽车影响的大数据的一个重要方面在于,与从固定的路边基础设施传感器收集数据相比,来自网联汽车的车辆探测数据的相对成本。来自车辆的私营部门数据越来越多,很可能将车辆置于数据收集领域的中心。为了弄清这将如何影响公共部门未来的数据收集和数据采集策略,有必要评估车辆探测数据与固定传感器数据的相对成本。应该将安装、维护、传感器操作和数据管理的成本与从网联汽车运营商那里获取的数据的成本进行比较。后者类似于目前的私有数据运营商,如 INRIX[12] 和 HERE[13]。网联汽车和自动驾驶汽车都将受益于通过车辆间的双向传递而汇集到一起的大数据应用。将出现自动驾驶车队的可能性,并可能为仍由人工操作的车辆提供更高水平的决策支持。利用大数据和传递性,自动化车辆的智能水平也将提高。在大数据集上进行的分析将揭示车辆运行和驾驶员行为的趋势和模式,这些趋势和模式可以纳入未来的人工智能和机器学习方法。传递性将支持从车辆中提取数据,并支持向车辆提供控制和决策支持信息。

4.12 智慧城市内的网联汽车和自动驾驶汽车

显然,从交通角度看,智慧城市的一个重要元素是自动驾驶汽车的使用。这些车辆包括私人汽车、公共交通车辆和货运车辆,它们可以在没有驾驶员的情况下自主运行。值得展望的是,拥有自动驾驶汽车的智慧城市将会是什么样子。

　　自动驾驶汽车的一个可能方案是支持按需交通运输服务。这将减少对拥有车辆的需求，并将一站式服务的概念从信息技术扩展到交通运输领域。这一概念可能会以无人驾驶优步的形式出现，也可能是对目前租车方式的一种适应性调整，即租赁汽车公司运营着一批自动驾驶汽车，以提供按需交通运输。用户可以使用智能手机应用程序按需调用车辆，复杂算法（可能已经安装在优步内部）能够分配最合适的车辆并将其派遣给用户。在这种情况下，可能车数减少，但运行里程却有所提升。这种想法的基础是自动驾驶汽车一天运行 24 小时，一周运行七天，因此比现在的车辆行驶更长的里程。这样便可以消除人们对拥有自己的车辆的需要，从而减少道路上车辆的数量。

　　虽然个人也有可能获得自己的自动驾驶汽车，但也许这是从人工操作向自动驾驶过渡的一种有用的策略。由专业管理人员和运营商实现的自动驾驶车队的运行，将有助于技术的平稳推进。自动驾驶汽车的车队运行也可能对智慧城市内的公交服务和配送服务产生重大影响。考虑到交通弱势群体的需要，大数据和数据分析也有相当大的应用空间。对于不能使用常规路线服务的人们，使用这种技术可大大提高按需交通运输服务的效率和效果。

　　自动驾驶车队的运行与这些需要之间存在着趋同之处。虽然城市的货物可以通过无人机运送的概念已经引起了很大的关注，但更有可能的是，货物将通过无人驾驶汽车进行运送。当然，在智慧城市的背景下，所有这些都将发生，因为智慧城市将会利用技术来改善市民和游客的生活质量。

　　考虑到这个广阔的背景，人们可以想象，从交通运输的角度来看，智慧城市将提供一系列由智能手机应用、复杂通信网络以及处理和分析能力支持的补充服务。对交通需求和当前运营状况的更深入了解将推动智慧城市服务的发展，这一发展将通过更丰富的数据流和更复杂的分析技术来实现。基础设施传感器将是智慧城市不可或缺的一部分，但同样重要的是自动驾驶汽车和网联汽车产生数据的可能性。不难想象，智慧城市将会依据对在任何给定的时间将会发生什么事和需要做什么的新的理解，来为市民和游客提供一系列有用的服务。

　　这也导致了这样的想法：一个真正的智慧城市会知道它周围以及城市边界内发生了什么事情。智慧城市的感测能力应该扩展到城市游客的原始来源地，并且能够理解他们来自哪里，他们为什么要旅行，以及他们到智慧城市做了什么。

与所有新兴技术一样，人们往往倾向于识别解决方案，然后寻找问题。因此，真正的智慧城市应基于已识别和定义的需求、问题和目标来提供服务。

美国 ITS 新兴技术论坛[14]正在努力提供支持这一问题的有关材料。来自公共和私营部门的人员正在定义一份智慧城市所期望的服务清单，以及一份可以纳入智慧城市计划的应用案例目录。应用案例只是对可以解决的问题以及如何解决问题的描述。

自动驾驶汽车很可能在未来的智慧城市中发挥极其重要的作用，而这项技术的引入将对我们如何使用交通以及城市土地产生巨大的影响。随着我们对需求和运行条件的理解，自动化事件触发的比例越来越高，自动驾驶汽车的进展很可能由后台自动化的进展来反映。未来的智慧城市将利用交通运输互联网为交通运输运营商提供更高水平的决策支持。也许我们会在 50 年后对现在的状况进行反思，并想知道在允许人们实际驾驶车辆时交通运输行业和汽车制造商是怎么想的。

4.13 网联汽车和自动驾驶汽车对汽车工业可能产生的影响

Gartner 预测："到 2020 年，道路上将有 2.5 亿辆网联汽车"[15]，这将实现新的车载服务和自动驾驶能力。人们普遍认为，汽车行业的未来方向越来越清晰，技术将决定未来。正如我们在本章开头所讨论的，自 20 世纪 50 年代以来，电子元器件在汽车上的占比一直在稳步增长，这为信息技术（Information Technology，IT）行业更积极地参与传统汽车业务创造了条件。

这是很有趣的，因为汽车行业通常专注于开发和提供可靠的、足以避免大规模召回的技术和产品。汽车制造商清楚地知道，在美国，每辆车的平均车龄为 11.5 年[16]，任何技术进步都必须具有足够的可持续性，才能持续使用这长时间。然而，有一些新玩家（和老玩家）提供了一些利用信息技术的解决方案，将驾驶员与一系列服务连接起来，并将驾驶员与汽车制造商连接起来。

值得注意的是，保险公司和精算师对使用网联汽车数据来制订基于车辆位置和驾驶员行为的更实际的保险费率有着浓厚的兴趣。也有人认为，网联汽车可以作为通往自动驾驶汽车的阶梯，并认为覆盖网联汽车和自动驾驶汽车是远程信息技术的工作领域。还可以想象，保险公司对网联汽车感兴趣在一定程度上是因为随着自动驾驶汽车的出现,他们希望了解驾驶员和车辆的行为。

与此同时,一些汽车行业人士对技术塑造汽车行业未来的想法感到困惑,因为他们担心信息技术公司会最终引领汽车市场。谷歌最近宣布将开发自己的自动驾驶汽车;苹果和谷歌在网联汽车市场的存在,使这一局面雪上加霜。尤其是,谷歌的意图似乎在一定程度上受人怀疑。然而,考虑到我们花在汽车上的时间和花在汽车广告上的金钱之间的差异,我认为谷歌主要是一家广告公司,它进入这个市场只不过是广告活动的逻辑延伸。

目前,网联汽车市场最有趣的一个方面是在驾驶者和汽车制造商之间的中间地带出现的参与者。这些参与者中有一些是刚进入行业的,而有一些则已经从事了 10～15 年的相关业务,并支持像通用汽车公司 OnStar 服务[17]这样的早期开创性行动。这些参与者包括信息技术、消费类电子产品商和为汽车制造商提供云计算服务的电信公司,例如 Wirelesscar、Airbiquity、Covisint、Racowireless、Sprint Velocity、Verizon。

从 Airbiquity 的一些统计数据中可以看出,私营部门在很大程度上已经开发和使用了网联汽车。这些数据表明,2015 年 Airbiquity 有 600 多万用户。迄今为止,处理了 30 多亿笔网联卡交易,平均每月在全世界进行 2.5 亿次交易。这些用户每月支持 1 亿多笔交易[18]。

4.14 小结

显然,至少在私营部门的眼中,网联汽车现在是存在的。私营部门目前的主要重点是如何使网联汽车货币化。目前尚不清楚这一倡议是由消费电子和信息技术公司推动的,还是由汽车制造商发起的。虽然在许多方法上存在一些差异并缺乏标准化,但应当说,网联汽车将继续存在,公众的看法和规章将与市场力量相一致。关于公共部门的战略和活动,必须认识到在私营部门中网联汽车倡议的存在和程度。聘用一些重要的私营部门参与者,以便进一步了解他们的业务方向和动机,并探讨双向数据信息交换协议的可能性,这也是一种明智的做法。

网联汽车是联邦政府和私有部门投资的一大焦点,能够在驾驶员与信息技术基础设施之间建立可靠的双向通信渠道,为在安全、效率和用户体验方面取得实质性进展带来了希望，这就等同于在减少碰撞、更可靠的旅行时间和更有效的旅行信息等方面取得进展。

例如，关于车辆当前运行状况、车辆当前位置和车辆身份的数据以及关于驾驶员状况的信息都会传送到后台。在高速公路上遇到雷雨的车辆可以警告另一方向的车辆即将遭遇暴风雨。两辆车也可能就彼此之间商定一个相互的禁区，从而避免碰撞和冲突。在交通信号控制的交叉路口，网联汽车与交通信号系统之间的协作可能意味着红灯来临前的行驶即将结束，并向驾驶员发出正在接近交叉路口的车辆可能会闯红灯的警告。

就自动驾驶汽车而言，就像19世纪60年代的蒸汽机车一样，可以设想，市场力量将克服在公众认识和对新法规的需求方面的最初担忧。使用自动驾驶汽车提供按需服务的可能性使我们对城市交通将发生的革命性变化充满希望，并且会促进一站式出行服务的供应。

参 考 文 献

［1］https://www.pwc.com/gx/en/technology/publications/assets/pwc-semiconductor-surveyinteractive.pdf, retrieved August 12, 2016.

［2］Wikipedia, https://en.wikipedia.org/wiki/Automotive_electronics, retrieved August 12, 2016.

［3］http://asmarterplanet.com/blog/2010/05/a-systems-approach-to-rethinking-transportation-from-the-itsa-annual-conference.html, retrieved August 12, 2016.

［4］https://www.airbiquity.com/choreo-platform/ retrieved August 15, 2016.

［5］http://www.its.dot.gov/communications/image_gallery/image19.htm, retrieved September 5, 2016.

［6］*Wired* magazine article https://www.wired.com/2015/07/hackers-remotely-kill-jeep-highway/, retrieved September 7, 2016.

［7］http://blogs.cisco.com/home/wireless_networks_vs__wired_which_network_is_more_secure, retrieved August 15, 2016.

［8］http://analysis.telematicsupdate.com/infotainment/telematics-detroit-2014-day-one, retrieved August 15, 2016.

［9］http://www.its.dot.gov/pilots/cv_pilot_apps.htm, retrieved September 5, 2016.

［10］https://www.cognizant.com/InsightsWhitepapers/Exploring-the-Connected-Car.pdf, retrieved September 5, 2016.

［11］https://en.wikipedia.org/wiki/Locomotive_Acts, retrieved September 5, 2016.

［12］http://inrix.com/, retrieved September 5, 2016.

［13］http://mapupdate.navigation.com/landing/en-US/?gclid=COH3jbHKc4CFdgKgQodfEIMDQ&gclsrc=aw.ds, retrieved September 5, 2016.

［14］http://www.itsa.org/, retrieved September 5, 2016 at 9:27.

［15］http://www.gartner.com/newsroom/id/2970017, retrieved September 5, 2016.

［16］http://www.usatoday.com/story/money/2015/07/29/new-car-sales-soaring-but-carsgetting-older-too/30821191/, retrieved September 5, 2016.

［17］https://www.onstar.com/us/en/home.html, retrieved September 5, 2016.

［18］https://www.airbiquity.com/news/press-releases/airbiquity-enters-second-half-2015-surpassing-six-million-connected-cars-its-choreo-cloud-platform/, retrieved August 15, 2016.

第 5 章 智慧城市

5.1 知识目标

1. 什么是智慧城市？
2. 智慧城市可以实现哪些目标？
3. 为实现智慧城市可采取哪些步骤？
4. 如何协调智慧城市的投资活动？
5. 如何评估智慧城市的投资效果？
6. 智慧城市的挑战和机遇有哪些？
7. 感性城市的概念是什么？

5.2 词频云图

如前几章一样，本章的词频云图如图 5-1 所示，图中每个词的字体大小与该词的使用频率成正比。

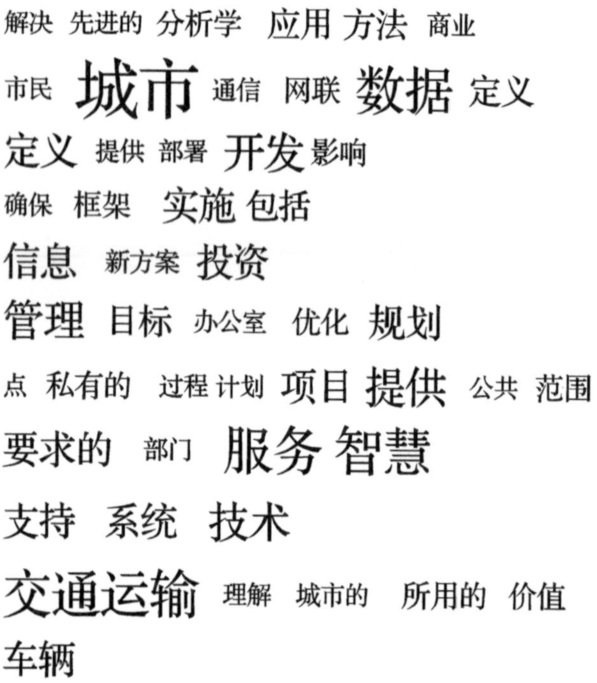

解决 先进的 分析学 应用 方法 商业
市民 城市 通信 网联 数据 定义
定义 提供 部署 开发 影响
确保 框架 实施 包括
信息 新方案 投资
管理 目标 办公室 优化 规划
点 私有的 过程 计划 项目 提供 公共 范围
要求的 部门 服务 智慧
支持 系统 技术
交通运输 理解 城市的 所用的 价值
车辆

图 5-1　第 5 章词频云图

5.3 导语

在过去的十年里，智慧城市这个词越来越流行。图 5-2 展示了人们对智慧城市兴趣的增长情况（以谷歌查询次数来衡量）[1]。

100
75
50
25
平均
2006年9月18日
2013年6月9日
2015年3月1日

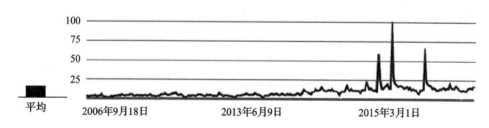

图 5-2　人们对智慧城市兴趣的全球增长情况

（2006—2016 年）

城市人口的增长，加上对技术在解决城市问题中的价值的认知度加深，引起了人们对这一主题的兴趣。智慧城市已经成为将先进技术应用于在城市环境中生活的人们的需求、问题和目标的总括标签。本章对整个智慧城市技术应用范围进行了概述，然后详细介绍了智慧城市的交通、流动性和可达性途径。

在过去20年中，智慧城市是在智能交通系统和服务的大量预先部署的背景下开展的。最近，还开始了网联汽车和自动驾驶汽车的研究和试点部署。除了与智慧城市相关的机遇之外，还面临着将先前的工作与新的倡议相结合的挑战。智慧城市为先进技术在交通领域的应用提供了更广阔的环境，并带来了一系列具有不同观点的新合作伙伴。成功的智慧城市规划、设计和实施将需要交通运输行业与这些新的合作伙伴接触，以确保智慧城市的交通要素与其他要素实现无缝连接。

5.4 什么是智慧城市？

探索智慧城市的明确定义已被证明是没有结果的。智慧城市技术的发展和应用尚处于起步阶段，或许未来会出现逐渐趋同的单一定义。与此同时，美国ITS新兴技术论坛（Emerging Technologies Forum of ITS America）已经决定通过一个智慧城市的工作定义，以便使它的工作能围绕主题开展。这一工作定义如下：

你知道你的城市是有智慧的，如果你用棍子戳它，它将做出适当的反应。

这个定义虽然有些随意，但反映了智慧城市最高层次的整体本质。它要求智慧城市能够感觉到城市内和更广泛的环境范围内存在的机会、威胁和变化，并假设智慧城市有足够的智慧来做出适当的反应。在白宫最近的一份报告[2]中详细介绍了智慧城市的定义，其对智慧城市基础设施的概述见表5-1。

表5-1对智慧城市的定义包括交通运输、能源、智能建筑、公共资源、制造业以及农业。必须指出的是，智慧城市需要将先进技术应用于广泛的服务，而交通运输是这类服务的一个子集。

表 5-1 城市基础设施技术

城市部门	技术或概念	目标
交通运输	借助于信息和通信技术应用和模型的多模式整合 数字化按需交通运输 骑行和步行的设计 机动车交通运输电动化 自动驾驶汽车	节省时间 提高舒适性或生产率 低成本流动和通用出入口 降低交通运输服务提供商的运行费用 零排放、碰撞和死亡事故 降低噪声 生活方式 针对服务水平低、残疾人和老年人的情况定制交通运输方案
能源	可配送的再生能源 热电联产 地区取暖和制冷 低成本储能 智能电网、微电网 节能照明 先进的取暖通风空调系统	提高能量利用效率 零大气污染 低噪声 与水资源和交通运输一起的协同资源管理 提高对气候变化和自然灾害的快速恢复能力
建筑与房屋	新的建造技术和设计 生命历程设计与优化 用于实时空间管理的感应与驱动 自适应空间设计 促进革新的经费供给、规范和标准	买得起住房 健康的工作和生活环境 不昂贵的技术革新和创业空间 温暖舒适 提高快速恢复能力
水资源	整合供水系统设计与管理 当地回收利用 利用智能测量来提高水资源的利用率 在建筑物和街区内的水资源再利用	有效的生态系统整合 将水资源、卫生系统、洪水治理、农业和环境作为一个系统进行整合 提高快速恢复能力
城市制造业	高新技术、按需制造 3D 打印 小批量制造 需要人力资本和设计的高附加值活动 创新园区	创造新的工作机会 培训和教育 城市空间转变和再利用 生活与工作的紧密整合
城市农业	城市农业和垂直耕种	降低用水量 低污染配送 农产品更新鲜

1. 美国交通部的观点

根据美国交通部[3]的观点（当然是以交通运输为中心的智慧城市观），智慧城市由若干愿景要素组成，如图5-3所示。

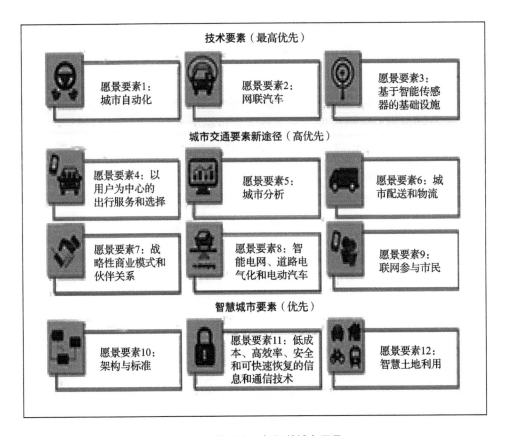

图 5-3　美国交通部智慧城市愿景

（1）城市自动化

城市自动化包括无人驾驶私人汽车、货运车辆、物流车辆和公交车辆，还可以包括使用无人驾驶飞机运送货物。

（2）网联汽车

美国交通部设想，网联汽车通过使用 DSRC 将与其他车辆和后台基础设施相连。

（3）基于智能传感器的基础设施

这一愿景要素要求使用基于交通运输基础设施的传感器来提供服务质量管理所需的数据，并作为联网市民和联网访客信息和交通运输管理的基础。

（4）以用户为中心的出行服务和选择

这一愿景要素预见了公共和私营出行服务（包括 Uber 和 Lyft）的组合，为旅行者创造了一系列的出行服务和选择。

（5）城市分析

大数据分析技术将用于了解普遍存在的交通运输条件和交通运输需求，并用于挖掘和理解所需的数据。这还涉及提供必要的分析工具，以便将数据转化为信息，然后再转化为可采取行动的策略。

（6）城市配送和物流

在这一愿景要素中，将采用先进技术来优化城市货运和所涉及的物流流程，包括车队管理和提高货运效率的先进技术系统。

（7）战略性商业模式和伙伴关系

这一要素要求对明确界定的商业模式进行定义、建立和持续管理，这些商业模式用于确定投资来源，并将奖励、职能和责任分配给公共和私营部门合作伙伴。

（8）智能电网、道路电气化和电动汽车

智慧城市的目标应该是优化电力分配、实施支持电动汽车所需的基础设施建设以及实现通过电气化道路装置向电动汽车提供能源。这一要素也包括电动汽车充电站网络的设计、开发和建立。

（9）联网参与市民

这是一个较远的愿景要素，它要求使用智能电话和其他技术，以确保智慧城市内的市民与信息服务和政府服务充分相连。

（10）架构与标准

智慧城市还必须将目标定在将最佳行业惯例用于技术、组织和商业模式架构，这包括采用相关的国家和国际标准，并酌情制定地方标准。

（11）低成本、高效率、安全和可快速恢复的信息和通信技术

一个较远的愿景要素，要求使用适当的通信和处理技术，包括无线和有

线技术，以支持数据传输和信息共享。

（12）智慧土地利用

由于土地利用与交通需求之间有着明确的关系，智慧城市还应该包括调整土地使用的长期计划，以优化交通服务的提供、可达性和流动性。此外，智慧城市还可以利用城市分析来提高对土地利用对交通需求影响的认识，例如观察和分析土地利用占主导地位的地区的出行情况。

2. 智慧城市理事会的观点

关于智慧城市定义的另一个观点是智慧城市理事会的定义[4]。该理事会明确了智慧城市的三个核心功能，如图 5-4 所示，现说明如下。

1）收集信息：从多种设备和传感器（包括基于车辆和基础设施的设备和传感器）收集数据。

2）交换信息：利用有线和无线通信相结合的方式，将数据传回中央后台以便处理。

3）数据处理：智慧城市理事会将"Crunch"一词作为数据处理的一个术语，其目的有三个，即呈现、完善和预测。

在处理过程中，**数据转化为信息**，并收集可采取行动的见解，从而形成交通运输服务提供战略的基础。值得注意的是，这种定义与美国 ITS 新兴技术论坛通过的定义非常接近。

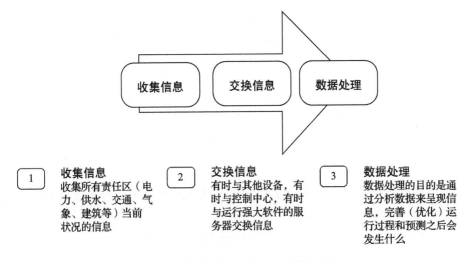

图 5-4　智慧城市理事会关于智慧城市的定义

到目前为止，所描述的服务定义提供了智慧城市的概述，涵盖了交通运输以外的广泛服务领域，并开始从交通运输的角度融合智慧城市的定义。本章的其余部分重点将是从交通运输角度对智慧城市进行定义，尽管我们还将讨论智慧城市的其他要素以连接全文。

从交通运输的角度来看，为了更详细地定义智慧城市，我们以美国交通部智慧城市愿景要素为起点[3]，并依据美国交通部智慧城市挑战赛7个决赛队的每个应用方案[5-11]的愿景要素对其加以补充，从而形成了以下智慧城市交通服务清单的基础。请注意，愿景要素已经转化为服务项目，因为这些要素在安全性、效率和用户体验方面贡献了价值，而项目和技术只是使服务的建立和运营成为可能。5.6节将更详细地讨论这一点。

（1）资产和维护管理服务

智慧城市将包括对基础设施和先进技术的大量投资，这些投资必须在最初实施之后得到维护、跟踪和管理。这一系列服务为管理智慧城市资产提供必要的工具和决策支持，并及时应用一致的维护标准。对智慧城市的投资可以被认为是一种鲸形投资，鲸头代表最初的资本投入，鲸尾代表运营和维护投资。过去在将先进技术应用于交通运输方面遇到的挑战之一是将资源分配给鲸尾。良好的资产和维护管理不仅能提供决策支持，而且还会提供信息来证明在这一重要领域继续投资是合理的。

（2）网联汽车服务

第4章已对这一主题做了大量论述。在智慧城市，网联汽车技术将应用于私人汽车、货车、公交车辆和提供MaaS服务的车辆，如Uber、Lyft、出租车和辅助公交系统车辆。智慧城市市民和游客将获得一系列服务。

（3）联网参与市民服务

这组服务包括使用智能电话和其他通信技术来建立和维护智慧城市居民的双向通信。

（4）综合电子支付服务

智慧城市将通过一系列电子支付服务使交通服务的支付更加便利。这些服务将由一个综合的全市电子支付系统来支持，该系统涉及通行费、公交票和停车费。此外，这个全城系统亦有可能支持政府服务的收费。

(5）基于智能传感器的基础设施服务

智慧城市将利用智能传感器和适当的电信网络技术给智慧城市内的公共和私营部门实体提供一系列数据服务。基于传感器的数据服务将得到来自网联汽车的探测车辆数据的补充。传感器数据还将得到来自智能手机的移动数据和来自推特（Twitter）等社交媒体网络的社交媒体数据的补充。这将使智慧城市管理人员能够度量交通服务的绩效和评判服务感受。来自智能传感器的数据也将为提供分析服务的后台活动提供重要的输入。

（6）低成本、高效率、安全和可快速恢复的信息和通信技术服务

使用一系列信息和通信技术（Information and Communication Technology，ICT）服务将数据在智慧城市内传送。这些服务中某些将由公共部门拥有和经营，另一些将由私营部门拥有和经营。为了提供服务，可能会采用一种涉及有线和无线解决方案的混合方法。将在最大效率和安全性的管理框架内提供通信服务，同时采取网络方法来支持快速恢复能力。

（7）智能电网、道路电气化和电动汽车服务

这涉及车辆的电气化和建立一个充电站网络，使电动汽车具有与燃油动力汽车相同的活动范围。这将要求电动汽车充电站点像加油站一样无处不在。所提供的服务将使用可再生能源，以便优化能源成本和随之产生的排放。服务将由私人汽车、公交系统和电动车队提供。

（8）智慧土地利用服务

智慧城市内的智慧土地利用将包括建立流动和旅行进出枢纽，以支持多模式联运和优化日常通勤。城市分析还将通过进一步深入了解土地利用与交通需求之间的关系，支持智慧土地利用。智慧土地利用还将包括详细考虑就业机会以及住宅区和工作区之间的关系。

（9）战略性商业模式和伙伴关系服务

智慧城市提供的服务将通过战略性商业模式和伙伴关系来实现。虽然以前在交通运输中推广先进技术的模式主要集中在公共部门，但智慧城市很可能将得到公私伙伴关系的支持，即除了利用公共部门之外，还能够利用私营部门的资源和动机。

（10）交通运输治理服务

智慧城市内的交通运输治理服务将确保整个城市在多模式联运基础上对

交通运输进行优化管理。这将需要公共和私营部门服务提供商之间的合作和协调，并涉及跨模式合作，以管理私人车辆、公交车辆和货运车辆。先进的数据采集和数据处理技术很可能将被用于支持政府的交通服务。这还包括体系结构、标准和现行最佳惯例的应用。

（11）交通运输管理服务

交通运输管理包括对智慧城市内的所有交通运输方式进行协调一致的管理。这包括私人车辆、公交车辆、货运车辆以及诸如骑行和步行等非机动车交通方式。交通运输管理的基本要素包括将绩效管理技术应用于整个交通运输系统。不同来源的数据以及先进的数据管理技术将被用来衡量交通运输服务的绩效，并将它们与预先定义的标准进行比较。

交通运输管理将纳入现有的交通管理方法，以便支持一系列服务，包括高速公路事故管理，排放测试和减少排放，公路和铁路交叉口管理，自动车辆、网联汽车管理，以及城市地面街道和公路干线的先进交通信号控制。

交通运输管理服务将包括综合通道管理、旅行需求管理、动态停车管理、行人移动应用和使用物联网以提高智慧城市交通方式的可持续性。交通运输管理也可以扩展到急救车辆管理、车队部署和事故预测。这还将包括使用大数据分析技术来支持一系列服务，这些服务将支持成果驱动的投资项目，通过这些项目，未来的交通运输投资将以先前投资的效果为指导。

（12）旅行信息服务

旅行信息提供将有多种渠道，包括车辆信息、智能手机信息、路边信息，以及在家庭和办公室通过因特网的信息服务提供。旅行信息服务将支持联网市民和联网游客，并将作为一种复杂的交通运输管理形式，提供决策质量信息给城市内的所有市民和游客。旅行信息将提供关于路线、行程安排和旅行方式的选择，还将包括关于总行程时间、行程时间可靠性和各种出行选择成本的信息。

（13）城市分析服务

智慧城市内部的城市分析将用于衡量和改善就业机会、交通安全和交通运输效率，并为管理交通用户体验提供有利的服务。城市分析将会受到数据链路、集中数据中心和企业数据管理系统的推动，这些系统利用大数据技术为复杂的分析提供原材料。开放式数据云也会加速实现这些服务。

（14）城市自动化服务

城市自动化服务将得到私人汽车、无人驾驶的短程往返运行车辆、公司和公共机构车队、出租车和辅助公交的自动驾驶汽车技术的支持。城市自动化也将扩展到使用无人驾驶车辆和无人机来递送包裹。

（15）城市配送和物流服务

这包括使用先进的信息和通信技术来改进和优化智慧城市环境中的配送和物流。这将包括向驾驶员和车队管理人员提供关于交通拥堵的信息以及优化路径的信息。

（16）以用户为中心的出行服务

公共和私人部门支持的出行服务将加入到为智慧城市旅行者提供一系列的可用选择之中。很可能会采取市场手段，以便通过一个中央信息点或网站获得一系列出行服务。这一系列服务将得到旅行信息服务的补充，旅行信息服务能够提供关于现有出行服务选择的详细信息。

5.5 智慧城市的目标

从交通运输角度看，智慧城市的基本目标是安全、高效和增强用户体验，这些目标可以分解成一个更详细的目标清单。智慧城市的目标可能至少包括两个层次——高层政策目标和用于指导规划和交付的具体目标。高层政策目标的例子如下：

1）促使 1% 的利于公交系统的模式转换。
2）使区域交通运输的顾客感受改善 10%。
3）使区域交通延误减少 10%。
4）使旅行时间可靠性提高 15%。
5）减少 10% 的事故。
6）将事故响应时间缩短 20%。

智慧城市目标和交通运输服务项目见表 5-2，这些目标与我们定义的智慧城市交通运输服务相关，也与第 2 章中定义的 20 个大问题密切相关。

表 5-2 智慧城市目标和交通运输服务项目

目标 / 服务项目	安全			高效																
	使整个交通运输系统的安全性最大化	综合考虑安全、效率和用户体验，形成最大化成本体系观	弄清安全性改善的效果与投资	识别交通运输系统发展瓶颈症结，研究管理战略和减效	优化交通运输资产和基础设施的性能	优化整个交通运输系统的性能	减小投资和营运成本，优化当前和未来消耗	改善对市民和来访者的服务水平	识别和解决交通运输服务效率低的问题	评估当前和未来的交通运输需求	优化就业机会	针对交通运输不利条件优化交通运输服务	弄清旅行成本与旅行需求之间的关系	弄清当前用户体验	开发优化用户体验的策略和技术	为所有的交通运输客户提供相对于付出金钱的最高价值	弄清当前交通运输服务的客户感受	评估一项交通运输服务调整对一个交通运输系统的影响	考虑交通运输需求和普遍条件，确保旅行者充分利用交通运输系统	弄清高质量旅行信息与旅行者行为之间的关系
资产和维护管理	●				●															
网联汽车	●																			
联网参与市民		●		●																
综合电子支付	●						●													
基于传感器的智能基础设施	●				●		●	●												
低成本、高效率、安全和可快速恢复的信息和通信技术		●				●	●													
智能电网、道路电气化和电动汽车											●									
智慧土地利用	●					●	●	●		●	●	●								
战略性商业模式和伙伴关系		●				●	●				●			●	●					
交通运输治理		●				●	●	●		●	●			●	●	●	●	●	●	●
交通运输管理	●					●	●	●		●	●			●			●	●	●	●
旅行信息								●					●	●		●	●	●	●	●
城市分析						●	●	●		●				●			●	●	●	●
城市自动化	●					●	●													
城市配送和物流	●																			
以用户为中心的出行											●			●					●	●

5.6 走向智慧城市的步骤

通往智慧城市的路线图将包括一个出发点、一个旅程和一个目的地。智慧城市的出发点可能会因任何城市对需求的看法和先前投资模式的不同而有很大差异。例如,如果已经对电子收费系统或电子公交票务系统进行了大量投资,那么通往智慧城市的一个合适的起点可能是提供通行费、公交票务和停车费支付服务的全市电子支付系统。电子支付的起点还提供了一种手段上的益处,可以以最具成本效益的方式收取税收收入,这种方式在新项目开始时总是有用的。另一座城市可能在旅客信息服务方面进行了大量的前期投资,因此作为出发点,建立联网市民和联网游客的计划是一个有吸引力的选择。

在旅程的另一端,是智慧城市的目的地。我们希望所有城市最终都能对目的地有一个共同的看法,并对最终的智慧城市愿景有一个趋同认识。正如5.4节所述,由于我们在智慧城市开发和推广方面处于初期阶段,这种趋同现象现在尚不存在。至关重要的是,任何智慧城市项目都要对最终结果有一个明确的定义,这将在制订从现状到未来所期望的情况的路线图方面发挥重要作用。

关于旅程,确定一系列城市从出发点到目的地可以采取的步骤或里程碑将是非常有用的。确定路线图的传统方法是制订一个由项目和方案组成的投资计划。尽管这将提供一系列可实施并可非常准确地加以测量的步骤,但这可能会使表达投资的价值和效益遭遇困难。虽然可以对项目和方案进行预算、管理和落实,但正是这些项目和方案所启用的服务才能在安全性、效率和增强用户体验方面提供价值。虽然项目和方案最终必须被定义,以便用作可管理的要素,但在路线图中采用服务演变方法还是有很大价值的。这种方法如图5-5所示。

(1)确定政策目标

制订智慧城市任何投资计划的一个重要起点是交通运输政策的定义和协议,以及实施后要达到的具体目标。这些目标的定义和协议的确切机制可能因城市而异,但通常是交通改善计划(Transportation Improvement Plan,TIP)和长期交通计划(Long-Range Transportation Plan,LRTP)制订过程的一部分。根据智慧城市投资计划确定周期中的要点,可能有必要回顾现有的政策目标,或制定新的政策目标,将其纳入区域交通计划的新版本。使用前面定义的目标列表作为起点,可以将智慧城市目标制订成一个定制列表。

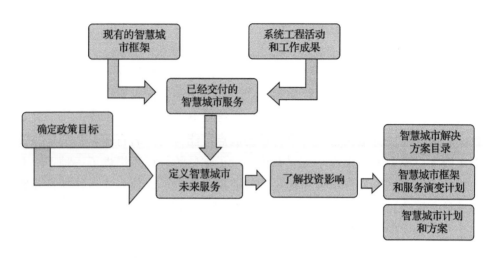

图 5-5 智慧城市服务演变方法

每个政策目标都应该有一个可测量的绩效管理参数或与之相关的分析方法。政策目标与分析方法两者的定义有助于支持后期工作,以确定使用交通运输分析技术进行智慧城市部署的有效性。在此过程中,还将定义应用案例,以解释所提供的服务和所需的数据,并提供价值评估和谁将使用该服务的指示。在这些应用案例的基础上,可以确定必要的要求来指导智慧城市框架的开发。在确定政策目标的同时,如果还没有一个合适的联盟,也可能要建立和管理一个智慧城市所需的伙伴联盟。

(2)了解可能性

这将涉及为智慧城市开发解决方案的目录。政策目标和应用案例定义了所需的内容,解决方案目录则定义了如何实现它。在开发解决方案目录时,还可以进行伙伴关系探索,确定可建立合作关系的私营部门,以协助智慧城市的交付。为了理解在开发解决方案目录过程中什么起作用、什么不起作用,与其他智慧城市的对等网络信息交换也是非常有价值的。在这个阶段,开发一个资金来源目录也是非常有用的,该目录列出了联邦、州和地方各级潜在的资金来源以及潜在的私营部门匹配资金。

(3)确定遗留

在开发智慧城市框架时,必须考虑对城市内与交通运输相关的先进技术进行预先投资。在这一步骤中,现有投资已被评估并转化为已经交付的一系列智慧城市服务。请注意,服务的部分落实是完全可能的。在这种情况下,还必须对服务质量和覆盖率进行评估。在全球，先进的交通运输技术已经开发，并部署了一段时间。

然而先进技术在交通运输领域的主流应用实际上始于 20 世纪 80 年代。因此，在城市内很可能会有一些已有的部署。有必要确定已有系统和先前投资的结果，以便弄清已取得的成就和可用作未来发展的平台。在许多情况下，可能有多个机构共同参与了城市先进技术的部署，因而，为了编制综合目录，需要从每个机构收集信息。依据已有的目录应该能找到已经存在的技术、组织和业务计划框架。一旦组合出一个部署目录，便需要定义每个部署所提供的服务。

（4）定义全局

对智慧城市的实施进行认真的规划和准备尤为重要。所使用的技术类型包括信息技术和通信技术，这些技术可以在系统工程方法范围内加以管理。在制订未来智慧城市规划时，应从正式的系统工程流程中获得输入，该流程将为智慧城市制订一个系统工程管理计划和运营概念，这些将有助于确定总体的技术框架。

此时，还要编制组织和业务模式框架，从这些角度阐明未来智慧城市的基本框架。这些框架将加入现有的智慧城市框架和已经提供的智慧城市服务，以确定未来所需的智慧城市服务。当从政策目标的定义、现有的智慧城市框架、系统工程活动以及已经交付的智慧城市服务目录中获取输入信息后，就可以定义一系列完全满足政策目标、保持技术的传统投资，以及遵守系统工程最佳惯例的智慧城市未来服务。

（5）确定实施计划

智慧城市实施计划应包括服务演变、遗留保存、分阶段计划、财务计划、营销计划和风险管理方法。该计划还将依据要交付的服务以及该服务所需的计划和项目来确定第一阶段的实施情况。在服务演变这一步中，大数据分析的价值显得尤为突出。

定义可用数据和分析方法以了解投资的影响，为智慧城市框架的开发提供坚实的基础，并为服务演变计划提供指导。实施计划中定义的拟议服务演进将充分考虑到先前投资的影响，并利用先进数据分析技术，深入理解执行程序和服务交付的可能影响。

这涉及如何在该区域内逐步实施服务的定义。服务的演变可以用两个维度来描述，即时间和空间。

为了简单起见，空间一词被用作通用术语，实际上会被与特定服务相关的一个术语所取代。例如，对于旅行者信息服务，空间参数实际上是获取信息服务的人数。术语"空间"是用来描述该区域内服务可用程度的任何参数的指标。时间一词当然与城市服务演变的时期相关。一旦定义了城市服务的发展过程，就可以定义将导致服务实现的项目和计划。使用服务演变方法的好处是确保实施和资金与价值和效益密切相关。虽然实现服务需要项目和计划，但正是服务才产生价值和效益。这种服务方式还促进了市场营销和公众宣传，以解释城市中正在做的事情，对用户的价值。

（6）实施第一阶段

实施计划将确定智慧城市第一阶段的实施内容。在第一阶段的实施过程中，重要的是实现早期的结果、定义正在交付的价值、与合作伙伴和公众成功沟通以及监控结果。第一阶段评价应进行形成性评价和总结性评价，形成性评价用于项目管理和实时反馈，总结性评价应作为下一阶段部署的前期反馈机制。

（7）学习

形成性评价和总结性评价的结果将用于形成一系列实际教训和经验，供以后部署时参考。这一信息还将用于支持拓展服务活动，并作为修订总体情况的指南。这将促成第二阶段实施内容的形成。

（8）智慧城市连续实施

智慧城市的实施将在第一阶段和第二阶段之外按阶段继续进行。所需阶段数与预算限制以及城市资源在管理和交付项目方面的可利用性有关。

5.7　智慧城市框架

在作为服务演进方法的一部分来定义全局时，必须考虑技术、组织和业务计划。值得花时间更详细地考虑这一点的原因是，在过去的项目中，这些框架对于先进技术实施的成功至关重要。

"城市协议"组织开发的智慧城市服务技术框架如图 5-6 所示，该框架以巴塞罗那市的技术框架[12]为基础。以下将对体系结构的每个元素加以说明。

（1）智能信息基础设施

这是对将提供给事件存储库和大数据管理系统的组合数据源的总称。这些数据可以是来自传感器或探测车辆的原始数据，也可以是来自外部系统经过处理的数据。

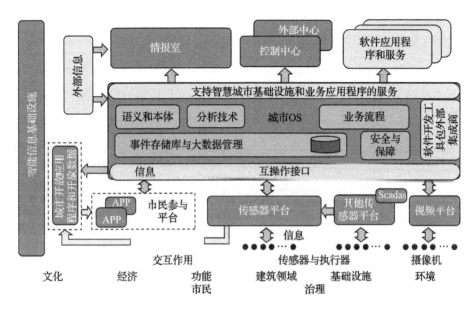

图 5-6 智慧城市服务技术框架

（2）城市开放应用程序和开放数据

集中式数据存储库或数据湖的重要价值之一是能够使公共和私营部门的众多合作伙伴都可以访问数据。在公共部门，对数据湖的访问将使每个机构和每个公共部门合作伙伴能够制订自己的分析和策略。在私营部门，智能应用程序开发人员和其他私营部门实体可以将数据作为开拓新业务机会的基础和开发面向消费者的智能手机应用软件的基础。

（3）市民参与平台

为了支持市民参与，有效地传递数据并将其转变为信息的能力也可以与智能手机和网络技术一起使用。这是一种双向对话，市民可提供数据，还可获得关于服务质量的信息并提出评价意见。

（4）传感器平台

该元素支持来自多个传感器（包括基于基础设施的传感器和基于探测车辆的传感器）的数据融合。随着数据被传送到后台办公室或城市操作系统，传感器平台也有可能要进行一定量的预处理，通常被称为边缘处理，以优化通信网络的使用。

（5）其他传感器平台

智慧城市还可以利用已经由公共和私营部门安装的其他传感器，包括数据采集与监视控制系统(Supervisory Control And Data Acquisition，SCADA)。

（6）视频平台

这可以被认为是一种特殊类型的数据融合，来自各种数据源的视频图像聚集在一起并得到管理。视频平台还可以提供合作伙伴间共享数据的能力。

（7）互操作接口

作为智慧城市后台的重要组成部分，互操作接口提供了一种将各种数据源输入后台的手段。互操作性接口还将支持从后台到一系列公共和私营部门应用程序的数据流动。

（8）事件存储库与大数据管理

智慧城市数据湖是由涵盖事件的大量数据存储库组成，并包含描述智慧城市的交通运输需求、当前交通条件和供应特征的数据。

（9）安全与保障

安全与保障涉及动态安全和安保功能的应用，以确保存储在数据湖和后台的数据的保密性和完整性。安全与保障还将涉及监测后台用来提取和共享数据的接口。

（10）软件开发工具包外部集成商

软件开发工具包（Software Development Kit，SDK）向外部集成商（如智能应用程序开发商和后台数据的其他用户）提供接口程序，包含如何访问数据、数据的格式和内容以及将数据集成到应用程序所需的其他特性的详细信息。

（11）语义和本体

语义和本体有时称为元数据、主数据管理和数据治理，此元素提供了对所要求数据的管理，确保所有用户都可以随时获取数据并将其存储在后台的优化结构中。

（12）分析技术

此元素描述了交通分析技术和其他智慧城市分析技术的应用，以便通过发现和规范智慧城市的业务流程来获得见识和理解。这些分析内容可以用于发现用途和业务流程管理。

（13）业务流程

除了发现性分析之外，还可以识别并支持一系列标准化流程。将技术成功应用于组织机构的要素之一是业务流程的识别和定制技术的应用，以便支持现有流程或实施新的优化流程。

（14）支持智慧城市基础设施和业务应用程序的服务

智慧城市数据后台提供了一系列数据服务，以支持智慧城市基础设施、服务和业务应用程序。数据服务可能既包括原始数据，也包括处理过的数据，后台在许多情况下会带来附加值。

（15）情报室

这是智慧城市的神经中枢，支持与所有其他模式的特定控制中心进行通信，并充当制订响应策略的纽带。

（16）控制中心

在现有城市基础设施中，许多模式特定的控制中心（如交通管理中心、公交管理中心和事件管理中心）已经存在，因而可纳入总体框架中。

（17）软件应用程序和服务

这些软件开发是为应对特定的应用程序和提供特定的服务而定制的。联网市民应用程序就是一个例子，它向智慧城市市民提供有关城市内现有服务和通行交通条件的信息。另一个例子是众包应用程序，它使智慧城市市民和游客能够向后台提供数据，并提供他们关于对当前智慧城市服务看法的数据。

这是一个抽象的体系结构，旨在说明和交流构成智慧城市技术框架的各种元素。它不是一个实际的可实施的框架，因为那样显然需要更多的细节，包括业务概念和系统工程管理计划。

作为该技术视图的补充，"城市协议"团队还开发了智慧城市的组织框架[12]，见表5-3。该组织视图提供了一个框架或检查表，用于定义关于治理和责任、信息和通信技术、智慧城市的结构、相互作用以及社会影响的角色和责任。这种组织框架与选定的技术和商业模式框架完全兼容，对于智慧城市致力于定制自己的组织框架而言，这将是一个有用的起点。

表 5-3　智慧城市组织框架

			治理推动和责任				信息和通信技术						
			法律法规	领导愿景与优先权			仪器设备与控制	连接/网关	服务/存储资源	保障与隐私	数据管理	互操作	分析学
				经济(新模式)	完整产业链(环境可持续性)	社会(生活质量和权益)							
									城市OS				
结构	环境	协议与生物多样性											
		大气											
		水资源											
		土壤											
	基础设施	通信网络											
		水循环											
		能量循环											
		物质循环											
		移动网络											
	建筑领域	住宅											
		建筑物/街区											
		附近/地区											
		公共场所											
		土地使用											
交互作用	功能(服务)	生活											
		工作											
		购物											
		交通运输											
		健康											
		教育											
		其他服务											
	经济	财富生产											
		财富分配											
		商业/贸易											
		金融											
		竞争能力											
		创业精神											
	信息	工具与应用程序											
		开放数据											
		数据流动											
		绩效											
社会影响	市民	人与家庭											
		组织											
		职业											
		参与											
		能力开发											

注：资料来源：CPA-I_001_v2_Anatomy City Anatomy: A Framework to support City Governance, Evaluation and Transformation Developed by Task Team – ancha 6 November 2015 http://www.cptf.cityprotocol.org/CPAI/CPA-I 001-V2 Anatomy.pdf

5.8 投资效果评估

智慧城市投资效果的评估是规划和实施的一个重要元素。为弄清实施效果而进行的前期和后期研究的能力需要获得连贯且全面的数据源的支持。北美和欧洲应用智能交通系统的特点之一是缺乏一致的评价框架。为了弥补这一不足，智慧城市规划应包括对绩效评估安排的详细定义，包括投资的影响。

用于衡量投资影响的分析学定义也很重要，因为这能实现对所需数据进行评估。在许多情况下，交通运输数据是临时收集的，详细程度和质量与数据的预期用途无关。数据收集计划的制订应充分考虑数据的拟议使用，这对于确保资金的价值以及实现对投资影响的一致评估至关重要。中央数据存储库即数据湖将是这种方法的一个基本成分。数据湖由多个数据源构成，具有支持多类型分析的能力，该功能解决了区分不同投资影响的难题。

5.9 智慧城市的挑战

本节开始，将讨论智慧城市面临的一系列挑战和机遇，并总结从伦敦拥堵费（London Congestion Charge）项目[13]中吸取的实际经验教训。请注意，这并不是一套详尽的挑战、机遇或经验教训，而是可作为制订特定智慧城市实施项目工作清单的基础。

（1）来自多个学科的新伙伴

智能交通系统的应用已经表明，需要管理多学科群体，包括交通运输专业人员、汽车制造工程师、电气工程师、系统工程师和一系列传统沥青、混凝土和钢铁交通运输项目之外的其他学科人员。在智慧城市环境中，各学科参与者的数量和参与者的特性会有很大不同。

参与者可包括市长办公室的工作人员、经济发展专业人员、技术孵化负责人、可再生能源专业人士和信息技术公司等。由于智慧城市包括交通以外的服务，所以这些项目的参与者将比从事先进技术在交通运输方面的典型应用的参与者具有更加多样性的背景。这种专业多样性将需要特别强调在计划的技术部署和确定各合作伙伴之间的角色和责任定义方面进行明确的沟通。

(2) 避免项目开发出现冲突和重复

为了优化智慧城市实施的效果,有必要确保所有项目和方案都符合一个协调一致的框架,确保相互协调,避免冲突或重复工作。取得早期成果和短期投资回报的需要往往会影响智慧城市的主动行动,导致在某些缺乏协调的特定领域出现过度投资。制订智慧城市规划的全局规划方法和定义技术、组织和业务计划框架是确保智慧城市从每一项投资中获得最佳成果,以及确保每个项目都能建立在另一个项目基础之上的核心工作。

(3) 最大限度地利用已有系统中的早期投资

对所有城市来说,虽然通往智慧城市的目的地可能都非常相似,但出发点可能因对特定需求的认识和对先进技术的先前投资而有很大差异。如果要从对智慧城市的早期投资中找到是否存在有效的商业合理性,那么重要的是,必须将已有系统的先前投资作为向前推进的平台完全考虑在内。这需要对已有系统提供的服务进行评估和理解,并将相关方面纳入技术和组织框架。

(4) 把重点放在成果上

应极力强调,确定和商定智慧城市新方案、开发应用案例和需求的目标以及确定部署成功的监管布局。由于所提供的服务种类繁多,智慧城市新方案很可能会有广泛的目标,因此,有必要确保所有计划行动和投资都与这些目标有关,并确保所有目标都有具体措施得以充分实现。

(5) 向合作伙伴和公众报告价值和利益

向合作伙伴和公众解释拟议的智慧城市要素的价值和利益是新方案获取成功最重要的因素之一。因此,价值主张必须明确界定,并通过适当渠道向合作伙伴和公众传达。效益评价可以通过总结性评价和形成性评价两种方法来实现。顾名思义,总结性评价法是对先前行动中获得益处的回顾性总结;形成性评价提供了临近获得结果的反馈,可用于在递增的基础上指导新方案。

5.10 智慧城市的机遇

本节提供了一些与智慧城市相关的机遇的示例。

（1）智慧城市

通过采取协调一致的方式来提供智慧城市服务，就有可能确定和利用不同服务间的协同作用。例如，数据收集服务可以提供可支持多个应用的中央数据湖或存储库中的数据。这些应用可以包括联网市民和联网游客服务。数据收集本身可以得到众包的支持和使用运动分析的支持。数据湖的创建和管理还要确保可以创建和维护关于数据真实性的单一版本，从而使许多服务能够利用这些数据。

（2）项目实施费用分摊

与大多数交通运输项目一样，智慧城市计划最重要和最紧迫的方面之一是确定资金来源。通过为智慧城市制订一个整体上的协调框架，就有可能找到分担项目实施成本的机会。合作伙伴可以通过依赖另一个合作伙伴提供的服务来获得分担成本或避免投资成本的机会。这也有助于在公共部门和私营部门之间提供确定伙伴关系的机会。

（3）确保不同机构的倡议协同工作而不发生冲突的能力

多个机构很可能参与部署一个智慧城市新方案。因此，确保各机构致力于共同目标而努力工作，这一点应给予高度重视。这样一来可避免项目之间的潜在冲突，并使单个项目的集体效应最大化。采用框架方法进行智慧城市规划，有助于增强优化各个机构行动的能力。

（4）改善广大市民和游客的交通服务

由于智慧城市服务的广泛性，为广大市民和游客提供了改善交通服务的机会。采取一个综合的方法来确定目标和拟议投资，就有可能满足各种交通运输需要，包括私人车辆、货运车辆、公交车辆和交通不便利地区的交通运输。智慧城市还可以改善就业机会，增加总体流动性，并考虑社会公平的需要。在有关导致出行困难的因素（包括行程时间、行程时间可靠性和换乘时间）方面，智慧城市内部的城市分析方法可以提供新发现和理解，并有助于评估提供给所有市民和游客的价值主张。

（5）优化土地利用

因为所投资的建筑物和基础设施通常有50多年的设计寿命，所以土地使用往往是一种周期较长的活动。然而，智慧城市的综合方法将包括短期、中期和长期方案，并将土地用途的变化和优化纳入整个智慧城市规划。在这方面,城市分析可以提供对土地利用和交通需求之间关系的新见解,并支持基于观察的新见解和理解。

(6) 减轻交通对环境的影响

智慧城市交通可以通过促进经济增长和对副作用的管理来影响市民和游客的生活质量。交通对环境的影响包括排放、燃料消耗、噪声入侵、视觉入侵和与希望的交通运输效应共存的其他因素。通过先进技术和管理方案在智慧城市中的应用,可以在管控不希望的交通副作用的同时提供人们希望的好处,包括电动汽车、优化路线以及多模式智慧城市交通系统的总体优化。

(7) 洞察和了解交通运输的供求和主要经营状况

通过将智能传感器连接到通信网络,使用来自网联汽车和自动驾驶汽车的探测车辆数据以及来自智能手机的众包技术,智慧城市管理者可以获得对交通运输网络内的主要经营状况的空前了解。这就带来了可以支持使用分析方法对交通运输服务质量进行新的洞察和理解的非常丰富的数据流,带来了推动交通运输需求的因素,还带来了交通运输服务提供能力的变化。在此数据流的基础上,可以制订一套综合的短期、中期和长期战略以加强交通规划,为智慧城市内的所有交通运输用户提供新的服务,并优化交通运输服务的提供和运营。

(8) 制订新的应对策略

支持制订智慧城市内新的应对策略的可能性是巨大的。通过新的数据和数据管理技术,可以实现科学的交通规划、交通工程、交通运输管理和按需出行服务。虽然这些新的可能性最初会影响参与这些活动的专业人员在决策支持方面的规划和运营,但从长远来看,也有可能导致更多的自动化。目前,人们对自动驾驶汽车相当关注,可以预期,自动化后台也将作为补充而得到开发。

5.11 从伦敦拥堵费项目中吸取的经验教训

根据伦敦交通局(Transport for London)在2003年开始执行的伦敦交通拥堵费项目方面的经历[48],除了前面所述的挑战和机遇外,还要吸取一些实际经验教训。拥堵收费是在对交通拥堵或道路收费问题进行了大量研究后引入的。这项研究始于1964年发表的 *Smeed Report*[14],其中介绍了一个政府小组的研究结果,该小组评估了与在英国城市内实施道路收费有关的实际问题。随后的研究主要针对伦敦,伦敦的交通政策从道路建设转向公共交通和交通管理的改善,导致了交通拥堵费的实施。伦敦交通拥堵收费区的目前边界如图 5-7 所示。这是世界上最大的交通拥堵收费区之一,其实施的总目标是减少区内的交通流量,同时为改善公共交通系统创造收入。如果车辆驶入该区域,驾驶员每天支付约 14 美元(所有费用已按 1 英镑兑换 1.24 美元换算成美元,四舍五入至 1 美元)。缴费从工作日早上 7 点起生效,直至下午 6 点。驾驶员必须在车辆驶入该区域当天的午夜前缴付费用,否则费用将会在第二天增加到大约 17 美元。如果驾驶员选择使用自动支付系统付款,则可以支付 13 美元的折扣价。逾期付款的费用大约从 80 美元到 160 美元不等,视付款的迟交时间而定。收费采用自动车牌识别技术,在管制区内的一些重要地点部署了摄像头,使伦敦交通局对每次穿越该区域的车辆能够探测约 11 次。在运营的前 10 年,该项目的总收入约为 26 亿英镑,其中 46% 用于改善交通,37% 的收入用于改善公共汽车网络。

图 5-7　伦敦交通拥堵收费区的目前边界

虽然这项收费项目是在 14 年前实施的,它是一个收费项目而不是一个成熟的智慧城市项目,但这些课题[15]与智慧城市直接相关,因为它们总结了在一个大城市部署先进技术所带来的实际挑战和机遇。这些课题分为7类,如图5-8所示,以下将分别对其进行介绍。

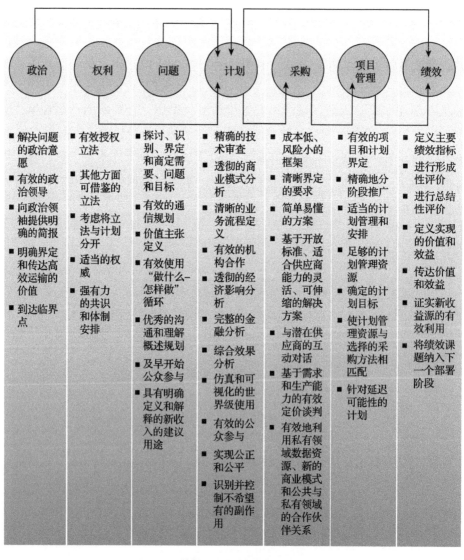

图5-8 伦敦交通拥堵收费项目的经验

（1）政治

这包括通过传达要提供服务的价值来获得和保持对项目政治支持的能力。

需要一个结构化的外联方案，以便最初将该计划的价值和利益传达给政治决策者。外联工作必须持续，以确保在最初沟通期间获得的政治支持能在项目实施的整个过程中得到维持。

应该指出的是，额外的政策要求可能会提高项目的成本。伦敦交通局的经验是，这类项目需要大量的沟通和营销预算；部分原因是需要向公众解释所涉及的先进技术，部分是为了解释为什么需要征收拥堵费，以及如何利用项目收入改善交通。从智慧城市角度看，可能还需要拨出更多的预算用于外联和宣传，以便向市民和游客解释服务的价值、利益以及恰当的使用方法。

（2）权利

伦敦交通局通过确保项目实施所需的立法在早期阶段得到解决，获得了巨大的价值。在实施拥堵收费计划前的几年里，对所需立法进行了定义、讨论并纳入了法律。在执行决定之前，实施前的长时间研究提供了公开辩论的机会，这有利于对这一主题进行理性、非情绪化的讨论。从智慧城市的角度来看，这可能与在智慧城市框架内使用自动车辆技术所需的法规和立法直接相关。尽早讨论和制订这类条例，不仅有助于充分讨论，而且还为公私合作打下了基础。

（3）问题

根据需要、问题和要实现的目标对问题进行简明的定义是伦敦交通拥堵收费项目的一个特点，这包括了对最终用户价值主张的定义。制订一种清晰的、结构化的、商定的问题陈述也对项目的成功做出了重大贡献。因此，智慧城市计划应该如法炮制，仔细定义目标、应用案例和需求。

（4）计划

这包括实施项目的结构化计划的定义。可将一系列项目进行定义、分期和联系在一起，以实现总体目标。这需要明确了解技术能力和业务模式选择，以确保技术能力与选定的业务模式相匹配；也需要有效的通信和规划、与强有力的机构合作以及全面的经济、财务和详细的效果分析。智慧城市的技术、组织和业务模式框架的制订使各种项目得以协调，并确保所有投资中的计划行动都能与目标相关联。

（5）采购

应根据生命周期成本和风险最小化来选择采购方法。采购应包含明确界定的需求，并寻求简单明了的解决方案。如前面所讨论的，需求应尽可能无歧义。采购的目的应当是设法获取具有灵活性和可扩展性且使用开放标准和体系结构的产品和服务。利用信息处理请求与潜在产品和服务提供商进行早期互动对话可能非常有启发性。这种对话提供了关于当前技术能力和限制的信息，有助于确定服务和产品提供商的潜能和约束，并对确保各项要求和采购文件切合实际是有帮助的。通过对智慧城市采用大局规划法和增量实施计划，可以采用最适当的采购机制。鉴于私营部门的重要作用，采购过程也可能需要创新，以支持就技术可能性和提供服务的最佳方法进行有效对话。

（6）项目管理

项目和计划定义包括部署规划和分阶段实施的最佳实践的应用。项目管理确保了公共和私营部门都有足够的项目管理资源，它需要对项目目标做出明确界定，并制订可能出现延期的应急计划。对于规划、采购和管理大型智能交通系统的部署和实施，许多公共机构没有内行专家，因此在大多数情况下都需要专业的援助。美国交通部智慧城市挑战赛几个应用程序的特点是建立一个智慧城市项目管理办公室，以便关注项目管理专业知识并支持所有项目之间的协调。

（7）绩效

智慧城市项目的绩效管理支持总结性和形成性两种方法。总结性法是在项目结束时总结经验教训，并提供信息以指导后续项目。形成性方法将提供用于实时指导项目的信息，使项目保持在既定轨道上。在交通运输行业中，绩效是一个经常用来衡量系统运行效率的术语，是一种用于验证系统是否做了它应该做的事情的尺度。建立绩效标准还为了监测和管理操作环节。还值得注意的是绩效度量与绩效管理之间的区别。绩效管理包括度量、分析和制订应对策略。一句古老的管理格言说："如果忽视了度量，就谈不上管理。"对于智慧城市，补充一句"如果只有度量，还是没做好管理"也是适当的。以适当的数据湖形式呈现的大数据和交通数据分析的使用可以显著改善绩效管理。

5.12 感性城市

5.4节提出了智慧城市一个相当轻松的定义，在这里我再重复一遍这个定义:"你知道你的城市是有智慧的,如果你用棍子戳它,它将做出适当的反应。"这一定义强调,一个智慧城市应该有感知的能力和根据感知的结果做出适当反应的智力。这就需要有复杂的能力来处理广泛的数据,鉴别机会和威胁,并做出适当的反应。它还要求将数据和技术成功地纳入治理和业务流程。

感性企业的概念首次由 Mohan Sawhney Oliver(McCormick 基金会技术主席与美国西北大学凯洛格管理学院营销学教授兼技术与创新研究中心主任)和 Oliver Ratzesberger(Teradata 公司执行副总裁兼首席产品官)提出[16]。图 5-9 展示了感性企业如何将一个组织定义为具有感觉、感知和自我意识的单一有机体。这预示着未来的企业可以实时监听数据,并基于智能做出响应。

随着对如何利用大数据分析技术来提供支持企业敏捷性和稳健运营所需的感知和智能水平的理解日益深入,私营部门目前正在对这些能力进行讨论。感性企业概念也将为智慧城市的未来指明方向。

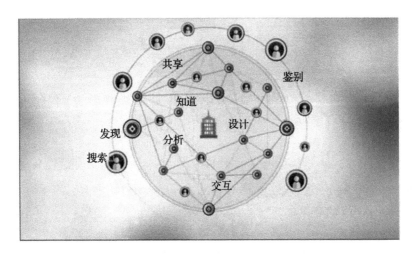

图 5-9 作为一个单一有机体的公司——有感知能力的公司

数据科学的日益发展和能力的不断提高,为未来的智慧城市提供了极大的可能性,使其可以将复杂的传感技术整合到具有多种功能的自动化当中。虽然感性企业将专注于货币化结果,但感性城市将专注于优化安全性和效率并增强用户体验。

5.13 小结

本章对智慧城市进行了概述并给出了其工作定义,从交通的角度定义了智慧城市可以实现的一系列目标,举例说明了以结构化和风险管理的方式实施智慧城市的步骤;讨论了支持项目和投资协调的规划框架方法的概念,并提出了协调智慧城市投资的方法;还介绍了智慧城市投资和初步实施效果的评价方法。

本章根据当前智慧城市初步实施的实际经验和以往在将先进技术应用于交通方面的投资经验,确定了一系列挑战和机遇,并提出了一些实际经验与教训。

本章最后展望了未来,即当前智慧城市将如何发展成为一个具有复杂感知能力和智力且能以更自动化的方式做出适当反应的感性城市。

显然,智慧城市的概念将我们的注意力集中在组织和业务模式框架内的技术应用上。我们正在认识到,成功需要考虑人类层面去有效地应用技术。

参 考 文 献

[1] Google Trends, https://www.google.com/trends/explore?date=today%205-y,today%205-y&geo=,&q=Smart%20cities,intelligent%20transportation%20systems, retrieved September 18, 2016.

[2] Report to the President, Technology in the Future of Cities, Executive Office of the President, President's Council of Advisors on Science and Technology, February 2016, https://www.whitehouse.gov/sites/whitehouse.gov/files/images/Blog/PCAST%20Cities%20Report%20_%20FINAL.pdf, retrieved September 28, 2016.

[3] U.S. DOT, Smart City Challenge Phase 2: Notice of Funding Opportunity, 18 April 2016, https://www.transportation.gov/smartcity/nofo-phase-2, retrieved September 28, 2016.

[4] Smart Cities Readiness Guide, Smart Cities Council, 29 October 2015, http://smartcitiescouncil.com/resources/smart-cities-readiness-guide, retrieved September 28, 2016.

[5] Austin Vision Narrative—Vision for a 21st-Century Mobility System, https://www.transportation.gov/smartcity/visionstatements/index, retrieved September 28, 2016.

［6］Columbus Ohio Vision Narrative—Columbus Smart City Application, https://www.transportation.gov/smartcity/visionstatements/index, retrieved September 28, 2016.

［7］Denver Vision Narrative—Beyond Traffic: Denver of the Smart City Challenge, https://www.transportation.gov/smartcity/visionstatements/index, retrieved September 28, 2016.

［8］Kansas City Vision Narrative—Beyond Traffic: The Vision for the Kansas City Smart City Challenge, https://www.transportation.gov/smartcity/visionstatements/index, retrieved September 28, 2016.

［9］Pittsburgh Vision Narrative—City of Pittsburgh Proposal beyond Traffic: The Smart City Challenge, https://www.transportation.gov/smartcity/visionstatements/index, retrieved September 28, 2016.

［10］Portland Vision Narrative—Ubiquitous Mobility for Portland, https://www.transportation.gov/smartcity/visionstatements/index, retrieved September, 2016.

［11］San Francisco Vision Narrative—City of San Francisco Meeting the Smart City Challenge, https://www.transportation.gov/smartcity/visionstatements/index, retrieved September 28, 2016.

［12］CPA-I_001-v2_Anatomy City Anatomy: A Framework to support City Governance, Evaluation and Transformation Developed by Task Team—ancha 6 November 2015 http://www.cptf.cityprotocol.org/CPAI/CPA-I_001-v2_Anatomy.pdf.

［13］Wikipedia, London congestion charge, https://en.wikipedia.org/wiki/London_congestion_charge#cite_note-41, retrieved April 8, 2017.

［14］The boundary of the current congestion charging zone, CC BY-SA 2.0, https://commons.wikimedia.org/w/index.php?curid=1627312.

［15］Interview with Jeremy Evans, then head of technology, Transport for London, August 10, 2006.

［16］Ratzesberger, O., Teradata Presentation, "Overview of the Sentient Enterprise," https://teradatanet0.teradata.com/docs/DOC-85836, retrieved September 28, 2016.

第 6 章　什么是分析学？

6.1　知识目标

1. 什么是分析学？
2. 为什么分析学是有价值的？
3. 分析报告与关键绩效指标 (KPI) 之间有什么区别？
4. 分析学的一些例子是什么？
5. 哪些是应用于交通运输的分析学例子？
6. 使用分析学的最佳方法是什么？
7. 分析学和数据湖是如何结合在一起的？
8. 如何鉴别与分析学相关的数据需求？

6.2　词频云图

由于词频云图可以一目了然地了解本章的特点，因此它可以被认为是一种分析方法。本章词频云图如图 6-1 所示。

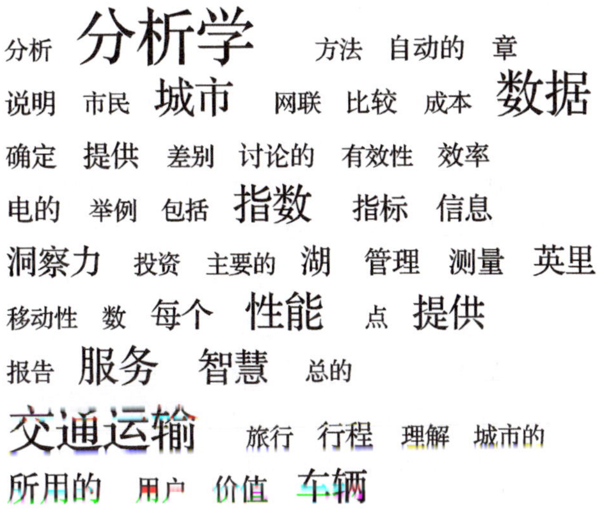

分析 **分析学** 方法 自动的 章
说明 市民 城市 网联 比较 成本 **数据**
确定 提供 差别 讨论的 有效性 效率
电的 举例 包括 **指数** 指标 信息
洞察力 投资 主要的 湖 管理 测量 英里
移动性 数 每个 性能 点 提供
报告 服务 智慧 总的
交通运输 旅行 行程 理解 城市的
所用的 用户 价值 车辆

图 6-1　第 6 章词频云图

6.3　导语

　　分析学在智慧城市交通中的应用是一个新课题。因此，有关这一问题的参考资料和文献很少。本章通过从智慧城市交通角度对分析学进行定义和描述来应对更多信息的需求。有效地使用分析学有可能通过提供更深入的见解和比我们所能实现的更深刻的理解来使交通运输发生革命性的变化。大数据、合适的分析技术和数据的聚合可用性可以释放大数据的威力，这就有可能为交通供需提供新的见解和理解。分析学对交通的影响可能与互联网一样大，然而，与我们处理因特网服务的方式相同，如果要获得最佳结果，则必须小心。

　　本章通过提供分析学概述和探索如何在第 5 章定义的智慧城市交通服务范围内应用分析学，对分析学的本质进行讨论。本章还讨论了智慧城市的分析法绩效管理，解释了 KPI 和分析学各自的优点。本章最后讨论了分析学和数据之间的关系，说明了通过大数据分析的组合应用所能够显示的能力。

6.4 分析学定义

　　大数据本身没有很大的价值，虽然存在，但它是潜在的，必须被激活。出于这个原因，有些人认为数据的价值很低。然而，重要的是要把数据视为原材料，从中可以创造出非常有价值的东西。收集和管理大数据的真正价值在于分析学的实施可将数据转化为信息、见解和可操作的策略。本章探讨了数据分析学的定义，还解释了世界一流报告和分析学运用之间的差异。利用体育类比，世界一流的报告只会让你在足球比赛中成为一个消息灵通的观众，而分析学可以给你改变球队表现的力量，就像一名教练一样。对已应用于交通运输和交通运输以外的商业企业的分析学应用实例将在 6.6 节予以解释。

　　在《牛津英语词典》[1]中可以找到更加正式的关于分析学这一术语的定义。该词典中 analytic 有以下含义：

　　1）"The branch of logic which deals with analysis (see analytics n. 1a) (obs.); an analytical system, method, or approach; an analysis."（涉及分析的逻辑学分支（参见 analytics n. 1a 词条）；分析系统、分析方法或分析途径；对事物的分析）。

　　2）"Of, relating to, or in accordance with analysis or analytics; consisting in, or distinguished by, the resolution of compounds into their elements."（属于、关于或与分析或分析方法有关的；包括或通过化合物分解成其元素来区分）。

　　3）"Of a judgment, statement, proposition, etc.: expressing no more in the predicate than is contained in the concept of the subject; true simply in virtue of its meaning or its logical form; having the property that its denial is self-contradictory."（指判断、陈述、主张等的：在谓语中所表达的不超过主语的概念；仅凭其意义或逻辑形式是正确的；具有否定是自相矛盾的性质）。

　　4）"Forming part of mathematical analysis (analysis n. 5); relating to or involving mathematical analysis."（构成数学分析的一部分 (analysis n. 5)；与数学分析有关的，涉及数学分析的）。

　　5）"Of a function: having derivatives of all orders at every point of its domain (or a specified part of its domain); locally representable by a power series."（函数：在其定义域或其定义域的指定部分内的每一点都有所有阶的导数；局部可用幂级数表示）。

　　6）"That analyses or has a tendency to analyse; that is concerned with or characterized by the use of analysis."（分析的或有分析倾向的；与分析的使用有关的，或以分析的使用为特征的）。

7）"Characterized by the use of separate words (auxiliaries, prepositions, etc.) rather than inflections to express syntactical relationship."（以使用单独的助词、介词等而不是用词尾变化来表达句法关系为特征的）。

这些定义表明，英文单词 analytic 可以指一个分析系统和方法或分析途径、基本真理或数学分析以及将某物分解成其单个元素。从数据的角度来说，分析学提供了可以用于改善交通运输企业绩效、业务流程或服务交付的洞察力和理解。

通常，分析学一词与绩效管理参数及 KPI 互换使用。绩效管理参数及 KPI 通常与绩效报告和测评一起使用。它们与分析学的区别在于，分析学提供了超越报告和测评的能力，可以让洞察力成为影响绩效的可执行策略的基础，而不仅仅是衡量绩效。

通过有效地利用分析学方法，可以促使智慧城市管理人员和交通运输专业人员从观众变为教练。这是从分析学中寻求的附加价值，这种价值会驱使人们渴望在今天的交通运输中利用大数据分析技术。在交通运输中有许多新技术和新方法可供使用，结合更传统的沥青、混凝土和钢铁项目，这些新技术便会创造价值和利益。为了引导将有限的资源应用于这些领域，必须尽可能充分地了解以往和未来投资的影响。适当使用分析学方法所能获得的洞察力和理解，将对智慧城市交通运输各方面的规划、设计、交付、运营和维护产生重大影响。本章在智能城市的背景下讨论了分析学的本质和特点。

6.5　为什么说分析学是有价值的?

分析学的价值在于从大数据集中搜集新见解、确定趋势和揭示模式的能力。数据集中的数据越大、越多变，获得新的理解和见解的概率就越高。分析学还能以另一种形式提供价值，即能够从大数据中提取信息和释放大数据的力量。

随着分析学在交通运输中的应用不断发展，可以预见将会有一些令人惊叹的时刻。当分析学的使用揭示了我们以前不知道的新的数据关系、趋势或模式的时候，便会发出"哇"的一声惊叹。例如，我们可能会发现收费道路的收费费率与道路上的交通量之间有新的关系。目前,使用了一个简单的查询表,将收费费率与预期的交通量联系起来。未来,我们可能还会考虑出行的目的、天气和驾驶员对替代路线和方式的看法。

当新的见解和理解揭示了智慧城市交通服务的规划或交付方面的不足时,人们就可能会发出"哎哟"的喊叫声。这不是世界末日,只是适当反应的开始。针对服务的疑问和问题的新见解和理解而做出的一种适当的反应是制订解决这一问题和编制相关预算的计划。这是在确定问题和了解投资效果的基础上,向科学投资规划的一次演变。

体量巨大的数据提出了一个挑战:如何理解数据,并将其转化为信息,继而用它做一些有用的事情。分析学的真正价值在于最终的结果。图6-2所示涉及分析学的过程,这个过程会促使实用价值的输出。分析学的重要作用在于将数据转换为信息,但即使是信息也不能输出价值,除非它支持行动和因新信息而产生变化。

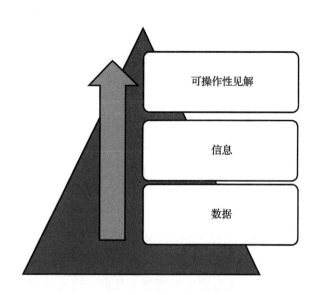

图6-2 分析学价值链

在智能交通系统开发初期,许多专业人员担心新的传感器和通信能力将揭露由于预算限制而无法解决的问题。这是分析学的应用必须支持从数据收集,经过信息处理,到响应策略的定义和应用整个价值链的另一个原因。从规划、设计、交付到运作的所有交通运输活动采用全面的分析学应用方法,还将有助于准确而一致地集中现有资源。这样会重新调整预算，并为新见解所揭示的问题投放资金。

图6-2所示是一个绘制成金字塔状的图形，以表示后续行动的成功取决于早期行动的成功和完整性。好的数据会带来好的信息，在分析学的帮助下，信息会产生可操作的见解。为了获得成果，考虑这一进程中的所有步骤也很重要。

在实践中，分析学将显示数据湖中不同数据段之间的关系，正是这种联系才能产生新的结果和理解。例如，零售商可以通过分析来了解顾客的行为，这些分析表明，当顾客购买一种产品时，他们还会购买另一种产品。作为这一分析的结果，零售商可以采取的行动是将两个产品都放在商店内相互靠近的位置，方便顾客选购。零售商还可能决定将第三种产品与这两种产品相邻放置，以增加第三种产品的销售量。分析可以发现，顾客可能需要第三种产品。因此，基于分析学对数据项之间联系的理解，可以实现新的价值。

一些大银行也会利用分析学来确定客户转移到其他银行的原因。某一特定客户通过在线和电话客服设施所采取的行动路径可能会揭示可以纠正的原因。

在交通运输之外的另一个例子是，一家著名的电影制片厂对全球推特简讯的样本进行了分析，从观众反应的角度来评估一部新电影的影响。所获得的分析结论用于决定电影在影院上映的时间以及随后将电影的发行转移到网飞公司（Netflix）和有线电视的时间。

分析学的价值还在于超越报告的能力。正如前面所讨论的，即使是世界级的报告，也只能提供测评摘要。分析学可以描述数据中的趋势、模式和洞察力，并为可以提高组织绩效的可操作策略提供基础。与第2章和第9章中讨论的目标和应用案例一样，在促使企业绩效变化的整个过程中应用分析学是具有实际价值的。这使得在整体结构化方法中使用分析学来从大数据中提取价值变得非常重要。

6.6 智慧城市服务分析学

也许解释分析学在智慧城市交通运输中的应用的最好方法就是提供一些例子。第5章从交通运输的角度讨论了智慧城市，并定义了代表智慧城市交通运输的服务。这16项服务以及为每项服务定义的分析内容见表6-1。服务和分析内容的这种联系是为了加强这样的观念：分析内容应该根据形成应用案例定义的目标来确定。这样可确保在确定和应用分析内容时，首先要考虑最初的目标和最终期望的结果。虽然这个过程是分析的一个重要方面，但并不是现在应用大数据分析的唯一方式。可用于大数据集以揭示数据的趋势和模式的挖掘工具的出现为我们提供了一种灵活的分析方法。对分析项目预先定义的做法，就像假设会被数据分析所证实一样。另一种方法是借助一个使数据能够交谈从而揭示更多见解的发现过程。这种方法可能会产生建议的分析，这些分析可以在预定义的分析之外使用。交通运输发现的过程有望使交通运输数据分析员成为一个迷人的角色。使用大数据集，结合强大的挖掘工具，应该可以加深对城市或地区内交通运输的理解。这需要一套将对数据科学的理解与对交通运输的理解相结合的技能，这种技能组合在当前看来是罕见的。解决这一问题的方法之一是确保智慧城市规划和部署团队具备适当的数据分析专业知识或专业人才。虽然短期内执行层的员工和管理人员不可能对数据科学有深刻的理解，但他们需要得到对数据科学有深刻理解的人的支持。在一段时间内，随着工具变得更加直观，执行层面上的数据科学知识和意识得到提高，执行层和管理人员能够进行自己的发现和分析。也许，至少在早期，这是理想的顾问角色。

表6-1再次列举了第5章确定的16项服务的一系列分析内容。之所以将重点放在服务上，是因为智慧城市的概念是充分利用技术向城市居民和游客提供更好的服务。该表的目的是通过提供分析样本来作为起点，以说明分析的本质和特点。预计智慧城市团队将在此基础上开发一套专门针对该城市的定制服务和分析方法。还很可能出现一项服务的分析内容与另一项服务的分析内容相结合，以创建混合分析法。混合分析法将应对一项服务或另一项服务，或两者兼而有之。例如，基于智能传感器的基础设施服务的行程时间可靠性也可以用来衡量其他服务的绩效和有效性；用于综合支付、网联汽车和自动驾驶汽车以及旅行信息的分析内容也很可能在交通运输绩效管理中得到应用。这是对每个服务的分析定义采取结构化、协调一致的方法而不是临时性方法的另一个原因。

表 6-1 用于智慧城市服务的拟议分析内容

服务项目	分析内容
资产和维护管理	资产绩效指数、资产维护标准符合度、最优干预点分析
网联汽车	每英里车道变更次数、相对于道路几何形状的转向角、每英里制动应用次数、行驶紊流指数、每次行程分钟数、行程时间可靠性指数、每次行程停车次数
参与市民联网	市民意识水平指数、市民满意度水平
综合电子支付	每位乘客的公共交通收入、公交交通运输座位利用率、每辆车每次行程的通行费收入、高级客户识别指数、每个停车位的停车收入、支付系统实现的收入与预测和目标市场的比较
基于传感器的智能基础设施	数据质量指数、交通运输条件指数、行程时间变动指数
低成本、高效率、安全和可快速恢复的信息和通信技术	网络负载与容量的比较指数、网络延迟、数据传输成本、网络安全指数
智能电网、道路电气化和电动汽车	电动汽车每英里充电站点数、人均电动汽车充电站点数、电动汽车在车队车辆总数中所占百分比、电动汽车每天行驶里程、每次行程电动汽车的行驶里程、电动汽车续驶里程
智慧土地利用	不同土地用途的观测出行率、区域间的观测实际行程、土地价值交通运输指数、区域可达性指数
战略性商业模式和伙伴关系	私营部门投资的百分比、伙伴关系的数量、私营部门1美元投资在服务提供方面的改进
交通运输治理	每花费1美元的交通运输效率、供求匹配指数、交通运输机构协调指数、伙伴关系成本节约指数、与所提供服务相比的数据存储和操作成本
交通运输管理	流动性指数、全市工作可达性指数、全市交通运输效率指数、可靠性指数、包含换乘指数的端到端时间
旅行信息	游客满意度指数、决策质量信息指数、旅客行为变化指数
城市分析	在用分析项目数量、分析管理的服务价值、通过分析获得更高效率而节省的资金
城市自动化	全城车队中自动驾驶汽车的百分比、城市机构和私人车队中在用的自动驾驶汽车的百分比、自动驾驶汽车完成配送的比例、自动公交系统运载乘客的比例
城市配送与物流	城市配送平均成本、端到端交货平均时间、货运和物流用户满意度指数、货运管理满意度指数
以用户为中心的出行	全市流动性指数、用户满意度指数、交通服务提供可靠性指数

(1)资产和维护管理

将分析学应用于与智慧城市交通服务相关的资产和维护管理,具有提高服务效率的潜力。反过来,这也将提高由资产和维护管理所支持的其他服务的效益和效率。

平均无故障工作时间是智能交通系统设备运行性能的一个常用参数,提供了对资产性能的单个方面和单个数据元素的度量。除了平均无故障工作时间外,分析学方法还将考虑多种因素(例如相对于性能的成本指标、维护成本和总体设计寿命),从而对资产绩效产生更广泛的看法。该指标将考虑部分故障和全部故障,用于查明性能不佳的设备,并用作对总体维护和更换策略的输入;智慧城市还将为重要资产确定并商定性能目标和维护标准。可以识别分析内容,以将实际维护标准与已执行的标准进行比较,并生成一个指标,该指标将每个设备的总维护成本与设备输出的价值进行比较。这一方法可扩展到智慧城市内的所有资产,包括设备、电信资产、车辆资产和与智慧城市实施所确定的 16 项交通运输服务相关的所有其他资产。识别资产性能和资产维护支出的趋势和模式的能力将成为智慧城市的一个有力因素,因为它能够确保资源得到有效利用,并实现物有所值。预计生命周期分析还将显示,最便宜的资产(低初始资本投资)在资产生命周期内可能不具有最高的性价比。

(2)网联汽车

预计所连接的车辆将在一个大数据集中提供更丰富的数据流,其特征是体量大和速度快(对于数据而言,而不是车辆)。这将允许分析方法的区别使用,从而在不同数据元素之间进行比较。例如,以使用为基础的保险专业人员将对测量车辆在每英里内改变车道的次数非常感兴趣。这个参数与相对于道路几何形状的转向角相结合,可以对驾驶员的行为及由此产生的风险提供一些有价值的见解。每英里使用制动和加速踏板的次数将构成行驶紊流指数的基础,该指数会成为碰撞预测的基础,当然也提供了关于交通信号定时的有效性以及穿越城市的每个行程所用分钟数的有价值的信息。通过使用行程时间和行程时间可靠性指数,每次行程的可靠性或可变性将为交通运输整体性能提供有价值的输入。

(3)联网参与市民

联网参与市民的见解反映与该市民进行双向对话的能力。一方面,众包、动态分析和社交媒体数据可以从市民那里取得。另一方面,可以将服务和信息推送给市民，以提高智慧城市的生活水平，并提供智慧城市交通服务用户手册的类似物。这一点将随着 MaaS 概念的实施变得十分重要，届时市民会面临跨越多种模式以及来自公共和私营部门的一系列出行服务选择。

这种双向对话将通过无线和有线通信网络来实现，这些网络将市民连接到后台，并最终连接到将各种设备、应用终端以及网联汽车连接到单一网络的物联网（IoT）。

对话将支持使用市民意识分析，以持续衡量市民对服务的看法和对现有服务的认识。这些服务可以包括行程模式选择、路线和时间选择。市民满意度调查也可以在滚动的基础上进行，利用双向通信来确定市民对城市内和特定地点在任何特定时间内的交通服务质量的感受。例如，对于主要重建区的交通量维持情况的评价，双向通信的对话可能会特别有用。

（4）综合电子支付

在全市范围内，支持通行费支付、公交票支付、停车费支付以及政府服务费用支付的综合电子支付可以支持多种衡量支付系统效力和效率的财务分析。这些分析可能包括每名乘客的公交收入总额、公交座位利用率、每车每次行程的收费收入，以及对所有旅行方式的高级客户的识别。后者将通过电子支付系统和出发地与目的地数据的组合来实现，这将会揭示最有价值的路线和客户。

其他分析内容可以用来确定与预测和目标市场规模相比的全市支付系统总收入。由于有关交通运输供应和需求的数据量很大，这一服务可能至少还将支持交通运输绩效管理和旅行信息的分析内容。

（5）基于传感器的智能基础设施

基于传感器的智能基础设施将允许对同一数据元素进行多次读数，并实现所谓的正交传感。这样，才能支持数据质量指数的定义，提供所收集数据在准确性和完整性方面应有的质量。交通条件指标也可以从基于传感器的基础设施的数据中创建，这些指标能够显示智慧城市内所提供的交通服务的数量和质量的起伏，可以由时间和行程时间变动性指标来补充。传感器数据还可以与来自动态分析以及网联汽车和自动驾驶汽车的探测数据相结合，以便进行混合分析。

（6）低成本、高效率、安全和可快速恢复的信息和通信技术

假设低成本、高效率、安全和可快速恢复的 ICT 还包括测量每个数据链

路的规模和使用情况的管理功能,那么可以创建分析指标来将总网络容量和给定时间的每个链路上的负载进行比较。为了衡量性能,并获得对信息和通信技术交付的见解和理解,还可以确定整个网络和单个链路上的网络延迟以及数据传输成本和网络安全指数,这将支持网络管理技术在交通通信网络中的应用。值得注意的是,这类技术很可能在未来智慧城市的交通服务中得到应用。用于计算机和能源网络的网络管理器的概念早已确立,数据和分析的可用性应能识别和支持未来智慧城市的"交通运输网络管理器"角色。在大数据分析的帮助下,目前可以在网络和全市范围内对交通服务进行管理。

(7)智能电网、道路电气化和电动汽车

智能电网、道路电气化和电动汽车服务涉及将电力作为智慧城市车辆的一种能源。可用于描述该服务的分析内容包括与电动汽车充电站点的可用性相关的分析项目和与电动汽车性能相关的分析项目。例如,确定每英里电动汽车充电站点数量的分析可以用来定义智慧城市电动汽车运营的可行性。另一个分析指标——人均电动汽车充电站点数量,也可以用来定义在智慧城市普及电动汽车取得的进展。电动汽车的数量占车队车辆总数的百分比、电动汽车日均行驶里程、电动汽车每次行程的行驶里程和电动汽车续驶里程也可用作分析指标,以确定电动汽车的性能。整个电动汽车系统的一个总体分析指标将是与服务所提供的流动性相比,整个城市所有车辆的耗能量。

(8)智慧土地利用

人们一直认为,城市各区域的土地利用与交通需求之间存在着极为密切的关系。这种关系目前是通过使用数学仿真建模技术来确定的。城市分析的应用将使我们能够利用有关智慧城市交通需求和交通用户行为的观测数据。不同土地用途的观测出行率也可以通过国家探测数据和基于基础设施的传感器的数据来确定,从而使我们能够对智慧城市内每个区域所产生的需求进行高精确度的描述。为了超越出行规模的定义并提供更多的旅行者为何旅行的信息,也可以将区域间观察到的实际行程与零售交易数据相结合。这些分析项目可以合并成一个单一的土地价值交通运输指数,用以描述区域内相对于该区的流动性和可达性的土地价值变化。该指数还可以支持针对各种旅行目的(如工作、教育和休闲)的区域可达性指数的定义。

(9)战略性商业模式和伙伴关系

战略性商业模式和伙伴关系是指在智慧城市提供的一套间接服务。这些服务可被视为促成性服务，它们对直接提供交通运输的服务提供支持。商业模式和合作伙伴关系可以通过分析来表征，该分析项目显示私营部门投资占智慧城市总投资的比例。另一个分析项目确定伙伴关系的数量以及私营部门每投资一美元促使服务改进，也可以说明伙伴关系的效率。这个服务项目是智慧城市的一个重要方面，虽然它没有直接提供智慧城市交通服务，但却可能对智慧城市的效率和效益产生重大影响。收费公路的公私伙伴关系也表明，私营部门的有效参与可以加快项目和技术的部署。这种伙伴关系可能涉及建立智慧城市交通服务所需的工作以及提供这些服务所需的资源。

（10）交通运输治理

交通运输治理的效率和有效性可以通过一些不同的分析项目来反映。例如，可以使用一个分析指标来确定每花费一美元的交通运输效率，以显示投资与交通运输效率改善之间的关系。另一个衡量交通运输治理有效性的方式是显示供需如何密切匹配。这可以用供需匹配指数来表示，该指数显示了智慧城市在任何特定时间内的交通供需之间的差异。交通运输治理还应包括对提供城市交通运输的各机构之间的活动进行协调的职责。这方面的考察通过交通运输机构协调指数来解决，该指数确定了各机构之间协调计划和活动的有效性。关于公私伙伴关系，可以使用伙伴关系成本节约指数来显示公私伙伴关系的财政优势。关于大数据，可以将数据存储和操作的成本与分析中提供的服务进行比较，该分析可以衡量整个城市在使用大数据方面的协作效率。因为所涉及的技术和服务能够在共享和协调的环境中得到最佳利用，所以这是智慧城市在交通服务提供方面取得成功的另一个关键方面。从历史来看，交通运输是由一些高度集中的机构经营的，这些机构从专业化中获得很高的效率。如果智慧城市要以最有效的方式提供交通服务，就必须在这一专门领域中增加协调和合作关系。这可能需要对治理和管理安排进行重新组织和定义，以适应新的挑战。现有的交通运输机构也需要一定程度的自治来执行政策和程序，而不涉及其他组织。这就需要有一种办法对自治和协调进行平衡。

（11）交通运输管理

可以预见，交通运输管理将在智慧城市内提供的所有交通运输服务中以多种方式进行。这就需要使用分析学方法来表征所有服务项目的效益和效率。这类分析指标可以是一个流动性指数，该指标除了衡量整个智慧城市的整体流动性外，还可以衡量智慧城市内进、出每个区域的实际流动性。一个全市范围的工作可达性指标分析也可以用来描述与工作往返有关的便利或困难程度。为了全面描述智慧城市的交通运输管理效率，这些分析项目可以与交通运输效率指数、旅行时间可靠性指数和总行程时间指数结合在一起使用。在最高一级可以定义分析方法，将公共和私营部门的投资额与所取得的结果进行比较。这将包括 6.5 节讨论的科学投资规划的应用。

高效的交通运输管理还将把停车管理作为分析内容的一部分。分析学方法至少可以应用于收入管理、停车位利用率、用户对停车信息的满意度以及停车供应规划。

有效的交通运输管理必须解决交通运输治理下界定的相同挑战。目前，除了世界上几个最大的城市（例如首尔和伦敦）设立了单一的交通运输管理局外，大多数城市都是由各种自主交通运输机构来提供服务的。由于智慧城市面临把智能能源、智能居住和工作场所等其他服务与交通相结合的额外挑战，所以可能需要重新审视智慧城市内部的交通运输管理模式。

（12）旅行信息

智慧城市内的旅行信息服务将涉及向市民和游客提供旅行信息的质量。旅行者满意度指数可以用来衡量市民和游客对旅行信息服务质量的看法。决策质量信息指数也可以从智慧城市服务的变化和有效利用方面来描述旅行信息的有效性。这种复杂的决策质量信息传递可以被看作是智慧城市交通运输网络的用户手册，或者被看作是影响用户行为并使系统使用更有效的一种软形式的交通运输管理。

（13）城市分析

城市分析用于表征由智慧城市收集的大数据集所获得的趋势、模式和见解。然而，这并不意味着我们不应将分析学方法应用于绩效分析上。用于表征城市分析效能的适当分析将是在用分析项目数、由分析学管理的服务价值以及通过分析获得的高效率而节省的资金。评估城市分析的总成本也可以与交付的价值和通过使用分析学所节省的资金进行比较。

根据以往的实施经验，对智慧城市的成本和收益进行定义，是智慧城市商业和金融领域一个非常重要的方面。识别先前成功的东西以及量化和估计可实现的价值，是智慧城市分析中进一步投资的关键。这一点将在第 11 章中更详细地予以讨论。

（14）城市自动化

城市自动化包括使用自动驾驶汽车进行公共交通、货运和私人旅行。将城市自动化应用于智慧城市的主要原因是在安全性、效率和增强用户体验方面会获得好处。因此，可以为每个类别确定分析项目。在安全性方面，与城市自动化投资相比，避免或减轻碰撞事故的次数将有助于了解安全性改善情况。定义另一种将碰撞事故的减少与相关安全系统的投资进行比较的分析方法，也将有助于了解此类投资的效果。

在效率方面，全面改善行程时间和行程时间可靠性，包括等待时间和模式转变时间，将有助于提供对效率改善的见解。增强用户体验可以通过使用智能手机应用程序或自动驾驶汽车内的车载装置支持的用户感知指数来表示。反映城市在实现完全自动化方面所取得进展的其他分析项目可包括整个城市车队中自动驾驶汽车的百分比、各城市机构和私人车队使用的自动驾驶汽车的百分比、自动驾驶汽车配送的比例以及自动驾驶公交车辆运载乘客的比例。所有这些都将考虑投入到服务中的资源以及随着时间、空间和城市质量水平变化的服务可用性。

（15）城市配送与物流

用于表征城市配送和物流的分析方法将涉及配送的成本、时间和可靠性。例如，将城市配送的平均成本与交货数量相比较的分析方法有助于说明与自动化配送有关的效率增益。另一种考虑交付量的描述端到端交付的平均时间的分析方法，也将提供对效率提高的洞察力。用户体验的改善可以通过货运和物流用户满意度指数和货运管理满意度指数来表示，分别衡量了最终用户和货运经营者的满意程度。这类分析方法很可能与描述整个城市的行程时间及其可靠性的交通运输管理分析密切相关，并与之结合使用。最终，这可能会支持对未能按时交付而提供退款担保的一种更为复杂的方法，甚至可以扩展到解决流动性和公交服务问题。

（16）以用户为中心的出行

以用户为中心的出行服务将利用先前为其他15项服务定义的许多分析项目。这将包括用于衡量服务所造成的流动性增加的全市流动性指数、用户对流动性服务的满意度指数以及智慧城市内交通服务的可靠性指数。

对以用户为中心的出行服务的最终分析项目将对所提供的流动性水平与服务人口的比例以及在资本和运营方面投入的资源加以比较。

6.7 智慧城市的分析学绩效管理

正如 6.5 节所讨论的那样，分析学的用途将超出报告的范围，从而为智慧城市管理人员提供从交通运输的角度影响城市效能的能力，这可被视为现有绩效管理和交通运输方法的延伸。分析学的使用不仅增加了一个额外的维度，还加强了考虑整个绩效管理过程（不仅仅是衡量）的需要。分析学的重点是将数据转换为信息，并利用信息创建可操作的策略和见解。分析学的应用为智慧城市大数据分析过程提供了一个额外的层面。分析方法不同于通常用于交通运输服务评价的 KPI 或绩效度量指标。

在绩效管理领域，术语 KPI 用来描述为衡量绩效而收集的参数或数据。如前所述，这是分析指标和关键绩效指标之间的区别。表 6-2[2] 显示了一份欧洲报告中的 KPI 清单，该报告旨在为将先进技术应用于交通运输的合作框架提供投入。应该指出的是，欧洲在分析驱动交通运输绩效管理方面的经验要略领先于美国。

请注意，7 个 KPI 中的每个指标都专注于交通运输数据的一个方面。相比之下，一项分析通常会使用多个数据项并创建它们之间的关系。例如，KPI N1 的等值分析将高峰时段旅行时间数据的变化与通道沿线智能交通系统投资的额外数据结合起来以提供投资有效性的特征，分析项目可能是投资于通道沿线智能交通系统的每 1 美元所带来的高峰期行程时间的百分比变化。请注意，表 6-2 同时包含长清单 KPI 和短清单 KPI。KPI 的长清单是对欧盟成员国的交通运输利益相关者和行业专家进行一系列访谈的结果；短清单是对这些 KPI 的修正版本，考虑了利益相关者在专题研讨会期间所提供的信息。

事实上，KPI 这个名称提供了对其用途的理解。缩写中的最后一个字母表示这些参数旨在指示性能，而不是提供对趋势、模式和关系的洞察。虽然分析项目不能替代 KPI 或绩效度量，但它们是我们可用于交通和智慧城市绩效管理工具的重要补充。

表 6-2 KPI 清单

KPI 编码	长清单 KPI	短清单 KPI
N1	高峰期旅行时间变化以及沿线主要站点之间的客流量（所有车辆）	沿线已实施 ITS 的地方高峰期旅行时间变化百分比。可能的话，按车型报告

(续)

KPI 编码	长清单 KPI	短清单 KPI
N2	高峰期沿线主要站点之间的客流量（所有车辆）	沿线已实施 ITS 的地方高峰期交通量变化百分比。可能的话，按车型报告
N4	使用沿线主要站点之间的旅行时间标准偏差所计量的旅行时间变动性（所有车辆）	沿线已实施 ITS 的地方旅行时间变动性的变化百分比。按照变动系数度量。可能的话，按车型报告
N9	模式转换（在私人汽车与公共交通工具之间的转换）	已实施 ITS 的交通运输通道的模式共享变化百分比。可能的话，按每种模式单独报告模式份额百分比
S1	每车千米的全部报告事故数变化 事故严重程度的变化（即每起报告事故的死亡人数或重伤人数）	沿线已实施 ITS 的地方报告事故数的变化百分比。可能的话，按事故严重程度（即死亡、重伤、轻伤）报告
E1	每车千米 CO_2 排放变化	已实施 ITS 的线路上的 CO_2 年排放（吨）的变化百分比
L9	自动启动 eCall 的次数	从启动公共（112）eCall 开始，到在公共安全应答站点的接线服务台以可理解的方式展示 MSD 内容所需的时间

6.8 分析学和数据湖如何密切配合？

分析内容倾向于展示不同数据元素之间的关系，可能会从更完整的数据集中揭示更多的洞察力。在这方面，分析学和数据湖是合二为一的。数据湖是一个丰富的数据集，它将智慧城市的所有交通方式和交通服务中的数据汇集到一起。因此，数据湖为分析项目的应用提供了素材。智慧城市交通数据湖将超越传统的交通数据库，包括可以被视为非传统的数据元素，即存储在分散位置的数据。例如，有关拟议投资计划和工作方案的数据将与其他数据项（如能源需求和零售交易）一起在数据湖中进行组合。一个成熟的、多源的数据湖不会在一夜之间创建成功，而是随着其他数据的加入，逐渐从支持几个重要的主要应用案例发展到具有更广泛的功能，并使数据湖的容量不断扩展。数据湖的重要元素之一是能够将整个组织和整个企业的数据汇集在一起，并创建一个企业范围的数据视图。在许多交通运输机构，数据是以筒仓收集的，甚至可以存储起来供个别工作人员使用。这种碎片化的独立的数据存储使得很难从分析中获得最佳的性价比。幸运的是，可以创建一个虚拟数据湖，其中数据驻留在它原来的位置，但被编入索引并可供中央存储库访问。第 9 章将详细介绍这一主题。

6.9 如何确定与分析学相关的数据需求

关于分析学的使用方面，必须解决鸡和鸡蛋的问题。是谁先出现的？是数据还是分析学？答案通常是，分析学将根据已确定的需求首先创建。然而，如果没有所需的数据，就不可能进行分析。因此，在实践中，将对数据分析的初步清单进行过滤，以确保早期分析具备所需的数据。同样，目标与应用案例相关联，应用案例与分析相关联。最好的方法是选择一个或两个应用案例，为最终用户提供明确和即时的价值，并为其提供任何必要的数据。最初进行的分析应该通过使用可操作的见解为用户提供价值。初步分析的结果也应该为时间和资金的进一步投入提供商业依据。在最初的分析过程中，也可能会发现利用更好的数据来改进结果的方法。这为结构化数据采集和使用计划的开发奠定了基础。

6.10 小结

本章从交通运输的角度探讨了分析学的本质和特点；给出了分析学一词的正式定义，并将其在交通和智慧城市中的应用进行了解释。此外，本章还讨论了报告、分析学和 KPI 之间的区别，说明了三者都是为智慧城市的建设而共同努力，而分析学则揭示了对趋势和模式的详细见解，并为获取能够影响智慧城市交通服务绩效的可操作性见解奠定了基础。此外，本章还讨论了在解锁大数据的价值过程中分析学的价值。随着大数据的容量和多样性的增长以及以更快的数据收集速度，作为管理海量数据并将其转化为有意义的信息和洞察力的一种手段的分析学的价值在不断增长。本章还讨论了从数据到信息再到可操作的见解的进展过程。为了说明分析学与智慧城市交通的相关性，对前一章中定义的智慧城市服务进行了具体的分析，分 16 个小标题对可用来描述服务提供绩效的分析项目进行了说明。

这些分析项目可以作为开发一套专门为智慧城市定制的交通数据分析的起点。本章还讨论了分析方法在智慧城市交通绩效管理中的应用，包括一个欧洲项目的 KPI 与分析项目的直接比较，这是为了强调关键绩效指标和分析项目之间的区别。本章介绍了分析学和数据链路是如何结合在一起的，从而说明了两者之间的共生关系。本章还讨论了用于智慧城市交通运输的数据湖的演变过程，介绍了早期分析工作的概念以及精心挑选的应用案例，从而引导人们去探讨数据湖的商业合理性和功能的进一步强化。

本章最后介绍了分析所需数据的识别，包括导致进一步修订和额外数据收集的早期分析工作的概念。分析系统有权向智慧城市管理者和从事交通服务提供的各个方面的专业人员提供信息。要做到这一点，就必须在数据科学和交通运输之间架起一座桥梁。在这两个重要的学科领域之间的中间角色将是重要的和有价值的。

参 考 文 献

[1] *Oxford English Dictionary*, http://www.oed.com/, retrieved October 16, 2016.

[2] Study on Key Performance Indicators for Intelligent Transport Systems, Final Report, February 2015, AECOM LTD: http://ec.europa.eu/transport/sites/transport/files/themes/its/studies/doc/its-kpi-final_report_v7_4.pdf, retrieved Sunday, October 16, 2016.

第 7 章　分析学在交通运输中的实际应用

7.1　知识目标

1. 什么是智慧城市项目的良好起点？
2. 什么是综合支付系统、MaaS、交通管理、公交管理和绩效管理？
3. 如何将分析学应用于综合支付系统、一站式出行服务 (MaaS)、交通管理、公交管理和绩效管理？
4. 哪些分析项目应用于综合支付、流动服务、交通管理、公交管理和绩效管理？
5. 综合支付、MaaS、交通管理、公交管理和绩效管理能够支持哪些服务？
6. 应如何应用分析学？

7.2　词频云图

本章词频云图如图 7-1 所示，使本章内容的分析一目了然。

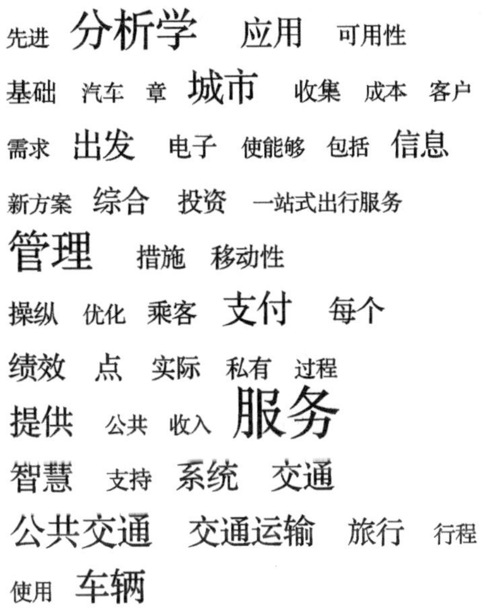

先进 **分析学** 应用 可用性
基础 汽车 章 城市 收集 成本 客户 数据 提供
需求 出发 电子 使能够 包括 信息
新方案 综合 投资 一站式出行服务
管理 措施 移动性
操纵 优化 乘客 支付 每个
绩效 点 实际 私有 过程
提供 公共 收入 **服务**
智慧 支持 系统 交通
公共交通 交通运输 旅行 行程
使用 车辆

图 7-1 第 7 章词频云图

7.3 导语

  本章解释了第 6 章中所定义的分析学的应用。目前，美国城市使用分析学的例子寥寥无几，因此，所展示的例子数量有限。然而从智慧城市交通运输角度看，这样的例子却为分析学的实际应用提供了相当多的见解。目标是在第 6 章的基础上，解释如何在交通运输环境中应用分析学。为了对分析学在交通运输中的实际应用进行最好的解释，使用一系列的案例似乎更加合理。

  很明显，在最近有关智慧城市的工作中，智慧城市进场规则的一个重要因素在于选择出发点。在这种情况下，出发点被定义为拟议的智慧城市新方案的起点。如果我们假设智慧城市新方案包括当前的情况、实施计划和最终的智慧城市部署，那么它可以被认为是一个旅程，包括一个出发点、一系列在途活动和一个目的地。

  假设我们都能就智慧城市的定义达成一致，那么所有城市可能都会有一个类似的目的地。然而，取决于城市内的当前现状和早期对先进技术的投资，出发点和在途活动将有很大的差异。因此，本章有机会同时讨论两个目标。最初的目标仍然是主要的目标，是解释分析学在交通运输环境中的实际应用。第二个目标是解释出发点的选择，并利用这些作为分析学应用实例。下面列出了五个出发点，作为分析学实际应用的示例有综合支付系统、MaaS、交通管理、公交管理及绩效管理。

这些出发点是从第 5 章介绍和定义的服务中选择的。如第 5 章所述，定义智慧城市新方案最有力的方法是利用服务为市民、游客和交通组织提供价值和利益。为了一致性，已确定了一系列服务作为智慧城市新方案的起点或出发点，从而能够说明分析学的实际应用。

在 7.4～7.18 节中将讨论这些出发点，每一节将解释出发点的主要内容，以及为什么它将成为智慧城市新方案的良好出发点。这些解释比第 5 章提供的说明更深入，其中介绍了智慧城市的服务概念。表 7-1～表 7-5 列出了一些可用于衡量出发点有效性的候选分析内容，以及关于分析学的实际应用的一些说明。

7.4 什么是综合支付系统？

智慧城市的综合支付系统将包括以下要素：通行费电子收费、公交电子票务和停车电子收费。

一个综合支付系统将三者结合起来，使旅行者能够使用一个账户来支付所有三项服务的费用。虽然将使用单一账户，但游客可以使用一系列特定支付工具中的一种，如电子收费转发器、用于公交票务或收取停车费的智能卡或智能电话。通行费、购票费和停车费的单一账户将由一个能够支持交易处理、客户服务和分析的综合后台管理。

综合后台功能可以通过部署单一系统或通过不同的电子收费、公交电子票务和停车系统电子收费之间的传递性来实现。虽然单一的集成系统可能提供更多的好处，但通过开发现有的单用途系统之间的中间设备和接口可能实现已有系统中早期投资的最佳利用。

7.5 为什么综合支付会成为智慧城市的良好起点?

世界上许多城市都对各种形式的电子支付系统进行了大量投资,其范围包括通行费电子收费、电子公交票务及停车电子收费。电子支付系统的这种早期投资的遗留,是它成为智慧城市良好起点的原因之一。这种遗留不仅仅是投入的资金,还包括在电子支付系统投资过程中所积累的智慧和经验。

从综合支付系统开始的另一个原因是显而易见的——它可以产生收入。电子支付系统提供了按现收现付的方式来支付交通服务费用的机制。这为通过税收为交通运输服务共同资金提供了一种替代办法。这一机制还为私营部门参与项目开发和服务提供了途径。支付能力为私营部门提供了一种投资回报机制,以换取建立服务所需的资本和运营资源。私营部门极有可能在盈利和有支付机制的地方寻找机会。这可能是交通信号系统从未真正私有化的原因之一,当然美国并非如此。

开始在智慧城市新方案范围内建立综合支付系统的第三个(或许不那么明显)原因是,支持支付所需的网络连通性也可以构成联网市民和联网游客服务的基础。通信渠道——用于实现电子支付并使服务支付快捷方便的后台和智能应用程序——也有可能支持后台和旅行者之间的双向信息交换。综合支付系统还会以类似的方式支持智慧城市所需的绩效管理数据收集的许多方面。通过提供关于交通运输需求和交通运输网络当前或普遍状况的数据,从而知道交易何时何地发生以及交易价值多少,这种能力是绩效管理系统的基础。

在智慧城市的绩效管理方面,综合支付系统还可以使用征收拥堵费、可变通行费收费和可变停车费来管理交通需求。例如,第5章中讨论的伦敦拥堵费解释了如何使用强制性的拥堵费来管理伦敦市中心的私人汽车使用需求。在美国,虽然对这一概念进行了研究,但重点是提供额外的服务质量水平,以此作为缴费的回报,而不是强制收费。这包括对快车道实施不同的收费标准,以达到预定的服务水平。在美国,有许多关于使用快车道动态收费的例子[1]。类似的技术可以用于实施可变停车费,以调节智慧城市内的停车需求。也有可能将同样的技术应用于公交车票收费,尽管对公共交通采用可变定价可能存在体制和政治上的障碍。

7.6 综合支付系统分析及其实际应用

表 7-1 是一个可用于综合支付系统的分析样本，其内容适用于通行费电子收费和公交电子票务。

表 7-1 综合支付的备选分析内容

备选分析内容	应用说明
活跃账户占总账户的比例	这将使非活跃账户得到突出显示，采取行动鼓励客户变为活跃账户，或取消账户，从而降低成本和增加收入
管理每个账户的成本	这样就可以确定管理每个账户的成本，并成为降低成本的基础
每个支付渠道支持的交易比例	提供所使用的不同支付渠道的均衡状况，以便在必要时优化支付渠道的容量和重新定价
每个支付渠道的每笔交易成本	支持通过支付渠道的每笔交易的成本评估，从而为营销和推广每个渠道提供指导
收入损失占强制执行支出总额的比例	衡量相对于其他综合支付系统的强制执行过程的相对效率，从而为提高强制执行过程的效率奠定基础
收入和欺诈控制支出占收入的比例	用于将强制执行消耗的总资源与综合支付系统的总收入进行比较，为强制执行过程的效率和效力提供一个尺度
减少欺诈或漏损占收入和欺诈控制支出的比例	这会将欺诈控制和强制执行的支出总额与减少欺诈和违规行为的效果联系起来
每个客户的收入	提供客户群规模的指示，并评估收入是来自少数客户还是来自大量客户
每份报表成本	对计费系统的效率进行评估
顾客满意度指数	这将成为改善客户拓展、沟通和服务质量水平的基础
出发地—目的地对的最大量匹配	这项分析和其他出行模式分析可以使产能与需求得到仔细匹配
优质客户的位置	了解优质客户的位置，将使服务的改善集中在那些提供最高价值和停车费的客户身上

7.7 什么是 MaaS？

MaaS 是一个相对较新的概念，在智慧城市方法的范围内，它一直是讨论较多的主题。它认识到 Uber 和 Lyft 的出现以及它们为客户提供私人运营的出行服务的能力。可以说，这类公司已经成功地应对了共乘的挑战，而共乘已经成为公共部门大量投资和规划的主题。这些私人服务的出现也可能改变用户对于提供交通运输服务的业务模式的看法。例如，旅行者可能会决定不购买私人车辆，而以 Uber 和 Lyft 替代。这引入了 MaaS 的概念，在这个概念的支持下，旅行者将获得按需付费的交通运输服务。服务的付款可以与使用有关，也可以按固定月费提供。这为旅行者提供了每月支付费用的选择，而不是将钱投资于购买个人车辆上。MaaS 的整个概念仍在发展，但可能包括以下要素：

1) Uber 和 Lyft 式按需用车服务：按需提供的私人车辆交通运输服务建立在共乘的基础上。Uber 和 Lyft 都是使用先进的技术平台，将可用的驾驶员和车辆与需要交通运输的服务相匹配[2,3]。

2) 需求驱动公交服务：这些服务通常由公共部门运营，并涉及技术的运用，从而使公交乘客能够按需呼叫服务。

3) 固定路线公交服务：这些服务通常也由公共部门运营，涉及的公交车辆沿预定路线并按照固定时间表运行。

4) 灵活路线公交服务：这些服务是需求驱动服务和固定路线服务的混合体。在这种情况下，某一区域内营运的公交车辆可根据交通需求改道。

5) 辅助公交服务：这是为不能使用上述任何一种服务的人设计的一种特殊的需求驱动交通运输形式。用户应事先注册使用该服务，然后才能提前预订服务。这类服务通常应至少提前一天预订。

将来，这些服务还可包括使用自动驾驶汽车组成的车队。

包括上述要素的服务组合将通过网络和智能手机应用提供给旅行者。将提供关于每个服务选项的可用性、估计的旅行时间、可靠性和成本的信息，使得旅行者能够根据情况选择最适当的选项。公共和私人服务业务之间也可能有密切合作。例如，目前在佛罗里达州中部，有几个城市已与 Uber 密切合作。当正常工作时间结束时，城市资助和运营的辅助公交服务停运，此时就可能让辅助公交用户改用 Uber 服务。该城市为 Uber 车费提供补贴。

7.8　为什么 MaaS 是智慧城市的良好起点？

MaaS 囊括了改善智慧城市内交通服务提供的巨大潜力。在过去几年中，以 Uber 和 Lyft 的形式出现了重要的私人融资和运营的交通运输服务替代方案。这些服务覆盖在公共资助的公共交通服务上，为旅行者提供了一种可供选择的组合。这一组合的发展和推广有可能影响旅行者远离私人车辆，并可能最终影响旅行者是购买车辆还是仅仅购买一站式出行服务的决定。

获得交通服务和支付的便捷方式对旅客决策有着重要的影响。与公共交通相比，世界上大多数城市都在与拥堵和私人汽车交通需求过剩做斗争，MaaS 可以被视为解决这一问题的办法之一。城市也在与缺乏可用土地和停车所需的土地数量不足做斗争。实际上，在私人汽车上有一笔可观的投资，而这些车辆在任何时候都是停在停车场里，没有任何价值回报。由于 MaaS 在智慧城市内随时间和空间的变化而波动，所以其为灵活和动态的供求匹配提供了可能性。

7.9 MaaS 分析及其实际应用

MaaS 是向旅行者提供的公共和私人交通服务的组合。MaaS 的一些备选分析项目见表 7-2，并提供了有关分析项目实际应用的说明。

表 7-2 MaaS 的备选分析

备选分析项目	应用说明
可用服务数量	可用服务数量可作为衡量交通运输服务选择的标准；可作为增加或补充服务的基础
送达的目的地	送达的目的地是旅行者可用选择的另一个方面。它可以与交通运输需求相匹配，以确保提供流动性
每项服务的总成本	每项服务的绝对费用，以便对不同服务项目进行比较和对不同地区之间的旅行费用进行比较
每项服务的费用占家庭总收入的比例	能够衡量每项服务的可负担性，并可按行程和区域进行对比
所有服务的总体可靠性	表明所提供服务的质量，并可形成战略基础，以便通过在增加车辆或采用先进的资产管理技术方面进行投资来改善可靠性
每项服务的可靠性	关注单项服务的可靠性，以表明每项服务令人满意的程度
服务的可用性	可用性可以通过常规可用性和导致每个服务可用性降低的事件来衡量
所有服务的总体可用性	衡量服务组合的总体可用性水平，从而为区域或旅行者提供服务水平的度量

7.10 什么是交通管理？

交通管理要素将包括高速公路、主干道和城市街道的管理。通常情况下，这些元素是独立管理的，但我们假设在智慧城市中将对它们进行协调管理。高速公路管理包括使用基础设施和探测车辆进行数据收集、使用车载系统和路边动态信息标志与驾驶员沟通，以及分散事故清除和恢复资源的调度。在大多数情况下，还要用闭路电视摄像头来了解事件的性质，为选择要调度的资源提供输入信息。

交通管理还将包括与紧急救援部门的协调。主干道交通管理涉及使用先进的交通信号控制来管理交叉路口的交通。传感器用于测量交通量，复杂的软件程序用于调整信号定时，以适应交通需求的变化，并确保相邻交叉路口之间的协调。同样的方法和技术也适用于城市地面街道，在这些街道上，交叉路口的组合通常更加紧密，而在许多情况下，在交叉路口处的道路模式构成了一个具有多种交通流的网格结构，这与类似走廊的主干道形成了对比。

对于与先进交通管理相关的这三个要素，目标是通过确保高速公路、主干道和地面街道的平稳运行，将拥堵和延误程度降到最低。道路运行可以被认为是在经常性和非经常性的拥堵状况下进行的。非经常性的拥堵是与事故、道路工程或特殊事件相关的拥堵；经常性的拥堵与典型的每日通勤模式有关，通常是由一天中某些时候的交通需求过量造成的。交通管理提出了一个借助分析学能够有效解决的地理和时间的挑战。

7.11 为什么交通管理会成为智慧城市的良好起点？

交通管理是智慧城市一个很好的出发点，这不仅是因为大部分城市地区对交通管理系统给予了大量的早期投资，还因为交通管理系统对城市街道的顺利运行有着很大影响。交通管理可被视为先进技术在交通运输方面的最初应用之一，电信号系统的实施可追溯到 20 世纪 30 年代，而在欧洲更早。交通管理系统也是对旅客有直接影响的先进技术的最明显的应用之一。

为改善交通状况和服务提供的质量，正在进行投资建设一种非常清晰的指示牌，在这种指示牌上，交通管理基础设施、动态信息标志和交通信号极为清晰。交通管理系统还受益于多年实施过程中积累的大量专业知识和经验。

在交通运营和交通工程领域，有许多专家可以将交通管理作为智慧城市新方案的一个必要早期要素来支持。交通管理对于智慧城市来说是一个很好的出发点的另一个重要原因在于旅行者的可见度，其主要组成部分（包括动态信息标志、路边传感器和其他路边基础设施）对驾驶员来说是非常醒目的。交通管理中心为政客们提供了一个理想的拍照机会，这也没什么坏处。

7.12 交通管理分析及其实际应用

表 7-3 列出了交通管理可以提供的一系列服务，以及一些备选分析项目和如何在实际情况下应用分析项目的一些说明。

表 7-3 交通管理的备选分析

备选分析项目	应用说明
每辆车停车次数	这一分析将作为整体方法的一部分，以尽量减少车辆在路线上遇到停车的次数。这就需要在全网络的基础上使用优化软件和从网联汽车源获得关于每一辆车所遇到的交通状况的数据
每辆车的旅行时间	如上所述，这将是减少车辆旅行时间和减小旅行时间可变性的总体办法的一部分。这也需利用优化软件和网联汽车数据源
总的事故响应时间	总的事故响应时间将跨越从事故探测到验证，再到资源派遣，然后到事故清理的过程，并包括整个过程中的交通管理。根据对事故响应时间的研究，可以简化事故响应程序，也可考虑在地域基础上分配资源
经常性拥堵	一种对经常性拥堵（通常是由采用定期旅行模式的通勤者引起的）的详细分析，该研究将提出关于提高通行能力和更好地管理经常性拥堵状况的建议
每小时行人、自行车、公共汽车、货车及私人汽车通过路口的数量	该分析支持在多模式基础上优化每个交叉路口的性能。这将涉及对私人汽车、公交车、行人和自行车的交通信号的读取计时
行人、自行车、公共汽车、货车及私人汽车在交叉路口的延误	该分析支持在多模式基础上优化全市交通网络的性能。涉及针对私人汽车、公交车辆、行人和自行车的交通信号定时
每行程每辆车停车次数	允许使用网联汽车和优化软件来确定每辆车每次旅行的停车次数

(续)

备选分析项目	应用说明
每行程每辆车旅行时间的可变性	如上所述，此分析将解决每次旅行每辆车的旅行时间的可变性
信号定时设计用于优化各辆车通过交叉路口的轨迹	利用网联汽车数据，以瞬时车速和停车时间来理解单个车辆的行驶轨迹。信号定时将根据这些新信息进行优化，试图通过减少因停车引起的加速和减速来平滑交通流
借助网络为优化每辆车的轨迹而设计的协调信号计时	如上所述，以网络覆盖范围而不是单个交叉路口为基础

7.13 什么是公共交通管理？

公共交通管理涉及以下活动。

1）公共交通车队管理：利用先进的定位技术，在任何特定时间产生一个公交车队画面。这个画面通常捕获车辆的位置和车辆标识。

2）乘客信息：利用信息技术（如网络和智能手机）向乘客提供关于服务选项、服务可用性、服务可靠性的信息并支持服务支付。这些服务包括旅行规划的家庭服务和提供有关下一班公共汽车及路线选择的在途服务。

3）公交票务：对支付服务的支持可以来自基于智能卡的电子票务系统，也可以是最近使用的谷歌支付（Google Pay）或苹果支付（Apple Pay）的电子票务系统，谷歌支付和苹果支付这两种系统都利用了模拟主机卡（使用手机作为信用卡）和近场通信（使用手机与附近的支付设备进行通信）技术。请注意，在公交票务方面，此出发点与综合支付有所重叠。

7.14 为什么公共交通管理会成为智慧城市的良好起点？

对于智慧城市来说，公共交通管理是一个良好出发点的原因很简单：它可以直接影响使用公交的人数。在世界上的许多城市，公共交通出行量占总出行量的比例可能高达70%，但在美国的城市并非如此。在美国，公共交通的出行总量可以低至5%，也可以高达50%，这就有很大的空间来影响旅行者将公共交通作为一种出行方式。公共交通的效率是不容置疑的，据估计，一辆可容纳40人的公共汽车可以替代道路上的40辆私人汽车[4]。

另外，乘公共交通出行成本效益高，还能够节省空间和燃料。以最有效和最高效的车队管理为重点的公共交通管理，再加上提供给乘客的决策质量信息，对于提高智慧城市交通系统的市场份额具有巨大的潜力。公交车辆还可能是车辆自动驾驶以及改善车辆燃料消耗和排放的早期代表。

总的来说，公共交通管理是一个很好的出发点，因为大多数城市都有增加公共交通载客量的强烈需求。除了少数例外(华盛顿、纽约和波士顿等)，大多数美国城市尤其如此。世界上大多数城市的公共交通使用率都比美国高得多，但确保公共交通具有适当的使用率和适当的投资以及确保旅客意识到为他们提供的选择和机会仍然是很重要的。

7.15 公共交通管理分析及其实际应用

公共交通管理涉及将先进技术应用于公交车队管理、旅客信息提供和公交电子支付服务的支持。表7-4列出了可用于公共交通管理应用的备选分析内容以及如何在实际情况中使用这些分析的说明。

表7-4 公共交通管理的备选分析

备选分析项目	应用说明
每位乘客的旅行时间	利用动态分析方法，对公交网络上每一位旅客的出行时间进行测量和分析
每位乘客的旅行时间可变性	如前所述，关注每一位乘客的旅行时间可变性
公共汽车利用率	此分析可以包括每辆公共汽车的乘客数和公共汽车行驶的里程数，因此可以优化服务时间和支持服务
每辆公共汽车收入	此分析项利用综合支付系统的数据来确定每辆公共汽车的每位乘客的收入
乘客满意度指数	利用社交媒体对乘客满意度进行分析，可以制订一个指标来描述顾客对服务水平的感知

(续)

备选分析项目	应用说明
每位乘客的收入	利用综合支付系统和动态分析数据来确定每位旅客的收入,以优化服务和支付结构
每条路线的收入	使用综合支付系统数据和每条线路的服务以及支付结构优化的收入
预定计划数据与实际绩效数据的比较	计划变动分析是将计划绩效与实际绩效进行比较,作为系统可靠性的一种度量

7.16 什么是绩效管理?

绩效管理涉及对交通运输服务提供的各个方面的绩效参数的度量,根据这些度量来开发新见解和理解。整体目标是在详细了解工作原理及当前运行条件的基础上来改善交通运输服务。绩效管理的综合方法将处理交通运输交付过程的每一个阶段,即规划、设计、项目交付、运行和维护。

在交通运输交付过程的每一个阶段内,一个完整的绩效管理方法将包括数据收集、将数据转化为信息、开发洞察力和理解以及基于洞察力和理解的响应和反应策略的定义,如图7-2所示。

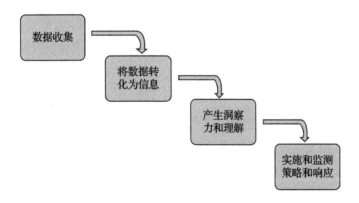

图7-2 用于交通的绩效管理过程

第一步,收集描述研究中的交通运输模式绩效的数据。第二步,通过对数据进行聚合和汇总，将收集到的数据转换为信息。第三步，根据前一步提供的信息开发洞察力和理解；这种洞察力和理解可以包括确定新的联系和机制。最后一步，实施基于上一步骤中所形成的洞察力和理解的策略，并使用数据收集和过程的其余部分来监测这些策略的有效性。

从历史上看，绩效管理是在特定模式的基础上进行的，即高速公路管理、交通信号、公共交通和货运分别处理的模式。随着智慧城市和走廊式组合通道方式的出现，人们对协调和整合跨模式和跨地域的绩效管理的必要性有了新的认识。在美国，当前的绩效管理主要集中在度量上，在管理链条中其他步骤上投入的资源很少。然而，除非整个环节得到解决，否则用于数据收集的资金不一定会带来收益。因此，至关重要的是将绩效度量所涉及的努力货币化，并确保它为企业（而不仅仅是个别部门）运作方式的改进带来可操作的策略。

7.17　为什么绩效管理会成为智慧城市的良好起点？

正如老一套的管理格言所说："如果你不能度量它，那么你就无法管理它。"绩效管理为智慧城市提供了一个良好的起点，因为它为交通服务提供商和城市管理者提供了衡量和管理交通服务的能力。现在，我们会在格言中添加一些东西："如果你不能度量它，你就无法管理它；如果你只是在度量它，你仍然没有管理它。"绩效管理的一个关键点是要有所作为，而仅仅收集数据和报告信息并没有起重要作用，除非你将其变为行动、策略应用和基于新见解的反应。

一个综合的智慧城市绩效管理方法可以实现这些目标，并提供洞察和理解的基础，从而以最具成本效益和效率的方式指导智慧城市交通服务的建立和运营。绩效管理作为智慧城市计划的出发点是非常重要的，一个关键原因是，绩效管理提供了构建投资业务案例的能力。这种投资包括早期投资和未来计划投资。绩效管理制度也为确保运行和服务提供得到优化奠定了基础，为此投入的每一美元显然都要受到高质量的管理。

7.18 绩效管理分析及其实际应用

表 7-5 列出了可由绩效管理支持的服务样本，还列出了可供使用的一系列分析项目以及关于这些分析项目的实际应用的一些说明。

表 7-5 用于绩效管理的备选分析

备选分析项目	应用说明
从家到健康、教育和有就业机会的地区出行的难易程度	使用动态分析（智能电话定位）和公交时间表数据来确定从住宅区到包含健康、教育和有就业机会的地区出行的难易程度
投资的有效性和投资与问题定位的匹配	利用动态分析和工作程序数据，通过比较投资前后的特点，并考虑投资定位与交通运输问题定位的匹配，来分析投资的有效性
优化全市交通系统，最大限度地减少事故	结合碰撞事故统计数据来描述目前的情况，然后制订一系列策略，从安全的角度优化全市交通运输服务提供
调整不同交通运输方式，使需要的传递性最大化	将重点放在不同模式的转移时间或可连接性上
按细分市场和一天中的时间进行价格分析。每位乘客的价格，每个始发地—目的地组合的价格对每位乘客和每次旅行的价值主张	运用动态分析和模式价格的数据对不同模式提供的价值主张进行比较

7.19 小结

本章提供了分析学在交通运输中的实际应用的一些信息。为了为分析学的应用提供背景，本章首先确定了智慧城市新方案的一系列出发点，然后从构成出发点倡议的要素和每个出发点可以提供的服务来进行解释。对于每个出发点，确定了一小部分备选分析内容，并就这些分析内容在提高交通运输服务质量水平方面的实际应用提出了一些建议。请注意，这些并不是唯一可能的出发点，并且也并没有打算将其变成目录，而是对如何将分析学应用于智慧城市环境交通运输的一个实际说明。

每一项智慧城市新方案都可能根据具体需要开发自己的一套分析方法。更有可能的是,对试点项目的早期分析和在业务案例合理性改进中概念验证的分析,将考虑到使用每一组分析产生的价值主张,以及是否有适当的数据来支持至少第一波的分析。这可能是一个反复的过程,从早期分析中吸取教训和实际经验,为改进数据采集和数据收集提供投入和建议,以供后续分析使用。本章旨在以第 6 章中的信息为基础,对如何在智慧城市新方案或背景下确定分析内容和如何将分析内容应用于交通服务提供一些实际的新见解。

还应指出的是,在早期分析工作中会发现一些分析方法。分析过程的本质是允许一定数量的发现,而数据和信息管理的最新途径是寻找让数据说话的方法。在数据湖中处理数据集组合的熟练的分析师,很可能会发现一些新的关系,这些关系将促使新的分析内容的确定。因此,可能会使用一系列预定的分析内容来支持最初的分析工作,这些分析内容将得到在分析工作期间发现的额外分析项目的补充。随着新的分析项目、新的联系和新的机制因组合数据集即数据湖的应用而得到鉴别和确定,理解和洞察力的突破有可能实现。这一特征在交通运输和数据科学之间的接口处有相当大的创新空间,并且很可能成为研究和分析学在交通运输中实际应用的一个丰富的学科领域。

分析学的应用很可能在更广泛的评价和理解交通运输投资效果的范围内进行。将分析学与数据湖一起考虑是非常有用的,因为这些工具可以很好地协同工作,并且数据的可用性能够实现一组丰富的分析。

作为本章的最后说明,在实现后台完全自动化的道路上,分析学的未来作用也是值得考虑的。事实上,由于数据湖的形成,为智慧城市交通分析提供数据的便捷性受到了很大影响。目前,数据通常以一种零碎的、编目不当的形式保存。合并数据并具有全组织可用的数据视图是实现本章讨论的分析项目的重要步骤。

人们对自动驾驶汽车的概念做出了相当大的努力,这可被视为是将自动化应用于整个车辆和公路基础设施的一个组成部分。合理的假设是,交通运输系统的后台也将受到同等程度的自动化。目前,交通运输管理中心的操作人员和管理人员在复杂的决策支持系统的帮助下,审查和评估有关当前交通运输状况的数据。

未来的交通管理系统可以在更详细地理解因果的基础上,具有更高的自动化水平。这就决定了分析学在未来交通运输系统中的作用。我们可以从识别描述现在和未来交通状况的分析内容开始,更好地理解因果关系。这可为人工智能和机器学习奠定基础，从而实现更多的自动化应用。

参 考 文 献

[1] U.S. Department of Transportation, Federal Highway Administration, Office of Operations, "Managed Lanes: a Primer," https://ops.fhwa.dot.gov/publications/managelanes_primer/, retrieved April 8, 2017.

[2] How Does Uber work?, https://help.uber.com/h/738d1ff7-5fe0-4383-b34c-4a2480efd71e, retrieved November 13, 2016.

[3] How Lyft works, http://blog.lyft.com/posts/how-does-lyft-work retrieved November 13, 2016.

[4] Host Card Emulation (HCE) 101, Smart Card Alliance, mobile, and NAC counsel white paper, August 2014, available at http://www.smartcardalliance.org/downloads/HCE-101-WP-FINAL-081114-clean.pdf, retrieved November 27, 2016.

第 8 章 交通运输应用案例

8.1 知识目标

1. 什么是应用案例?
2. 应用案例将捕获什么信息?
3. 在智慧城市交通运输环境中,哪些应用案例可能是有价值的?
4. 如何使用应用案例?
5. 应用案例与第 5 章定义的智慧城市服务有什么关系?

8.2 词频云图

本章的词频云图如图 8-1 所示,列出了本章最常用的词汇。

访问　分析　**分析学**　应用　资产　效益
更好　商业　**案例**　挑战　城市
收集　网联　成本　标准　**数据**　提供
需求　制定　有效　电的　例子　期望　改进
信息　维护　**管理**　流动性　名称
网络　**目标**　结果　合作　支付　感受
绩效　提供　质量　满意度　**服务**　智慧
源　战略　成功　支持
交通运输　旅行　城市　用户

图 8-1　第 8 章词频云图

8.3　导语

　　由于首次接触，应用案例这一术语可能是令人畏惧的。然而它是一个在软件和系统工程中被广泛使用的术语。在大数据分析实践中也采用了应用案例，因此熟悉这个术语是很有价值的。此外，应用案例可以有效地应用于智慧城市的规划和实施中，以便指导大数据分析技术的应用。本章概述了应用于智慧城市的应用案例，其目的在于解释应用案例的定义，说明应用案例在实践中如何应用，并给出了一些智慧城市交通运输应用案例的范例。这些范例并不打算成为可以为智慧城市定义所有应用案例的完整或综合目录。适用于智慧城市的特定应用案例将根据智慧城市的需求和出发点而有所不同，并将根据各个智慧城市新方案进行定制。

　　将大数据分析应用于城市交通是一个相对较新的领域，希望这些说明和范例的准备能激发更多的思考，从而产生更广泛的应用案例的定义。本章采用了应用案例文档的标准格式，它不遵循严格的系统或软件工程格式，而是根据智慧城市交通服务的需要量身定制。重点是将目标或要回答的问题与支持目标实现的分析内容联系起来。本章对 16 个智慧城市交通应用案例予以确认、描述和解释，每个应用案例都与一组初始目标相关联，确定和说明了分析项目的预期用户，一套高水平的预期成果或效益也将得到确认。

8.4 什么是应用案例？

"应用案例"一词对不同的人来说意味着不同的东西，这取决于他们使用应用案例试图达到的目的。

根据维基百科[1]，应用案例被定义为

"……活动或事件步骤列表，为实现目标，定义一名角色（在统一建模语言中被称为参与者）与系统之间的交互作用。参与者可以是人或其他外部系统。在系统工程中，应用案例的使用级别高于软件工程，通常代表任务或利益相关者的目标。然后，可以用系统建模语言（Sims）或作为合同说明捕获详细的需求。"

这是一个软件和系统工程的定义。在软件和系统工程领域中，应用案例有一个规定的格式，由数据流、活动、事件和人与系统之间交互的严格定义组成。在这种情况下，它们构成了要求这样严谨和详细的系统和软件设计的基础。

本书应用案例的目的是在智慧城市需求与数据科学能力之间的桥梁中充当一个重要组成部件。对该术语的理解可以通过将其分解成两个元素来进行：应用和案例。"应用"一词表明它描述了拟议的分析项目的应用或使用，还表示最终结果应该是有用的。"案例"一词表明，它是如何应用分析学的一个范例或说明。将两者结合在一起，就会将应用案例解释为一种对如何应用分析学以及如何提供结果的说明。用最简单的说法，这就是为本书目的所定义的应用案例的功能。为了将大数据分析应用于智慧城市，需要一个简化的、不太死板的应用案例的定义。其目标不是支持软件或系统工程设计，而是作为智慧城市交通专家与数据科学专家之间的桥梁和沟通工具。

要确定和定义适合智慧城市的分析项目，就需要了解所支持的交通需求和服务，并了解数据科学和分析学的能力。智慧城市交通应用案例的设计目的是用来捕捉可以完成的事项、分析的目标和需要的数据。它们被用来向最终用户解释需求和目标已经被理解和处理，并且解释引导分析的价值主张已经过缜密思考并至少将其记录在概要中。应用案例为分析工作的进行奠定了基础,对确保分析项目坚定地集中在目标和业务价值上起到了重要的作用。对数据需求的初步概述还会确保在完全认可可用数据的情况下开发应用案例。应用案例用于将分析内容与目标联系起来,作为双向交流的工具。在第一个方向上,将目标与分析内容相联系,从而确保最终用户能够看到他们的目标是如何匹配的,这可以看作是一种反馈。应用案例还支持另一方向的交流,这可以被认为是前馈。应用案例将拟议数据和分析学方面的问题和细节传达给数据科学家和分析师。

8.5 智慧城市交通运输应用案例

本节列举了 17 个智慧城市交通应用案例,其名称和相关的智慧城市交通服务见表 8-1。

表 8-1 智慧城市交通运输服务和应用案例

	智慧城市服务	应用案例名称
1	资产和维护管理	资产和维护管理
2	网联汽车	网联汽车探测数据
3	联网参与市民	联网参与市民
4	综合电子支付	可变通行费
5	综合电子支付	票务策略与支付渠道评价
6	基于智能传感器的基础设施	基于智能传感器的基础设施
7	低成本、高效率、安全和可快速恢复的 ICT	ICT 管理
8	智能电网、道路电气化和电动汽车	电动车队管理
9	智慧土地使用	客运中心
10	战略性商业模式和伙伴关系	伙伴关系管理
11	交通运输治理	交通运输治理系统
12	交通运输管理	客户满意度和旅行响应
13	旅行信息	旅行价值分析
14	城市分析	可达性指数
15	城市自动化	城市自动化分析
16	城市配送与物流	货运绩效管理
17	以用户为中心的出行	MaaS

每个应用案例均采用相同的格式，包含以下元素。

1）智慧城市服务：应用案例对应的智慧城市服务的描述。这些应用案例直接与第5章定义的16个智慧城市服务项目相关联。

2）应用案例名称：应用案例反映主题领域的简短标签。此标签的目的在于能在应用期间以速记的方式快速查阅应用案例。

3）目标和问题陈述：应用案例要解决的业务挑战的简明定义。这是为了确保用户的需求和目标得到理解和捕捉。

4）预期的分析结果：对将会产生效益的分析结果进行描述。这将确保在一开始就明确界定分析的预期结果。

5）成功标准：应用案例交付的关键成功因素。对分析内容的支持和采用目标驱动的分析方法，加强对目标和用户需求的关注，避免分析内容与目标之间脱节。

6）源数据：对数据内容、数据延迟、数据细节和任何有关数据本质的进一步信息的高级描述，这些信息是确保数据可用于支持应用案例和分析所必需的。这将是对数据需求的初步审查，以避免开发需要不可用数据的应用案例。随着分析的进行，数据需求很可能会发生变化。

7）商业利益：应用案例将在安全性、效率和增强用户体验方面提供的主要好处。之所以将这些说成是商业利益，是因为相关方法是从与私营部门公司合作的重要经历中得出的。这些可以转化为减少事故、缩短旅行时间、提高旅行时间的可靠性以及更好地了解用户体验和感受等公共利益。

8）挑战：确定需要应对的挑战，以确保应用案例的成功交付。这里呈现了在进行分析工作之前可以预先确定的挑战的初步清单，在工作期间还将对这些挑战加以补充和替代。这一初步清单旨在支持及早查明在制订适当方法规划过程中的挑战。

9）可应用的分析：将构成分析工作输出基础的拟用分析项目列表。再次说明，这是一个将要使用的分析项目的初始列表，将由在工作期间发现的附加分析项目加以补充。分析可由几种不同的分析技术支持，包括：

① 图形分析，数据元素与人之间的初始关系，还可以根据数据属性来表明关系的强度。

② 文本分析，这类分析可以揭示各种社交媒体、信息和文本中潜在的观点。它们也可以是本书中使用的词频云图的可视化。

③ 路径模式和时间序列分析，这些分析提供了人员、产品或数据元素之

间交互模式的观察力。

④ 结构化查询语言(Structured Query Language，SQL)，这是一种标准化的查询语言，用于从数据库索取信息。它提供了操作数据和使用业务工具语言从大数据集进行查询的灵活方法。

⑤ 统计建模，包括线性最小二乘回归、非线性最小二乘回归、加权最小二乘回归和局部加权散点图平滑（曲线拟合）等统计建模技术。

⑥ 机器学习，用最少的人工输入来获得以前未被发现的新的筛选数据技术。这项技术可以构成决策支持和自动化的基础。

这是大数据分析学主要从业人员和解决方案提供商[2]采用的一种格式，他们在开发和实施与大数据分析项目相关的应用案例描述方面具有多年的经验。以下将对17个应用案例进行详细介绍：

(1) 应用案例1：资产和维护管理

智慧城市服务：资产和维护管理。

目标：提高资产和维护管理的质量，最大限度地降低成本并使成果最大化，支持整个城市的资产保持一致和适当的质量水平。

预期的分析结果：实现资产和维护管理的成本投入与性能改善之间的最佳结果、更一致和适当的维护水平，以及更好地理解相关干预点和更新。

成功标准：更好的资产和维护管理绩效，改善资产性能，提高维护的一致性，并制订最佳的资产和维护管理策略。

源数据举例：资产位置、资产状况、维护日志、维护计划、维护服务规范和标准、维护计划支出数据、单个设备维护成本、单个设备更换成本、网络维护成本和网络更换成本。

商业利益：降低成本，提高生命周期，管控维护成本，更好地进行维护计划。

挑战：建立适当的维护标准，在多个责任机构之间商定维护标准，并开发资产库存。

可应用的分析：制定合适的维护标准，跨责任机构商定维护标准，并开发资产库存。

(2) 应用案例2：网联汽车探测数据

智慧城市服务：网联汽车。

目标：支持最大限度地使用来自网联汽车的数据，并提供新的可合并到现有数据的数据反馈；减少对基于基础设施的传感器的依赖。

预期的分析结果：显著改善城市地区交通运行条件和城市交通需求状况；整合利用探测车辆和基于传感器的数据；使传递数据的价值最大化并使数据收集的成本最小化。

成功标准：将车辆探测数据用于全部交通运输活动的范围；有效整合基于探测数据和传感器的数据；优化数据收集和采集投资。

源数据举例：车辆位置、瞬时车速、车辆标识、车辆动态数据和发动机管理数据。

商业利益：更全面、更清晰的交通运输供应和需求状况。

挑战：在获取网联汽车数据和改善网联汽车的市场渗透率方面达成一致。

可应用的分析：网联汽车数据访问能力，网联汽车市场渗透率。

(3) 应用案例3：联网参与市民

智慧城市服务：联网参与市民。

目标：支持数据来源和市民之间的双向对话，使市民能够提供众包数据和关于质量及满意度的反馈。

预期的分析结果：市民可获得更多的信息，增强市民就交通运输服务提供数据和意见的能力。

成功标准：提高市民满意度，提高市民对游客信息服务质量的意识。

源数据举例：运动分析数据、市民感知数据、交通运输服务质量数据。

商业利益：增强用户体验，增加对用户感知的理解，通过纳入众包降低数据收集成本。

挑战：开发一个适当的数据收集程序，从而实现用户感知反馈，并将用户感知和众包数据与其他数据整合在一起。

可应用的分析：用户感知指数、用户感知比较指数。

(4) 应用案例4：可变通行费

智慧城市服务：综合电子支付。

目标：理解收费水平与收费道路使用需求之间的关系，通常被称为弹性关系。目的是利用观测数据，提高描述性和预测性弹性分析的准确性。

预期的分析结果：考虑天气和出行目的等额外因素，更详细地理解收费弹性，并更好地预测收费水平与旅行需求之间的关系。

成功标准：改善对收费水平与对旅行和收费公路需求之间关系的理解。

源数据举例：通行费交易量、通行费收入、每一段收费公路上的交通量、通行收费率、出行目的数据、主要天气数据以及起点和目的地数据。

商业利益：通过成功地应用更详细的弹性理解来最大限度地增加收入，通过更强有力地保持服务水平的能力来改善用户体验。

挑战：出行目的数据可能是一个挑战，需要一种创造性的方法。

可应用的分析：与交通流相关的收入和收费水平，同时考虑天气和出行目的因素。

（5）应用案例5：**票务策略与支付渠道评价**

智慧城市服务：综合电子支付。

目标：对各种票务策略进行假定分析，以确定实现目标的最佳策略，同时为旅行者提供最佳性价比的服务；分析智能卡和主机卡仿真等不同支付渠道的成本和价值，以确定各支付渠道使用的最佳平衡；制订实现最佳支付渠道使用模式的策略。

预期的分析结果：更好地利用支付渠道和优化票务策略，以提高效率和增强用户体验。

成功标准：相对于每个渠道的运营成本，最大限度地增加每个支付渠道的收入，并为每一种模式确定并应用最合适的票务策略。

源数据举例：每个支付渠道的收入数量、票务策略数据、策略对收入数据的影响。

商业利益：降低支付渠道运营成本；增强用户体验；最大限度地增加收入。

挑战：收集各支付渠道的绩效数据，并编制可能的售票策略目录。

可应用的分析：支付渠道效率、票务策略有效性、收款成本、每种支付渠道的相对使用率。

（6）应用案例6：**基于智能传感器的基础设施**

智慧城市服务：基于智能传感器的基础设施。

目标：优化基于智能传感器的基础设施的成本与提供的数据质量之间的平衡，促进将基础设施传感器和探测车辆传感器结合在一起的综合数据收集方法。

预期的分析结果：以集成的方式更好地利用基于基础设施和基于车辆的传感器。

成功标准：更有效地收集数据，降低数据中心运营成本，更好地将传感器数据与其他数据整合。

源数据举例：包括数据量和速度的传感器数据不同方法收集数据的成本以及不同方法的数据质量。

商业利益：降低数据收集成本，获得更好和更完整的数据，更好地管理基础设施的投资。

挑战：建立数据质量目标；测量数据质量；将不同来源的数据集成在一起。

可应用的分析：数据质量指数、传感器效率、传感器成本效益。

(7) 应用案例7：ICT 管理

智慧城市服务：低成本、高效率、安全和可快速恢复的ICT。

目标：从信息和通信技术的投资中获得最高性价比；优化通信网络的运作；尽量减小数据传输成本；最大限度地提高网络安全性。

预期的分析结果：优化信息和通信技术的使用；更好地管理投资，以最低限度的支出取得最大成果；更好地利用私营部门资源。

成功标准：最低成本的通信服务和优化的负载平衡。

源数据举例：信息和通信技术的实施和维护费用、网络负载数据、网络需求数据。

商业利益：降低网络运营成本，提高网络运营标准。

挑战：测量网络负载；测量网络需求；制订更好的网络利用策略。

可应用的分析：网络负载、网络需求、网络利用率、网络利用策略的效率。

(8) 应用案例8：电动车队管理

智慧城市服务：智能电网、道路电气化和电动汽车。

目标：支持对电动汽车充电站点位置模式的分析和与电动汽车相关的能源使用模式的确定；支持对能源使用模式的详细分析；支持能源使用管理策略的制订。

预期的分析结果：适当设置电动汽车充电站点，以最大限度地向电动汽车用户提供服务，并从能源角度更好地匹配供求，同时考虑与电动汽车有关的新能源消费模式。

成功标准：电动汽车充电站点的可用性，优化与电动汽车相关的能耗，提高电动汽车和城市环境的使用价值。

源数据举例：电动汽车数量、与电动汽车有关的能源和需求、人口分布、电动汽车分布、电动汽车能耗数据、电动汽车使用数据。

商业利益：提高能源效率，更好的能源供需匹配，排放减少，对化石燃料依赖的减少。

挑战：确定电动汽车充电需求；收集电动汽车使用数据；收集电动汽车所有权数据。

可应用的分析：充电电动汽车的需求、电动汽车的所有权、电动汽车的市场渗透率、电动汽车与其他车辆的行驶里程对比。

（9）应用案例9：客运中心

智慧城市服务：智慧土地利用。

目标：利用观测数据详细了解土地利用与交通运输需求之间的关系。

预期的分析结果：更准确和详细地评估土地利用对交通运输需求的影响。

成功标准：制订更好的战略，将土地利用、交通运输需求和交通运输供应联系起来。

源数据举例：出发地和目的地数据、运动分析数据、智能制造数据、智能零售数据、智能医疗数据。

商业利益：更好的决策数据，更深入地理解土地利用与交通需求之间的关系。

挑战：获取观测数据；获取动态分析；描述现有土地使用的特征；根据观测数据编制土地利用对交通运输影响的目录。

可应用的分析：客运中心效率、客运中心吞吐量、客运中心成本效益指数。

（10）应用案例10：伙伴关系管理

智慧城市服务：战略性商业模式和伙伴关系。

目标：支持建立和有效管理公共和私营部门在智慧城市新方案方面的伙伴关系。

预期的分析结果：更有效的公私伙伴关系管理。

成功标准：通过优化投资，最大限度地利用私营部门资源并实现公共政策目标。

源数据举例：伙伴关系目标数据、与伙伴关系相关的成本、与伙伴关系相关的奖励、交通运输服务提供数据。

商业利益：更有效的伙伴关系，更可持续的伙伴关系，更好地利用私营部门资源实现公共部门目标，在智慧城市环境内发展可持续的新企业。

挑战：收集关于公私伙伴关系的数据；确定公私伙伴关系的目标；确定公私伙伴关系的收入数据。

可应用的分析：伙伴关系效率、私营部门投资水平。

（11）应用案例11：交通运输治理系统

智慧城市服务：交通运输治理。

目标：通过提供分析各种治理结构可能产生的影响和效果的方法以及深入了解智慧城市服务提供与成功所需的组织之间的关系，支持更有效的交通治理。

预期的分析结果：精心调整治理结构，以满足智慧城市提供交通服务的需要。

成功标准：与在城市地区提供的交通服务有关的更有效的治理。

源数据举例：交通运输成本数据、交通运输收益数据、交通运输供应数据、交通运输需求数据、交通运输协调数据、数据存储成本数据。

商业利益：更好、更有效的治理，更低的治理成本，更好地支持智慧城市交通运输服务提供。

挑战：编制适当的治理结构目录；衡量治理效率；收集供求数据。

可应用的分析：治理结构的效率、治理策略的有效性、治理成本占总支出的比例。

（12）应用案例12：客户满意度和旅行响应

智慧城市服务：交通运输管理。

目标：支持全面的交通运输管理方法，包括对客户满意度和旅行反应的新见解，以及与交通运输服务提供绩效相关的技术参数。

预期的分析结果：考虑用户感知和满意度以及技术性能参数的交通运输服务提供策略。

成功标准：提高客户对交通运输服务的满意度；改善绩效管理；除实际绩效测量外，还要考虑用户的感受。

源数据举例：来自智能应用程序的客户满意度数据、实际交通运输服务提供绩效数据、动态数据、工作数据、旅行时间数据。

商业利益：增强用户体验和改善绩效管理。

挑战：收集用户满意度数据，收集动态数据以及可访问性数据。

可应用的分析：用户满意度指数、出行可达性、模型选择。

（13）应用案例13：旅行价值分析

智慧城市服务：旅行信息。

目标：考虑到旅行总时间、出行时间可靠性和旅行费用在家庭收入中所占的比例，确定每一种模式和路线的旅行价值。

预期的分析结果：确保所有旅客的公平，并优化全市的交通服务提供。

成功标准：改善社会公平性；改善交通运输服务；更好地平衡整个城市的旅游价值。

源数据举例：出发地和目的地数据、旅行时间数据、旅行费用数据以及家庭收入数据。

商业利益：更好的旅客决策，更好的公平性，交通运输服务与用户需求的更好匹配。

挑战：收集旅客满意度和感知数据，收集行为变化数据。

可应用的分析：旅客满意度指数、感知分析、行为变化分析。

（14）应用案例14：可达性指数

智慧城市服务：城市分析。

目标：确定从住宅区到工作地点、医疗保健场所和教育单位的难易情况。

预期的分析结果：获得交通运输服务布局情况，从而最大限度地改善到工作、教育和医疗场所的可达性。

成功标准：改善到工作、医疗和教育场所的可达性。

源数据举例：出发地和目的地数据、住宅区数据、就业数据、医疗保健区数据以及教育区域数据。

商业利益：通过更好地将交通运输需求与交通运输服务进行匹配而实现可达性的改善。

挑战：获得工作、医疗保健和教育机会的数据；获得居住区人口统计数据。

可应用的分析：工作可达性、医疗卫生可达性、教育可达性、居住区人口统计。

（15）应用案例15：城市自动化分析

智慧城市服务：城市自动化。

目标：分析城市自动化应用的进展情况，包括人员和货物的流动。

预期的分析结果：加快城市环境内自动化的部署。

成功标准：加快城市自动化建设的进展。

源数据举例：自动驾驶汽车使用数据和交通运输需求数据。

商业利益：降低交通运输服务成本；提高交通运输服务可靠性；更好的交

通运输服务响应。

挑战：获得自动驾驶汽车所有权和使用情况的数据。

可应用的分析：车辆所有权数据、自动车辆使用数据。

(16) 应用案例 16：货运绩效管理

智慧城市服务：城市配送与物流。

目标：详细评估城市货物配送成本、平均配送时间和配送服务的质量。

预期的分析结果：更有效的城市货物配送；提高商品客户的性价比；提高服务质量。

成功标准：较低成本的城市货物配送；将货物配送成本降至最低；最大限度地提高配送服务质量。

源数据举例：城市配送成本数据、城市配送出行时间数据、用户满意度数据、经营者满意度数据。

商业利益：降低货运成本；提高货运配送时间的可靠性；增强用户体验。

挑战：获得货物配送成本和时间。

可应用的分析：货物配送成本、配送时间、配送时间的可靠性。

(17) 应用案例 17：MaaS

智慧城市服务：以用户为中心的出行。

目标：优化交通服务，使整个城市的流动性最大化。

预期的分析结果：为城市地区内的出行提供更灵活的选择，包括提供关于公共和私营部门目前可用的出行选择的信息。

成功标准：提高交通运输服务选择的意识，改善对交通运输服务选择的决策。

源数据举例：出发地和目的地数据以及包括可用性、成本和可靠性的交通运输服务选项数据。

商业利益：增加流动性；降低交通运输服务成本；增强用户体验；提高交通运输服务可靠性。

挑战：建立出行服务组合；获取出发地和目的地数据；获取交通运输服务提供数据。

可应用的分析：每项交通运输服务的利用率、交通运输成本、旅行时间和旅行时间可靠性。

上述17个应用案例的目的是提供可应用于智慧城市交通方案的实际案例，这些实例可以用作更完整过程的起点，也可以用作如何创建实际应用案例模板的模型。

8.6 小结

应用案例是衡量智慧城市交通大数据分析技术实施的重要工具。本章探索了应用案例术语的定义，并解释了最适合智慧城市交通需求的传统应用案例的简化版。本章还确定并定义了17个智慧城市交通运输应用案例的样板，以及将在应用案例和实践中捕获的信息类型。它们说明了应用案例技术的应用，并提供了一些智慧城市交通运输应用案例的实例。此外，这些实例旨在激发人们对更广泛的智慧城市应用案例的定义和开发的思考。预计将为每个智慧城市的实施而量身定做相应的实用案例。由于应用案例术语一开始很难掌握，本章解释了应用案例的概念以及如何适应智慧城市提供的交通服务。为了证明将大数据和分析学应用于智慧城市交通环境所需的努力是合理的，记录作为分析工作成果的用户目标和价值主张的能力至关重要。

参 考 文 献

[1] Use case definition, Wikipedia, https://en.wikipedia.org/wiki/Use_case#Templates, retrieved December 3, 2016.

[2] Teradata use case template.

第 9 章 数据湖的创建

9.1 知识目标

1. 说明目前的数据收集、存储和管理的碎片法。
2. 定义数据湖的概念。
3. 解释数据湖是如何工作的。
4. 描述数据湖的关键要素。
5. 解释数据湖的价值。
6. 根据以往经验,确定在创建数据湖方面将面临的挑战。
7. 描述建立数据湖的一种方法。
8. 解释围绕数据湖的操作进行组织微调的可能性。

9.2 词频云图

本章的词频云图如图 9-1 所示。

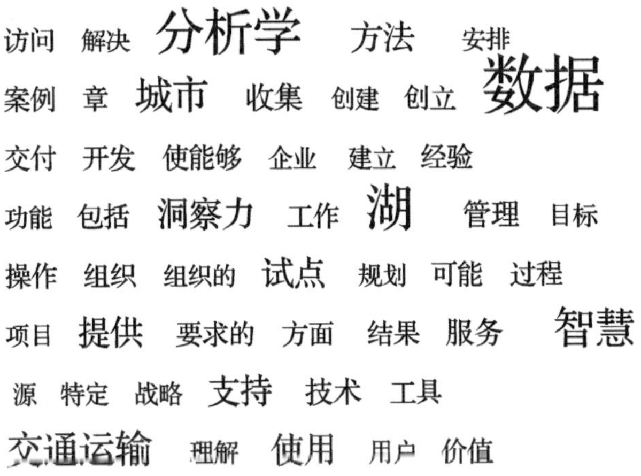

图 9-1 第 9 章词频云图

9.3 导语

第 2 章、第 3 章和第 5～7 章已经涉及数据湖概念，并且在第 2 章第一次引入该术语时就给出了一个基本定义。本章详细解释了数据湖这一术语，解释了数据湖的价值，并提出了构建数据湖的可靠方法。数据湖的叫法是一种形象的比喻，它将不同来源的数据汇集在一起，使其可以访问，并将其转换为一种可在整个企业或组织中使用的格式。此术语所提供的类比或图像是一种非常有用的交流工具，因而在向交通运输专业人员介绍新的数据科学和数据分析学概念时是很有价值的。理想情况下，交通运输专家能够将重点放在他们的专业领域，同时利用新的数据科学和分析学工具，来帮助获得新的见解和理解。数据湖的类比允许讨论概念的总体特征并定义一个值，而无须在数据科学和数据分析学方面深入研究。考虑到本书旨在为智慧城市提供大数据和数据分析的概述，数据湖的类比提供了理想的交流工具。本章的目的不是提供如何选择和使用与挖掘数据和分析学相关技术的操作指南。相反，它的目的是概述数据湖是如何适应更大的数据范围的，以及采用这种全新的数据存储方法可以实现的价值。提供概述，而不进行详细说明，还可以避免技术选择和偏袒某一套特定的工具。虽然使用了一些具体的解决方案和方法来说明数据湖的概念,但总体方法允许选择多种技术和解决方案,以适应特定智慧城市的需要。

在建立和维护数据湖的技术方面,有多种备选方案。然而,与数据湖开发相关的最重要的方面是采取一种稳健的规划方法。这样的方法应充分利用以往的经验和教训,以适应技术和解决方案的灵活选择。

大规模数据存储和操作技术(如 Hadoop[1])的出现,使得将数据聚合与合并到一个单一存储库的新哲学思想成为可能,而不是先前必须对数据进行分割和分区以易于管理的方法。数据湖是一个虚拟概念,因为它允许将数据保留在现有源中,而将副本在数据湖中使用。再次说明,这依赖于对部署的技术方案的精确选择。

本章的内容将类似于在数据湖的滑水冒险,而不是对数据科学和分析学中特定技术和产品的深入研究。

正如第 2 章所述,数据湖的类比是有用的,它意味着一个干净或过滤过的水体,其中包含有用的且可访问的数据。数据湖不是数据沼泽,数据沼泽是一个混合体,其内部既包含有用的,也包含没用的项目,因而使数据更难存取。数据湖概念强调将数据集中在一起,使其在整个组织或企业中都是可访问的和可见的。

数据湖的创建涉及删除由于过去数据的收集、管理和使用方式而存在的筒仓和分区。与几个交通运输机构的工作分配显示了在所谓的驾驶舱收集数据的自然趋势,一个驾驶舱是由个人或团队为支持某一特定功能而装配的一个数据阵列。例如,交通工程师可能收集交叉路口转弯运动和公路流量数据,以支持计算交通信号的定时;通过使用电子制表软件和其他工具,工程师可以创建一个数据工具箱,专门用于支持工作中涉及的任务。不幸的是,虽然这为手头的工作提供了专家支持,但它妨碍了企业范围的数据视域。

有了今天数据科学的能力,就有可能在将数据复制到数据湖的同时保持驾驶舱的完整。就像真正的湖一样,有可能使用工具进行滑水和深潜,以探索数据和揭示新见解。值得注意的是,数据湖的概念也意味着不应对数据的有用性进行早期判断。一部分看似无用的数据可以与数据湖中的另一部分数据结合起来,从而产生有价值的洞察力,这是可能的。

碎片化的数据收集和管理方法类似于一个熟练的工人(比如一个木匠)用数年组装一组工具并将这些工具用于每个项目。木匠并不指望更大的组织来开发这些工具,而是希望把这些工具作为多年来积累的经验和知识的一部分。

当需要专业工具时，这种方法就会崩溃，因而在个人基础上拥有这些工具可能是不可行的。这种方法也没有为分担开发和实现这些工具的费用提供基础。

我的脑海中浮现出一个古老的英语术语 bodger（狂热爱好者）。这个词最初是用来形容熟练的木匠，他们会在森林附近开一家临时木器工厂，依靠他们的技能而不是专用工具，来打造家具和其他木制物件。现如今，这个词指的是任何使用发现的或简易的材料制造物体的人。虽然拥有技能而成为一名能工巧匠是值得称赞的，但整个方法并不利于在共享的基础上使用专业工具来实现时间的节省和质量的改善。这是将组织内的数据从筒仓和驾驶舱转换为企业范围的数据视域的本质。这也意味着需要进行组织和文化变革，以便充分利用集中的数据存储库，即数据湖。

规模经济的好处，将专门工具应用于数据管理的能力，以及将数据转换为信息的能力，都有利于数据的集中化。在理想情况下，集中数据将与适当的分散数据结合使用，所产生的信息将以最佳模式分布于整个企业。企业中的任何人可以查看可用数据的目录，并能够探索企业数据对特定作业功能的价值。然而在许多情况下，情况并非如此，数据保存在计算机或旁边桌子上的服务器内，部门其他成员或其他部门都看不到。个人或团队不希望依赖中央数据存储库，也不指望企业提供所需的信息。虽然从团队或个人短视的角度来看，这是非常有效的，但因为不支持企业或组织范围的数据视图，所以其效率也是低下的。多年来，我们已经认识到，当可以跨多个作业功能进行数据共享时，数据才能得到最佳利用。老话"数据要一次投放，多次使用"依旧是正确的。对数据收集和管理采取特定功能的观点还会阻碍合作和规模经济的实现。碎片法还会导致重复以及浪费硬件和软件资源，并存在着结构管理方面的挑战——需要为组织保留一个关于数据真相的单一版本。

这种传统的数据收集和管理方法的另一个问题是，很难知道整个组织收集了哪些数据。在这种碎片法中，极有可能出现多次收集数据却只能使用一次的情况。顺便提一下，与美国交通和城市部门合作的经验表明，通过创建数据目录可以获得极大的价值。虽然数据分析人员和数据科学家会认为这仅仅是通向美好事物的垫脚石，但从实际的角度来看，很明显，简单地了解组织收集到的数据以及它所在的位置对于智慧城市和交通运输专业人员来说是非常有价值的。

9.4 数据湖的定义

到目前为止，本书的重点是描述大数据分析以及要解决的问题。本章重点介绍构建和管理大型数据存储库所需的技术。对"数据湖"一词的解释如下：

数据湖的思想是对企业中从原始数据(指源系统数据的精确副本)到转换后的数据(用于各种任务的数据，包括报告、可视化、分析和机器学习)的所有数据都采用单一存储库。数据湖包括来自相关数据库的结构化数据(行和列)、半结构化数据(CSV、日志、XML、JSON)、非结构化数据(电子邮件、文档、PDF)，甚至二进制数据(图像、音频、视频)，从而创建了一个可容纳所有形式数据的集中式数据仓库[2]。

数据存储库通常称为数据湖，此类比叫法将在本章中使用。数据湖是一个用于解释将数据集中到单个存储库中的概念或类比叫法。它是一个来自多个来源的数据集合，这个数据集合可在企业或整个组织范围内访问，并利用诸如 Hadoop 之类的技术而显著降低数据存储和处理成本。它是支持数据共享并支持数据目录创建的硬件和软件环境。数据目录的创建是创建数据湖的一个重要方面，因为数据目录会告诉整个组织哪些数据可用。

数据科学的可能性不断发展和出现。最新的发展允许对数据从收集点到存储区域期间进行实时分析。为了本书的编写目的，这种技术被称为数据流，因为它涉及在流上而不是静态体上进行处理。在前往数据湖的过程中对数据流进行实时处理是可行的，而对数据湖中已经存在的静态数据进行分析可在一个管理数据和信息的框架内得到支持。创建数据湖的一个稳健方法将接纳这种数据流分析以及对存档数据即静态数据的分析。

9.5 数据湖的工作方式

研究数据湖是怎样工作的，能够从另一个角度来更好地了解数据湖的性质和特征。数据湖的一般布局如图 9-2 所示，这个布局被认为是智慧城市数据湖的模型。以下将对其构成要素进行详细介绍。

(1) 数据源

数据湖的一个重要特征在于它能够从多个来源提取数据。在智慧城市和交通环境中，数据源将包括基于基础设施的传感器（例如交通量计数器和乘客计数器）以及从网联汽车和自主车辆发出的探测数据。数据湖的数据也可以来源于现有系统和数据库，例如之前为旅行者信息、交通管理、货运和公共交通管理部署的系统和数据库。数据还可以表现为社交媒体消息的形式，例如 Twitter、来自摄像头以及其他基于图像处理传感器的图像和视频数据。丰富的数据流也可以来源于公共或私营部门运营的智能手机应用。在制订公路交通运输数据计划时，美国交通部[3]考虑了下列数据来源。

1）基础结构数据：道路几何形状、道路财产目录、交叉路口特性和系统控制状态。

2）旅行数据：在系统内的车辆位置、存在和速度，车辆内部状态，公交车辆位置、速度和状态，乘客计数和时间表附带数据。Fred（图像读取电子设备）车辆位置和满载质量配置或与所载货物的类型和时间极为关键的性质有关的数据。

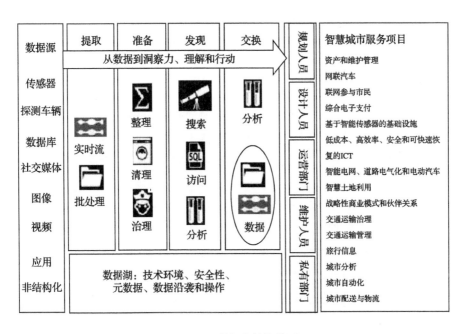

图 9-2 数据湖结构模型

3）气候数据：从道路气象信息系统（Roadway Weather Information System，RWIS）收集的主要天气和路面状况。

4）模式数据：包括来自美国海关和边境保护的越境数据，涉及货车、火车、集装箱、公共汽车、私人车辆、乘客和行人。

5）旅行行为数据：旅行行为、旅行特性随时间的变化、与人口特征相关的旅行行为以及人口特征与旅行随时间的关系。

6）其他数据程序：为政府机构提供访问联邦数据集和工具的程序。

7）实时数据采集与管理：数据资源试验台（Date Resources Testbed，DRT）、概念和分析试验台（Concepts and Analysis Testbed，CAT）、车辆公路协同试验台（Cooperative Vehicle Highway Testbed，CVHT）。

进入数据湖的数据也可能是非结构化数据，如 PDF 文件、电子邮件和其他文档。

（2）数据提取

数据可以采用静态存档数据或来自现场设备和其他来源的实时流的形式。物联网将会产生来自传感器和其他联网设备的大量数据。数据被吸收到数据湖中，以创建一个可用于数据交换和分析目的的单一存储库。这项活动还将包括建立适当的数据共享协议，从而使数据能够以一种使数据湖可访问的方式得到访问和共享。

（3）数据准备

数据准备要素包括对数据的整理、清理和确定治理安排。数据整理可以是一个手动或半自动的过程，利用决策支持工具将数据转换为通用格式和进入位置参考系统。在这一阶段还将通过对不同来源的相同数据进行比较并查明数据中的潜在缺口即弱点，对数据进行检验。作为数据准备的一部分，在清理过程中，要删除重复和错误的数据。在这一阶段，确定数据的治理安排，以管理数据来源、数据访问和数据分发。这还将包括在数据发现过程中从数据湖中得出的共享分析的安排。美国交通部在制订道路交通运输数据业务计划[3]时，还指出了需要解决数据质量问题。美国交通部的建议包括制订一项政策以明确数据质量的责任，并采用数据质量标准进行数据收集、处理、应用和报告。

（4）数据发现

在数据发现要素中，对数据进行搜索、访问和分析。可以使用一系列搜索和访问工具（如结构化查询语言）及其他统计功能来检测数据中的趋势和模式，以揭示新的见解和理解。在数据发现过程中会用到的分析功能包括统计、聚类分析、数据转换、模式和时间序列、决策树、文本和图形。

（5）数据和分析交换

此数据湖要素支持数据交换和分析共享。经验表明，为多个用户提供数据不足以激励他们为自己的目的而使用数据。由于两个主要原因，共享分析项目也很重要。在第一种情况下，分析项目可以直接适用于用户的作业功能。在第二种情况下，分析项目可用作通信工具或模型，以说明如何将分析应用于用户的作业功能。

在包括硬件和软件的数据湖环境中，数据的提取、准备、发现和交换得到支持。除了支持这些基本功能外，数据湖环境还可以支持适当的安全措施、元数据的定义、数据志和维护单一版本真相的其他主数据操作，并支持对数据湖中的数据进行编目。数据湖技术环境还将支持数据湖运行所需的行政管理等操作。

（6）为智慧城市从业人员提供洞察力和理解

为了按照洞察力和理解来形成应对策略的基础，将数据发现过程中产生的分析成果提供给智慧城市从业人员。整个数据湖配置旨在支持数据与这种洞察力和理解之间的紧密联系。为了充分利用分析学的价值，有必要制订可采取行动的工作项目和策略，以反映有关智慧城市交通状况和交通运输服务提供质量的新信息。

（7）智慧城市服务支持

最终，从新见解和理解得到的战略将为第5章界定的16个智慧城市服务项目提供支持。例如，关于智能电网、道路电气化和电动汽车，来自数据湖的输出可提供对电动汽车充电站点最佳位置的意见。数据湖的输出还会提供智慧城市大规模采用电动汽车所导致的能源需求变化的见解。关于综合电子支付服务，数据湖可以洞察最佳费用或票务结构，以最大限度地提高用户体验，最大限度地降低运营成本，并确保收入像预测的一样。

预计，对智慧城市服务的支持将涵盖从规划、设计和运营到维护的各种交通运输活动。这些支持将同时满足公共和私营部门的需求，这意味着私营部门也可以利用来自数据湖的数据和分析方法。

9.6 数据湖的价值

虽然数据湖的最终价值在于为智慧城市服务提供支持和向智慧城市从业人员提供洞察力,但在开发数据湖时还实现了一系列好处。

(1) 实现企业范围内的数据访问,以便获得适时分析和新见解

在创建数据湖将数据集合在一起时,智慧城市的数据资产就会变得清晰可见。除了创建一个数据目录,使所有用户能够查看已收集到的数据之外,还要向广泛的用户提供这些数据以供进一步分析。从处理数据湖的数据中得到的分析成果还可以在整个组织中共享,从而为进一步使用数据湖提供动力和激励,并为交通运输规划、交通工程和资产管理等特定工作职能开发定制的分析项目。

(2) 为大规模主动分析打下基础

数据湖也是获取与大规模主动分析有关的进一步努力的基础。虽然这也需要文化和组织变革,但数据湖的存在为智慧城市组织应用大规模分析开辟了道路,这些分析将指导智慧城市交通规划和交付的许多方面。这使人们能够在观察、了解机制和数据的基础上,通过采取成果驱动的行动,建立科学的交通运输服务提供办法。

(3) 通过预测分析和机器学习逐步实现自动化

人们对自动驾驶汽车的概念有相当大的兴趣,而且考虑自动化如何应用于智慧城市的后台处理流程似乎也与此相关。虽然一夜之间实现后台自动化可能是不合适的,甚至是不可取的,但分析项目的建立和预测能力的发展可以成为走向自动化的基础。数据湖中数据的可用性也可以作为支持机器学习和深度学习技术的原材料,这些技术支持智慧城市后台人工智能的发展。这很可能从为参与的人员提供复杂的决策支持开始,并且这种支持将从长远来看,实现全面自动化将成为可能。

(4) 减少数据管理重复和处理重复造成的费用

对数据收集、存储和管理采取碎片的做法,必然会导致重复。事实上,重复的成本可能被隐藏在运行和维护现有数据收集、存储和管理系统的总成本之内。创建数据湖的过程可能会使重复部分显露出来,并提供涉及费用的估计。在数据收集以及数据存储和处理方面,可能会发现节省的费用。根据经

验，一般的交通运输机构在数据收集方面支持多重冗余，并为项目特定目的收集大量的临时数据。如果这种数据在整个组织中不可见，那么其他临时主动行动很可能会收集相同或类似的数据。在某些情况下，对数据的认知不够，即使明知会出现重复，但无法在合理的时间框架内获取数据，迫使项目特定数据的收集工作继续进行。在软件许可证方面也有可能实现成本节约。为了支持数据存储和管理的碎片法，可能取得了多个软件许可证。随着数据湖的创建，合并软件许可证也为节省资金带来机会。

（5）通过加快分析工作，改善安全性、效率和用户体验

在智慧城市从业人员了解数据分析工作的需要和实际工作之间，往往有很长的时间间隔。数据湖的创建以及自助工具的数量和机会表明了他们的并行工作能力，并缩短了从认识到数据分析需求到满足需求的时间。

（6）使用单一一致版本的真相更好地进行数据治理，更好地控制访问或提供数据的对象、内容和时间

在数据湖中将数据合并在一起可以更好地实现数据治理和配置控制。对于进入湖中的数据访问控制和来自数据湖的数据分析而言，单个存储库更容易管理。单一的存储库还可以使软件在单个点而不是在碎片化系统中的多个点的升级变得更容易。

（7）使数据元素能够为新的分析进行组合

新的大数据存储和操作方法允许我们延迟对数据价值的判断。数据存储成本已经降低到可以实施新战略的程度。简单地说，这种战略包括尽可能多地捕获数据；数据将被提取到数据湖中，然后允许显示其价值。在这种情况下，一段看似无用的数据可能与数据湖中的其他数据组合起来，从而创建新的、有价值的洞察力。发现的重要元素是靠建立数据湖来支持的，而这在碎片数据存储和管理方法中是无法实现的。

（8）发现未使用数据的价值以及与客户行为和交通运输服务质量有关的数据集之间的关系

基于上一点，可以从整个智慧城市组织中隐藏的或未使用的数据发现新的价值。通过发现数据的新用途，可以恢复数据收集的早期投资。这也扩展到了对数据集之间新关系的理解。这与客户行为和交通运输服务交付监控尤其相关。深入了解旅行者的行为以及他们所面临的主要交通状况，最终将在

智慧城市实现更好的战略战术。

（9）为智慧城市和交通领域的创新提供平台

在智慧城市所能实现的总体创新中，分析学和大数据技术的使用只是冰山一角。然而，创建数据湖可以推动大数据和分析学的使用。它还可以在智慧城市的更多方面形成创新激励。对旅行行为和交通运输服务的深入了解和理解能够为公共和私营部门提供设计创新策略和服务的原材料。

（10）为智慧城市服务提供支持

最后，建立数据湖将为智慧城市服务提供支持。通过使智慧城市服务交付的管理和测量成为可能，数据湖为智慧城市服务交付的改进提供了更好的管理可能性和更丰富的机会。

9.7 数据湖的挑战

基于以往的经验，在创建数据湖时，必须解决许多难题。

（1）缺乏明确的策略

与许多信息技术工具一样，创建数据湖所需的硬件和软件环境可能在很少考虑总体策略的情况下或最后阶段才获得。虽然这有助于迅速取得进展，但如果方向和最终目的地不为人所知或模棱两可，整个倡议则极有可能最终陷入死胡同。因此，必须制订一项考虑工作目标并明确阐明价值和效益的清晰的策略。从智慧城市和交通的角度来看，确定安全、效率和用户体验目标以及确定拟议的数据湖将如何适应整个城市的数据和信息交换是非常重要的。

（2）现有数据分散且未能得到充分理解

很可能的是，现有的交通运输数据是分散的，并不能得到很好的理解。现有数据目录可能存在也可能不存在，即使存在，也可能不是完整的和最新的。要创建数据湖，必须确定数据来源并计划访问数据湖中的数据。在许多情况下，这可能花费相当多的时间并消耗大量的资源。

（3）难以将数据变成行动

将数据合并到数据湖中并不能保证有什么结果。为了利用数据湖的价值，有必要支持可操作的见解以及制订适用策略的整个过程，以响应新的洞察力和理解。在许多情况下，这可能需要进行一些组织调整，以使工作人员能够利用开发自数据湖的分析项目。

（4）缺乏大数据技能

大数据技术和分析技术的使用对于智慧城市的交通运输来说是相对较新的。因此，在智慧城市或交通组织中，成功建立和操作数据湖所需的大数据技能可能并不存在。在规划建立数据湖时，必须确定所需的技能，并决定如何获得这些技能，是靠外包还是靠新聘人才。

（5）治理和安全性不足

采用未得到明确策略（即对最终大局的明确理解）指导的自下而上的方法会导致治理和安全性不充分。利用现有技术的力量和灵活性可以支持快速发展，但也可以绕过与治理和安全性有关的必要活动。

（6）没有数据质量控制，数据随时间退化

先进技术在交通运输中应用的一个不幸的趋势是为技术应用创建一条轨道。在该轨道上，在实施先进技术方面会取得相当大的进展，达到了目标服务等级。然而，由于初始技术部署的操作和维护没有得到足够的资源分配，这些服务等级便会随着时间的推移而降级。对于智慧城市和交通运输的数据湖来说，存在同样的挑战。有必要采取措施，不仅要启用数据湖，而且还要确保数据湖不会随时间而退化。这还包括采取必要的步骤来监控、管理和确保进入数据湖的和正在数据湖中维护的数据的质量。

（7）缺乏自助服务能力，长期开发时间不足

在技术驱动的数据湖实施中，数据湖常常被开发成一个需要高度专业操作的工具。这就导致终端用户无法直接访问数据或进行分析的情况。这种自助服务能力的缺乏可能会给一些工作人员带来庞大的工作量，导致开发时间加长，对终端用户的需求反应迟缓。

（8）缺乏激发智慧城市和交通拥护者的特征

与上述挑战相似，在智慧城市和交通环境中，一个信息技术驱动的数据湖项目可能忽略激励和授权终端用户的需求。这可能导致终端用户缺乏兴趣，因此无法对数据湖投资实现货币化。早期经验表明，仅仅共享数据是不够的，还必须提供能够激励终端用户的模型和图解。这将包括通过模型分析的交流以及针对终端用户特定工作任务的自定义分析开发对话的支持，帮助终端用

户了解数据湖以及分析的可能性。

9.8 创建数据湖的方法

公共和私营部门为多种组织类型创建数据湖的早期经验表明，在成功开发数据湖方面存在一些需要避免的陷阱。从这一早期经验中吸取经验教训，才有可能形成一种强有力的办法，尽量减少遇到这些障碍的机会，同时最大限度地增加成功的机会。为了提供关于建立交通运输数据湖的实际建议，已经确定了一种数据湖创建方法，并在本章的后续部分中对其进行定义。这种方法基于一家名为 Think Big 的公司的经验[4]，并依据与公共和私营部门客户合作中获取的经验进行了完善。根据几个交通运输客户的经验，对最初的方法进行了调整，从而创建一种专门适应交通运输和智慧城市需要的方法，如图 9-3 所示。

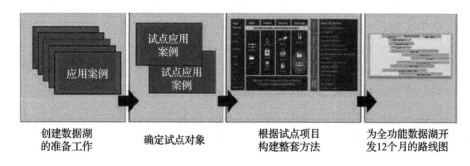

图 9-3　智慧城市和交通数据湖的拟议实施方法

该方法的总体理念是逐步地推进数据湖的建立和操作。最初，将重点放在作为试点的极少数应用案例上。然后，将试点应用案例用作基础来为一个试点项目构建一套方法。在此试点项目中，包括数据提取、准备、发现和交换在内的所有数据湖操作要素都将出现。方法中的每一步将在下面予以解释。

（1）创建数据湖的准备工作

创建数据湖的准备或规划包括与终端用户一起探索需求和目标。就智慧城市交通运输新方案而言，终端用户通常包括城市行政官员和其他城市交通伙伴，如公共交通部门、交通运输机构和其他交通运输服务提供商。在这一早期阶段，让相关的私营部门参与者参与对话也是有帮助的。

（2）确定试点对象

应用案例概念被用作识别试点对象的主要工具。第 5 章中描述的应用案例试点是捕获应用案例信息的有效方式。无论是否使用这种方式，都必须掌握试点的主要内容，包括将要使用的数据、预期实现的价值以及对将要应用的分析项目的初步了解。应用案例的选择标准如下：

1）应用案例应向城市提供即时价值。

2）支持应用案例所需分析的数据随时可轻易地从城市来源、交通伙伴或私营部门获得。

总体意图是提供能够传达数据湖潜力的早期成果。早期成果还可实现与用户的有效对话，这些用户可能会发现数据和分析是有用的；这也促进了对数据湖的多用途使用的兴趣和活动。

向智慧城市倡导者提供商业价值也是试点项目实施中极为重要的。试点的实施使重点从数据和数据管理转移到提供洞察力和理解，并随后将其纳入新的策略和新的业务方式。商业价值的定义包括确定分析要解决的目标和总结需要解决的问题陈述。在这一阶段，创建了一个可用数据源目录，用来表示可用数据的状态，并捕获数据的格式、结构和当前位置。这还包括在智慧城市交通伙伴之间建立适当的数据共享协议。此外，编制一份将在试点数据湖上使用的初步分析项目清单，确定拟议的分析用户和通过提供新见解和理解而可能获得的好处，这也是有益的。这将构成总体摘要的一部分。

（3）根据试点项目构建整套方法

整套方法是在试点基础上构建的，重点集中在为试点选择的应用案例上。这样可在数据提取、准备、发现和交换中获得经验。在试点阶段，将确定数据治理和数据交换的安排，并将其付诸试运行。这还将包括在试点应用案例分析项目的使用以及扩展数据湖的可能性方面与终端用户进行重要的对话。分析的实施应满足其他工作的特定需要。

（4）为全功能数据湖开发 12 个月的路线图

根据试点成果和所取得的经验，可以为全功能数据湖编制一个为期 12 个月的路线图。虽然路线图的确切内容将取决于有关城市和组织的需要，但通常至少包含以下内容：

1）由全功能数据湖处理和支持的一整套应用案例。

2）在 12 个月内对应用案例进行排序。

3）根据试点项目的经验制订一项为期 6 个月的行动计划，其中包括必要的投资和商业理由。

4）为高级管理人员制订计划和简报材料，作为进一步决策的基础。

5）确定支持全功能数据湖的完整硬件和软件环境或体系结构。

6）实施计划，包括将试点项目扩大到完全能力的活动、时间表和预算估计数。

应对 9.7 节提出挑战的措施见表 9-1。

表 9-1　应对挑战的措施

数据湖的挑战	应对挑战的措施
缺乏明确的策略	该方法允许制订明确的策略，使用试点可以对该策略进行测试和实践。然后，将根据试点期间获得的经验、教训和信息，对该策略进行修订和改进
现有数据分散且未能得到充分理解	采用一种渐进的方法可以获得早期成果，同时提供必要的时间将分散的数据集中在一起。早期的成果也将作为一种沟通工具，激励工作人员识别更多的数据，并有助于将这些数据整合到一起
难以将数据变成行动	早期成果的交付说明，从数据收集到数据湖创建的整个过程，展示了将数据转化为行动的能力，以及制订了用作未来分析模型的现实策略
缺乏大数据技巧	这种方法可以将公共和私营部门的资源结合起来，并实现从最初项目到全面项目的过渡
治理和安全性不足	在试点项目期间对数据治理和安全措施进行测试
没有数据质量控制，数据随时间退化	在试点项目期间，还可以对数据质量控制措施进行测试和制订，从而形成一个防止长期运营数据质量退化的实用平台
缺乏自助服务能力，长期开发时间不足	试点应用案例中的共享数据和分析的能力使得自助服务能力的建立和使用灵活的开发方法来缩短开发时间成为可能
缺乏激发智慧城市和交通拥护者的特征	早期交付的实际成果为激发智慧城市和交通拥护者使用数据湖提供了必需的工具。这也会激励拥护者考虑使用他们自己的数据以及考虑需要做哪些进一步的分析。这还带来了启用结果驱动的数据收集和获取的额外益处

9.9　成功的组织

希望当一个交通运输组织着手建立一个数据湖时，这一努力也将产生一种新的数据收集和获取方法。在交通运输过程中，数据往往是在推测的基础上收集的，对这些数据的最终使用几乎不担心。根据数据的需要和收集数据的需要，数据湖的建立和适合数据湖的组织定位应能为数据收集的新方法提供一些指导和见解。理想情况下，数据收集和获取将利用分析学将数据转换为信息，而利用分析学获得的经验将提供需要更多或更高质量数据的反馈。在这方面，数据湖单元作为一种反馈机制来指导数据的采集和获取。在理想的环境中，通过更清楚地了解数据的使用情况，可推动数据收集和获取。例如，使用初始数据湖进行一些初步分析可能会对获得结果所需的完整数据集具有更详细的了解，还将有助于深入了解所需的数据准确性。虽然早期的结果提供了以前没有的洞察力而并非是无效的，但如果有更好的数据，可能会有更好的结果。因此，数据湖的使用可以为有组织和有计划的数据收集和获取方法提供重要的投入。以往在系统工程框架内将信息和通信技术应用于交通运输方面的经验表明，在大多数情况下，规划和设计过程产生的技术解决方案代表一种理论设想。开发系统架构的方法假定将应用理想的技术解决方案，并需要调整或微调组织安排以满足技术解决方案的需要。更有可能的是，理想的技术解决方案将得到调整，也许还会进一步优化，以适应现有的组织安排。这不太可能为创建智慧城市数据湖提供最佳的投资回报。为了实现数据湖提供的新潜力和可能性，有必要实施组织变革，并提高终端用户对这种潜力的认识。解决这一挑战的一个可能办法是制订组织计划，以此作为试点项目的一部分。为了支持对组织进行微调的试点安排，还可采用从试点项目中产生的交通运输数据分析。这还可能需要文化变革，侧重于采用创新技术而不是遵循现有的过程和程序的组织能力。在这方面，可以将数据分析用作从数据湖到终端用户工作人员的业务功能的一座桥梁。一段时间以来，我一直在努力解决如何开发组织安排，从而最好地匹配架构的技术层和商业层。

我判定，也许解决办法在于交通运输数据分析的应用。组织变革的形式是工作目标和说明的改变以及一种新的文化的采用。要探讨新文化的理念，可以考虑以下足球类比。

世界级的报告将使组织内的工作人员在足球比赛中成为见多识广的观众。伟大的交通分析同样也会使工作人员成为教练，并对组织（即团队）的绩效产生影响。预计交通运输数据分析将对交通运输的规划、设计和运营产生重大影响，同时为未来的交通投资计划提供指导。作为一个例子，一个有趣的分析项目可能会是每个百分比的向公共交通模式转变的美元数。这将是一个衡量旨在影响该地区有利于公共交通模式转变的投资有效性的尺度。

那么，交通运输数据分析究竟会如何影响交通运输企业内部的组织安排呢？使用适当的发现工具对大数据集进行分析将揭示交通运输的趋势、模式和潜在机制。交通运输数据分析项目将被定义，并可用于管理交通运输的规划、设计、实施、运营和维护。这些交通运输数据分析项目将被纳入参与交通运输服务的工作人员的工作说明和目标。

一个简单的例子是交通信号工程师的角色。目前，交通信号工程师的工作是管理交通信号系统。也许在未来，交通信号工程师的工作目标将是减少交通主干道或交通网的停车和延误。也可能会有适合用作工作目标的其他高级分析项目还有待发现。那么，交通信号工程师的岗位职责将围绕工作目标进行制订。

例如，从狭义的角度来看，这种工作重点的转变可能对交通信号工程师不公平，因为影响停车和延误的一些因素不在他们的控制范围之内。也许，职责说明可以包括这样的要求：需要与其行动会影响主要目标的其他人进行合作与协作。这就使得人们认为，为了衡量服务交付的有效性，ITS 的用户服务可能会有与服务相关的分析。这个概念提供了在 ITS 体系结构的各个层次之间架设一座桥梁的可能性，同时也为将注重结果而不是活动本身奠定了基础。

大数据和网联汽车的出现以及人们从交通运输之外对数据科学可能性的日益了解，意味着我们的业务即将发生变革。也许这是一个能使我们仔细观察如何成功建立组织的理想机会呢？

9.10 小结

创建一个数据湖需要应用硬件和软件，并需要进行适当的组织变革。为了充分利用数据湖的好处，必须利用数据、分析以及新的见解和理解，以便制订支持智慧城市交通服务的对策、战略和行动。本章提供了数据湖的详细定义，并对在数据湖操作时将会发挥作用的各种要素进行了说明。本章旨在解释数据湖这一术语，并在规划层面展示数据湖如何实施。然而，它没有就具体技术的选择提供指导，因为有许多这样的选择，这些已超出了本书的范围。

本章还概述了在为智慧城市创建数据湖方面可能遇到的挑战，以及采用数据湖策略可能带来的好处。数据科学的进步使我们能够以过去不可能的方式聚合数据，使数据以新而有趣的方式组合在一起，同时在数据方面提供一个企业或组织范围的视野。

数据湖的创新本质也为根据数据分析对智慧城市以及交通组织安排的形态和结构的重新评估提供了机会。因此，本章最后对如何利用作为过程中的一个重要工具的数据湖和数据分析来实现组织微调提出了一些初步的想法。无论怎样强调试点项目法的重要性都不为过，许多技术和由此产生的新见解都将被智慧城市和交通专业人员忽略，而进行试点就提供了一个提高认识的机会，让人们能更深刻地理解在数据湖投资中可提取最佳价值。该方法还支持将重点放在可采取行动的新见解上，并使智慧城市和交通工作人员能够继续关注交通服务提供和结果。

参 考 文 献

[1] Hadoop definition, tech target.com http://searchcloudcomputing.techtarget.com/definition/Hadoop, retrieved January 17, 2017.

[2] Data Lake characteristics from Wikipedia, https://en.wikipedia.org/wiki/Data_lake#cite_note-stein2014-4, retrieved January 18, 2017.

[3] U.S. DOT roadway transportation data business plan (phase 1) – final, https://ntl.bts.gov/lib/48000/48500/48531/6E33210B.pdf, retrieved April 10, 2017.

[4] Think Big Data Lake Foundation, https://www.thinkbiganalytics.com/data-lake-foundation/, retrieved on January 17, 2017.

第 10 章　交通运输数据分析学的实际应用和概念

10.1　知识目标

1. 提供分析学如何应用于交通运输学科的实例。
2. 解释分析学如何用于高速公路的速度可变性分析。
3. 描述分析学如何用于衡量智慧城市的可达性。
4. 解释分析学在收费道路绩效分析中的应用。
5. 定义干线道路绩效管理的分析方法。
6. 解释如何使用分析学来支持公交车辆购置决策。
7. 说明分析技术的使用。
8. 讨论分析学及如何将其应用于其他学科。

10.2　词频云图

本章词频云图如图 10-1 所示，提供了对本章内容的概述。

第10章 交通运输数据分析学的实际应用和概念

图 10-1 第 10 章词频云图

10.3 导语

本章介绍了将分析学应用于交通运输的概念和实际应用。解释交通运输大数据分析的难题之一是用数据科学和分析学功能来展示用户需求与需要应对的实际情况之间的牢固联系。虽然数据科学和分析学很可能解决几乎所有的交通运输问题，但经验表明，在更加集中关注特定的需求领域时，将数据科学应用于交通运输方面会取得很大的进展。为了集中关注大数据分析技术的实际应用，已经确定了五个概念：高速公路车速可变性分析、智慧城市可达性指数、用于反映收费道路绩效的通行费回报指数、干线道路绩效管理和用于公共汽车购置的决策支持。与客户合作实施的高速公路车速可变性概念一直是广泛开发和应用的主题。在其他情况下，这些概念是与一系列潜在用户协调制订的，但尚未得到执行。无论如何，所有这些概念都将揭示数据科学怎样才能应用于智慧城市和交通运输领域内的实际需求。

10.4 概念

为了说明数据分析技术在交通运输中的应用，对上述五个概念进行定义。

（1）高速公路车速可变性分析

这一概念需要应用大数据分析技术来理解主要高速公路上瓶颈的形成所导致的速度变化。这一概念曾应用于与美国一家大型交通运输部门密切合作的主要城市高速公路。这些经验为高速公路条件下的交通工程学应用分析提供了一些丰富的见解，并在数据质量和分析发现过程方面得到了一些教训。由于这一实际经历，此概念在本章中的篇幅最大。

（2）智慧城市可达性指数

这个概念需要采用一种分析学方法来确定从住宅区移动到工作地、医疗和教育机构所在地的难易程度。它是与美国一座城市密切合作，为实施一项智慧城市新方案而开发的。这项智慧城市新方案的核心目标之一是改善到工作地、医疗和教育机构所在地的可到达性。这一概念已进入发展的高级阶段，但尚未得到实施。

（3）通行费回报指数

这个概念涉及创建复合通行费回报指数，该指数表示由收费机构提供的在通行费支付回报方面的效益。支付的通行费除以提供的总效益可得到该指数。这些效益包括三个主要组成部分：安全性、效率和用户体验。这一概念已由目前和以前的执行层收费管理者进行了讨论和评价，但仍处在由收费机构实施的过程中。

（4）干线道路绩效管理

该概念涉及与交通紊流相关的分析技术的应用，以确定干线通道和路网的技术性能。它辅以推特消息的社交情感分析和特定于上下文的关键词分析，以确定除了交通运输通道的技术性能之外的驾驶员感知。

（5）公共汽车购置的决策支持

这一概念需要应用分析学来开发用于公共汽车购置的决策支持工具。该概念考虑了公共汽车在服务其公交路线时遇到的主要交通条件，并为确定购买新公共汽车的最佳时间提供决策支持。这一概念是与一个大型郊区公共汽车运营商合作制订的，但尚未付诸实施。

下面各节将更详细地描述这些概念。

10.5 高速公路车速可变性分析

对高速公路上的车速进行可变性分析是一个重要的课题，可以深入了解设施的运行效率。下面的部分介绍如何将分析学应用于这个重要课题。

1. 概述

并非每条公路都安装了用于确定交通速度的适当的传感器。然而，有几家私营公司已经投资了使用适当的智能手机应用程序从车队和单个车辆收集探测数据的能力。通过应用合适的软件，可以将车队数据和单个车辆数据作为样本进行推算，并将其结合起来，提供一个跨城市的综合车速数据集。虽然数据是基于一个样本，但它允许为整个城市区域创建一个全面的数据集。利用这一数据源，曾对美国主要高速公路上的可变限速（Variable Speed Limit，VSL）的影响进行过评价。

所解决的问题涉及弄清将 VSL 应用于主要城市高速公路所产生的影响。常规方法可支持识别特定影响所需的详细分析层面。VSL 实施的目的是解决由于经常性拥堵或非经常性拥堵而导致的低速路段或瓶颈路段内的严重减速。这项工作作为与美国交通部合作的概念证明已被实施。与交通部进行讨论的过程中，在将大数据和数据分析用于交通运输方面我们发现了兴趣。还可确定，数据科学和数据分析领域是来自交通运输专业领域的独立社区。为了在这两个专业化且非常重要的社区之间建立一座桥梁，决定以州交通部 VSL 项目的评估为中心进行概念证明练习。

VSL 是一个在世界许多地方都被采纳的概念，但对美国来说却是一个相对较新的概念。VSL 的客户服务、安全性和效率效益的量化对交通从业者来说是非常重要的。这符合更广泛的需求，以了解对智慧城市服务和其他交通系统和基础设施投资的具体影响。虽然交通运输数据科学和分析学可以做很多工作，但这种方法决定将重点放在这一相对狭窄的应用上，因为它提供了一个展示数据分析能力范围的理想机会，并为对有关的州交通部具有重要意义的主题领域提供直接的投入。

VSL 法涉及动态信息标志技术在主要城市地区的州际公路（高速公路）交

通控制中的应用。沿着高速公路以一定间隔布置并通过光纤通信连接到交通管理中心的动态信息标志用于向驾驶员显示强制限速。通行的限速是通过使用路边传感器测量高速公路沿线的交通状况来确定的。

正如州交通部网站所解释的那样：

"VSL 是根据道路、交通流量和天气条件而变化的限速。电子标志在拥挤或恶劣天气路段到来之前降低车速，以平缓交通流，减少停停走走的情况，减少撞车事故。这种低成本的尖端技术实时提醒驾驶员因道路条件而导致的车速变化。较稳定的车速有助于防止因突然停车而导致的追尾和车道改变而导致的碰撞，从而提高安全性。我们远程更改道路限速的能力并不是为了制造速度陷阱。相反，不断变化的限速旨在通过防止出现事故和停停走走的情况来创造更安全的旅行。"

作为这一概念证明的区域公路网的路段，在相距约 0.5～1.5mile 的地点安装了 88 个电子限速标志。这些标志位于路肩的外部和中线处。远程改变限速的能力是为了通过创造更顺畅的交通来管理停停走走的交通状况，从而创造更安全的旅行。限速以 10mile/h 的速度增量，在 35～65mile/h 之间进行调整。

VSL 项目于 2014 年 9 月开始运作，目标如下：

1）通过协调交通流量和减少交通碰撞事故，减少拥堵和交通延误。

2）缩短行驶时间。

3）在接近事故路段、排队或停车时，通过降低车辆的速度降低碰撞频率，减少碰撞严重程度和二次碰撞的可能性。

4）稳定与缓和交通流（车道内和车道之间具有一致的速度）。

VSL 已在其他城市实施，研究表明：

1）VSL 允许以较慢但更一致的速度行驶，而不是通常的上、下班高峰时的停停走走。

2）通过调节交通流速度，VSL 还有助于减少与拥堵区域后面的突然停车相关的追尾和变更车道的碰撞。

3）这种更一致的速度提高了安全性，节省了汽油，并减少了交通流停顿时的发动机怠速所造成的有害排放。

2. 方法

这项工作的总体方法包括对构成研究区域各个路段的交通流速度进行一分钟递增的前后分析。为了解研究区内高速公路交通量变化的基本模式，研究区的前期数据集包括从 2012 年 9 月至 2014 年 9 月 7 个季度的前数据和 1 个季度的后数据 (2014 年第 4 季度)。VSL 项目于 2014 年 9 月开始运作。它将后数据集的范围限制在单一季度，即 2014 年第 4 季度。有人认为，3 个月的后数据足以使执行的效果稳定下来。评价的目标如下：

1）展示数据分析在应用方面的威力，这是州交通部的当前工作中心。
2）说明外部专业资源在数据分析中的应用。
3）展示分析学和预测技术的应用如何能够优化内部人力资源的使用。

对 VSL 项目以往评价的回顾表明，对 VSL 的评价有两种主要方法。第一种方法包括使用交通仿真模型，第二种涉及前后数据的分析。因为 VSL 项目已经得到推广，并且这项工作的主要目标之一是演示在大型观测数据集上使用分析方法，因此决定采用后一种方法。

（1）初始分析方法——车速可变性

该分析利用了 2013—2014 年在高速公路测试段（每个方向大约 36mile）上收集的私人来源的 INRIX 车速数据。共有 138 个实时交通信息（Traffic Message Channel，TMC）测试点的 INRIX 车速数据[1]可每隔 1 分钟获取一次。

尽管在高速公路的不同位置，高速公路上的方向标志采用基于罗盘航向的正式方向标识(东/西或南/北)，但是为了分析的目的，数据按顺时针和逆时针方向排列，从西侧英里标志 9.97 顺时针方向到东侧英里标志 46.3；反之亦然，从东侧的英里标志 46.5 逆时针排列到西侧的英里标志 10.0。请注意，数据分析是用 Teradata Aster 大数据探索平台进行的，摘要和可视化是用 Tableau 软件开发的。

整年两个方向的可用数据摘要如图 10-2 所示，显示了仅考虑工作日和工作日高峰时段的速度。对数据进行分析后，确定了早高峰发生在 6:00—9:00，晚高峰发生在 15:00—19:00。使用此定义，高峰时段约占可用数据点的 27%。

第 4 季度是唯一一个可以在 2013 年第 4 季度（无 VSL）与 2014 年第 4 季度（VSL 已实现）之间进行直接比较的季度，其数据如图 10-3 所示。

图 10-3 所示显示了整个研究在高峰时段工作日的车速变化。这包括 8 个单独的季度，即 520 个工作日的数据。阴影表示平均车速，线的宽度表示交通速度的标准偏差。图 10-3 所示表明高速公路上的交通状况实际上是高度可变的，即使在一些交通最繁忙的时间段也是如此。

2013年和2014年TMC的每分钟车速读数

年份	顺时针	环线 逆时针	总计
2013	34 318 350	33 278 400	67 596 750
2014	33 404 175	32 673 104	66 077 279
总计	67 722 525	65 951 504	133 674 029

工作日

年份	顺时针	环线 逆时针	总计
2013	24 473 592	23 731 968	48 205 560
2014	23 865 636	23 345 551	47 211 187
总计	48 339 228	47 077 519	95 416 747

高峰时段

年份	顺时针	环线 逆时针	总计
2013	9 186 474	8 908 096	18 094 570
2014	8 981 320	8 785 608	17 766 928
总计	18 167 794	17 693 704	35 861 498

图 10-2　整年两个方向的可用数据摘要

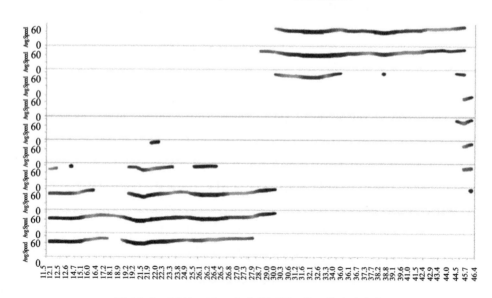

图 10-3　2013—2014 年高峰时段工作日的车速变化

为瓶颈路段假定的车速曲线模板如图 10-4 所示。这体现了一个主观交通工程学术语的正式数据定义——瓶颈。

图 10-4 所示从行业最佳实践的角度对车速方面瓶颈的定义进行了调整[2]。当观测交通流速度降低到低于参考速度的 60% 时，瓶颈就开始显现。参考速度是一个 INRIX 数据参数，它代表观察车速的第 85 个百分位数[1]。这大致相当于高速公路上固定限速标志所规定的限速。直到交通流速度回升到 60% 的参考速度之前，这种减速被认为是持续的。注意，这个描述瓶颈的简化模板假设每个瓶颈只有一次减速，并且当交通流速度上升至参考车速的 60% 时，瓶颈就结束了。当瓶颈链在现实中可能是单个瓶颈时，就有可能定义一个速度下降的瓶颈链。这一点将在本节后讨论。

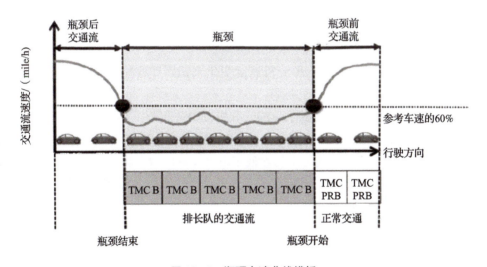

图 10-4 瓶颈车速曲线模板

图 10-4 显示了在一段高速公路上的速度变化，这段公路被分成一系列 TMC 段。TMC 段是高速公路路段的行业标准定义。请注意，不应将此与 TMC 的交通管理中心这一较常见含义相混淆。此定义可追溯到一个早期的欧洲项目，此项目被称为"无线电数据系统—实时交通信息"(Radio Data System—Traffic Message Channel) 项目 (RDS-TMC)。为启用位置特定的交通信息，针对该项目而专门开发了段的定义，这些定义在项目完成后得到了更广泛的采用。INRIX 将 TMC 段用作本项目所用当前数据版本的基础[1]。

图 10-4 中的垂直坐标轴表示交通流速度（每分钟时间增量上的平均值），

水平坐标轴表示距离，箭头表示交通流的行驶方向。

图 10-4 中最右边的黑点表示瓶颈的开始，这是交通速度下降到参考速度的 60% 以下的点。图 10-4 中最左边的黑点代表终点，即交通流速度上升到 60% 参考速度的点。

图 10-4 中央的灰色阴影区域表示进入瓶颈状态，此时交通流速度已经下降到 60% 以下，但仍未恢复到参考速度的 60%。框右侧的区域代表了瓶颈前的交通流速度，而框左侧的区域代表了瓶颈后的交通流速度。瓶颈被定义为灰色框的宽度。

在图 10-4 的底部，排列着一系列的小方框，它们表示高速公路的 TMC 段。最右边的两个白色小方框被标记为 TMC PRB(瓶颈前)。在大灰方框下的小灰方框标记为 TMC B(瓶颈)。

请注意，从数据的角度来看，瓶颈可以被定义为先是两个瓶颈前 TMC 段，然后接着一个或多个瓶颈段的一个数列。

此模板为我们提供了一种分析速度变化来识别和描述瓶颈的机制。它还提供了解释分析所需的定义和标签。

利用此模板，对数据集进行 nPath 分析以确定瓶颈，并根据队列长度来描述瓶颈。图 10-5 ～图 10-7 显示了几种不同的分析结果可视化的方法。

在图 10-5 中，圆点的大小与在低于参考速度时以分钟测量的瓶颈持续时间成比例。

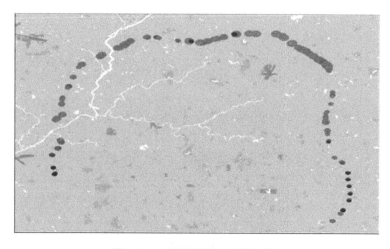

图 10-5　瓶颈的位置和持续时间

图 10-5 中用于生成图形的数据集是工作日高峰期间双向的交通流量。另一种瓶颈位置可视化的方法是识别离瓶颈最近的主要交叉路口。图 10-6 显示了主要交叉路口的瓶颈。用于生成这一可视化图像的数据集是 2013 年和 2014 年所有月份的数据集。方框的大小与瓶颈的持续时间成正比。

RIVERSIDE DR/EXIT 24	CHAMBLEE DUNWOODY RD/EXIT 30	NORTHSIDE DR/EXIT 22	US-78/EXIT 39	GA-141/EXIT 31	EXIT 33 (RETIRED)
NORTHLAKE MALL/ EXIT 38	GLENRIDGE DR/ EXIT 26	CHURCH ST/EXIT 40	I-B5/EXIT 33	GA-280/COBB DR/EXIT 15	GA-10/MEMORIAL DR/EXIT 41
ASHFORD DUNWOODY RD/EXIT	PACES FERRY RD/ EXIT 18	US-29/LAWRENCEVILLE HWY/EXIT 38 ATLANTA RD/EXIT 17	PEACHTREE DUNWOODY RD/EXIT 28	CHAMBLEE TUCKER RD/ EXIT 34	EXIT 32 (RETIRED)
NEW NORTHSIDE DR/ EXIT 22	US-41/COBB PKWY/ EXIT 19	PEACHTREE RD/EXIT 30	BOLTON RD/EXIT 15	GA-260/GLENWOOD RD/EXIT 44	I-75/EXIT 20 REDAN RD/EXIT 42
GA-236/LAVISTA RD/ EXIT 37	US-19/ROSWELL RD/ EXIT 25	US-23/BUFORD HWY/ EXIT 32	1-75/EXIT 259B (RETIRED)	1-20/EXIT 10	I-20/EXIT 678 (RETIRED)

图 10-6 主要交叉路口的瓶颈持续期（图中文字为出口名称及编号）

在最后一个瓶颈可视化示例（图 10-7）中，将瓶颈绘制在高速公路的地图上，用瓶颈出现位置的一个点来表示。点的大小对应于瓶颈的持续时间（以分钟为单位）。

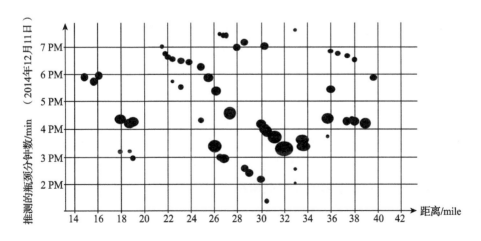

图 10-7 瓶颈的位置和一天中的持续期

生成图 10-7 所用的数据集是沿高速公路单一方向行驶的特定一天的晚高峰数据集。水平坐标轴代表沿高速公路的距离，用英里来表示。垂直坐标轴代表一天中的时间。点的大小表示事件的持续时间（以分钟为单位）。因此，随着一天中时间的增加，瓶颈的彗星轨迹从一个较高的英里标记延伸到一个较低的标记，这一现象可解释为可能相关的瓶颈链或序列。早期的瓶颈很可能会导致晚期的瓶颈。选择此数据是为了使彗星轨迹模式在图 10-7 中可见。瓶颈序列证明了本节前面讨论的分析约束。由于模板假设低于参考速度的车速呈现单边下降，因此，nPath 分析的结果提供了一系列瓶颈。彗星轨迹很可能不是一连串的瓶颈，而是一个围绕代表单个瓶颈的参考速度出现多次速度下降和增加的瓶颈。

遗憾的是，速度可变性、瓶颈和上面讨论的表征工作在 VSL 标志实施之前和之后没有产生统计上显著的差异。这导致了对分析学替代方法的讨论和考虑。

作为原始分析的一部分，采用了速度可变性和瓶颈表征技术。不幸的是，这并没有产生一个能表明从之前的情况变为之后的情况出现改善的统计学上的显著结果。速度可变性本身并不能有效地衡量 VSL 标志的影响。

在工作的中途，大约在计划的 6 个月内，与客户的一次讨论为评估问题提供了突破性的见解。在一次关于 VSL 标志的主观效果的讨论中，州交通部的一位高级成员说："当你在发生事故期间驾驶车辆时，你会感觉到路上行驶的车辆比我们安装可变限速标志之前更平静。"

这种理解导致对评价采用的参数进行重新考查。显而易见的是，简单的速度可变性、标准偏差或平均值可能并不能提供应对此主观陈述的洞察力。评价小组随后考虑了"平静"这个词，并且意识到其反义词是"动荡"。这种想法使我们坚定地认识到，测量交通紊流的评估参数可能会是更合适的测量方法，并且可能产生一个明确的结果。

随后与数据科学小组的讨论确定了一个新的备选评估参数——交通紊流。交通紊流被定义为事件发生时相邻路段之间的速度变化。进一步的分析还发现，测量交通紊流最重要的位置是在队列的末尾，由于会向接近队列末尾的驾驶员发出警告，预计这里的 VSL 效果将最为明显。

这代表了一个发现的时刻。虽然先前的分析工作并没有产生统计上的显著成果，但它确实为数据特征的理解奠定了基础，足以为交通紊流分析打下基础。由于对分析的复杂性有了新的理解，研究小组决定将重点放在基于交通速度的交通紊流分析上,而将其他因素放在一边。

(2)修订后的方法——交通紊流分析

研究小组确定,交通紊流分析将是评价 VSL 更为适当的方法。分析的焦点也集中在影响区内瓶颈的末端,但超出了瓶颈。为便于分析,创建了图 10-8 所示的经修订的瓶颈速度曲线模板。

与图 10-4 一样,图 10-8 中的垂直坐标轴表示交通流速度,其单位为 mile/h,大小为每分钟时间增量上的平均值。水平坐标轴表示距离,箭头表示交通流的行驶方向。

在图 10-8 中,添加了两个额外的方框——标记为 TMC Lag1 和 TMC Lag2 最左侧的黑框,表示瓶颈后的交通速度状态。

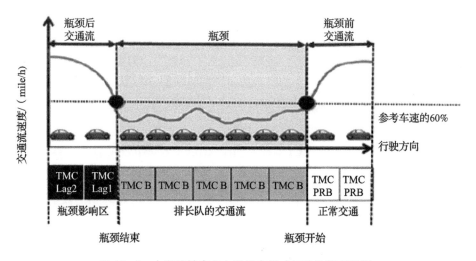

图 10-8　在瓶颈结束点之后设有影响区段的瓶颈模板

该瓶颈后交通区也可以被定义为瓶颈的影响区,并且该区域速度被定义为在 TMC Lag1 和 TMC Lag2 中观察到的速度平均值。这两个段的添加使得对影响区域进行交通紊流分析成为可能。

为了直观地测量相邻 TMC 之间紊流速度变化的影响,我们采用了加/减速的计算方法,并累计计算了这些加/减速计算的总绝对值。测量两个相邻 TMC(x 和 y)之间加速度的方法如下:

$$交通紊流 = \left[\begin{array}{c} 全部对偶TMC段的总和 \\ \left[\begin{pmatrix} TMC\_x\_速度^* \\ TMC\_x\_速度 \end{pmatrix} - \begin{pmatrix} TMC\_y\_速度^* \\ TMC\_y\_速度 \end{pmatrix} \right] \end{array} \right] \Bigg/ \begin{array}{c} 对偶TMC \\ 段比较的 \\ 总数 \end{array}$$

式中　$TMC\_x\_$速度——x 段上 1min 观测的速度（mile/h）；

　　　$TMC\_y\_$速度——y 段上 1min 观测的速度（mile/h）。

上述计算公式的测量单位为（mile/h）/min。

使用两个瓶颈后的 TMC 段（TMC Lag 1 和 TMC Lag 2）对工作日的高峰时段交通量进行分析，便可得到图 10-9 所示的结果。

推测瓶颈的年份	Lag2速度	Lag2公告	Lag1速度	Lag1公告	瓶颈末端速度	瓶颈末端公告	区间紊流平均值	瓶颈数	区间紊流总和	平均排队长度
2013	56.6		49.0		30.1		20.8	81 218	1 686 757	3.9
2014	55.9	47	48.9	43	29.9	39	18.9	80 627	1 521 833	4.3

图 10-9　2014 年第 4 季度与 2013 年第 4 季度交通紊流计算结果比较

图 10-9 显示了 2014 年第 4 季度与 2013 年第 4 季度相对比的紊流分析结果。正如前面所解释的，VSL 标志是在 2014 年第 4 季度初投入应用的，因而限定了之后的阶段。结果表明，在瓶颈末端，紊流和速度明显减小。没有核查结果是否具有统计意义，但对满足客户的需求有足够的重要性。注意，在紊流计算中大约有 7 150 万个数据点。

10.6　智慧城市可达性指数

1. 概述

许多与智慧城市新方案相关的目标都以改善就业、教育、医疗卫生和零售机会的可达性为中心。这个指数涉及衡量智慧城市地区内的住宅区和包含此类机会的地区之间交通的难易程度。通过与运动分析数据提供者、智慧城市分析人员和智慧城市从业人员密切合作，制订了以下概念，以满足智慧城市内可达性分析的需要。通常，在城市地区，交通可达性是通过使用来自交通土地使用模型的综合数据来定义的。这些模型采集了相对较小的实际交通运输状况样本，并应用建模技术为未来主流交通状况绘制了一幅全景图。随着智能手机应用的运动分析的出现，可以重新审视该方法并基于观测数据定义一种新的方法。运动分析涉及以聚集的和匿名的方式从智能手机捕获 GPS 数据，使得能够以相对高的采样率来确定目的地和出发地的出行模式。除了提供智慧城市地区中各区域之间总体需求的评估之外，运动分析还可以对所选择的出行模式和路线给出强烈的提示。可达性指数包括在智慧城市地区内的主要区域之间的旅行时间、旅行时间可靠性和旅行成本，通过定义可达性指数，就可以对可达性进行评价。请注意，运动分析数据还允许识别居住区和包含工作机会、教育机会、卫生保健和零售机会的区域。运动分析数据也可以与美国人口普查数据结合，以提供对每个地区特点的了解。虽然这一方法仍然含有估计的因素，但它是以观测数据为基础的，这些数据可以考虑可达性随时间推移的动态变化。

2. 分析

所使用的主要分析项目被称为可达性指数，它由以下部分组成。

1）居住区与机会区之间的估计旅行时间：因为需要人口普查数据来确定每个地区的人口特征，所以智慧城市地区内的区域是根据美国普查域边界确定的。智能手机应用程序的运动分析将用于描述区域间的旅行特征，并在夜间为智能手机用户确定居住地点。根据美国人口普查数据可确定机会区的位置。为了说明居住区和机会区之间的平均旅行时间，将确定采用旅行时间分析。这项分析将成为总体可达性指数中的一个因素。

2）居住区和机会区之间的估计旅行时间可靠性：通过考虑在适当时期内各区域之间的旅行时间，就有可能对居住区和机会区之间的旅行时间可靠性做出估计。这项分析也将成为总体可达性指数中的一个因素。

3）居住区和机会区之间的旅行费用占家庭收入的比例：美国人口普查数据将用于估计每个居住区的家庭收入。居住区和机会区之间的旅行费用将根据各区域之间的旅行时间和旅行时间可靠性以及假设的每小时旅行费用来确定。后一个数字通常与城市的每小时平均收入有关，但也可以考虑每个区域的每小时平均收入。这三项分析被合并成一个单一的可达性指数，其定义为从 1 区到 2 区的可达性指数等于区域间的旅行时间、区域间的旅行时间可变性以及旅行费用在收入中所占的比例。请注意，还可以将交通运输仿真模型中使用的广义成本建模模式作为这一方法的替代方法。

10.7 通行费回报指数

1. 概述

收费机构在解释用户必须支付的通行费水平方面面临一个具体问题。在许多情况下，将重点放在收费数额上，这不利于对以通行费作为回报而带来的效益进行简单解释。因为收费的水平是一个简单的数字，而所提供的效益可能分布在机构内的多个部门和多个预算之中。通行费回报指数概念试图利用分析学生成一个简单的数字来解决这一难题，该数字代表通行费回报所带来的效益。收费回报指数是一个数字，用所支付的通行费金额除以提供的总效益来表示。提供的总效益是安全性、效率和用户体验各项效益的总和。这一概念是在与一家主要的收费机构和相关的专业协会密切联系的基础上开发的[3]。

2. 所用的分析项目

在本例中，通行费回报指数由以下四个主要部分组成。

1) 支付的通行费：支付的通行费可以用多种不同的方式来描述。在该示例中，将使用用户在平均通勤日期间支付的总通行费。这意味着，为了确定该指数，还将在相同的基数基础上计算通行费回报指数的效益部分。

2) 安全效益：安全效益的价值与通过提高收费公路上安全性而避免的碰撞事故数量有关。安全性的提高可能是由于更好的交通管理、更好的道路几何结构或更好的整体运营。这可通过将目标高速公路的碰撞统计数据与地方、区域和国家的道路进行比较来确定。通过考虑交通量，也可以使碰撞事故统计规范化。因此，碰撞统计数据将以每行驶一英里的交通事故数为依据。可以从本地交通事故数据库获取碰撞统计信息，从当地交通运输机构或者收费机构本身获得交通量。在某些情况下，交通量可以使用数学仿真模型进行估计。碰撞统计通常分为死亡事故、人身伤害事故以及仅有破坏的事故。

根据美国 DOT 统计，每个死亡事件对社会造成的终生综合成本为 910 万美元，其中 85% 属于生活质量的损失[4]。每名重伤幸存者平均每年需社会承担 560 万美元的费用，损失的生活质量费用占这个数字的 82%[41]。可根据人员受伤严重程度对损伤事故的统计做进一步的分类，每个子类别的综合费用有所不同。上述关于重伤幸存者的数据是最严重的级别。为了确定安全效益的估计值，可将这些数值用作减少碰撞所得效益。

3）效率效益：效率效益主要来自收费公路节省的时间，由于收费公路提供了比类似备选方案更快的路线。评价效率效益的方法是将在特定路段上行驶所需的时间与在其他路线上行驶所需的时间进行比较。这些数据可以从目标路段和替代路线的行程时间调查中获得，也可以从区域交通运输模型（数学仿真模型）中获得。确定效率效益可以考虑的另一个因素是与替代路线相比较的收费公路的出行时间的可变性或可靠性。在速度变化的情况下，使用收费公路的每次行程的平均速度可变性将与使用替代路线的等效行程进行比较。收费道路行程与替代道路行程之间的速度可变性差异将在几分钟内即可查出。如果可变性的减小或可靠性的增加将为驾驶员节省额外的几分钟，那么时间价值的计算便可完成。一旦确定了时间节省和可靠性改进，便可应用时间价值的估计来确定效率效益的价值所折合的美元，这可以作为绝对旅行时间节省的函数，也可以与旅行时间可靠性合并为一个因素。

4）用户体验增强效益：确定用户体验增强效益的价值是这几个组成部分中最具有挑战性的部分。用户体验是主观的，很难测度。拟议的方法涉及使用社交媒体分析，就本例而言，社交媒体分析是对推特消息的分析。为了只包含那些与目标路段和替代路线相关的推文，要对推特消息进行处理。针对特定语境的文本分析是为了确定对两组路段的使用者的正面和负面的评论。然后，有必要对不同程度的正面和负面评论赋予美元价值。关于这一主题的研究无法确定已公布的关于公众认知价值的数据。因此，收费机构必须为该机构制订具体的价值。例如，如果以 0～100% 的比例来衡量有关道路和备选方案的用户感知，那么 1% 的感知上的正面差异就可被估价为 10 000 美元（这是一个旨在提供计算示例的任意数字）。在实践中，这一价值可按收费机构在营销和推广方面总支出的百分比计算。例如，如果收费机构每年在营销和推广方面花费 500 万美元，那么这个数字的一部分可以用来代表用户感知改善 1% 的价值。

另一种确定用户感知改变 1% 的价值的方法是对用户群体进行直接调查。这项调查将要求用户对收费公路所提供的改善体验进行估价。智能手机应用程序可以用来使这项工作成为一个高效和持续的过程。

10.8 干线道路绩效管理

干线道路绩效管理已成为交通运输业内一个非常重要的课题。联邦政府的立法强调对交通服务提供采用以结果为导向的投资方式。这使得干线道路绩效管理成为智慧城市的一个有价值的分析概念。下面对干线道路绩效管理分析的本质加以描述。

1. 概述

这一概念的基本原则是采用 10.5 节所述的应用于高速公路管理的技术并将其应用于干线道路绩效管理。高速公路和干线道路的绩效环境随着平均交通速度和预期速度的变化有很大的变化。干线道路会受到其他复杂因素的影响，如干线交通站点、交通流量和行人之间的冲突。此外，各干线道路交叉口之间的间距预计将大大小于高速公路，并且高速公路可被视为一条直线通道，而干线道路需要被视为一个由节点和交通路段构成的网络。为了解决干线道路绩效管理问题，会应用为高速公路开发的相同的交通紊流分析，来描述沿干线道路的交通流所经历的加速和减速的严重程度。还可以通过社交媒体分析来对此加以补充，以便为驾驶员对干线道路绩效管理的感知提供一个另外的视角。

2. 分析

正如前面所讨论的，交通紊流分析将是用于对干线道路绩效管理进行评估的主要工具。这将与交通流以及沿着每个路段的交通流速度可变性分析相结合，以确定每条干线道路的技术性能。以推特消息的特定语境的关键词分析为基础，还将使用用户情感指数来确定在干线道路通道行驶的驾驶员的满意度百分比。

10.9 公共汽车购置的决策支持

1. 概述

这一概念是在与一个领先的公共交通运输机构[5]进行讨论的过程中形成的，明确了选择适当的公共汽车购置时间的挑战。购买公共汽车以支持区域和当地的公交服务是一项重要的投资。根据具体规格和选型的不同，每辆公共汽车的购置费为 300 000～600 000 美元。这是一项重要的资本投入，因此要为可以使此类投资尽可能具有成本效益的任何工具或洞察力赋予重大价值。人们认识到，决定购买新公共汽车的主要因素都与公共汽车在运营线路的道路上所经历的交通情况有关。谈论中的公共交通运输机构在大城市的郊区经营着大约 1 000 辆公共汽车。因此，许多路线在有交通信号的干线道路和其他道路上运行。将分析支持法用于购置公共汽车的总体概念是，通过将分析技术应用于交通流，来描述公共汽车车队所经历的通行交通状况。在这种情况下，分析的对象不是交通紊流，而是每辆公共汽车在运营路线上所经历的平均旅行时间和旅行时间可变性。这一方法的目的是制订一项结合旅行时间和旅行时间可变性以及关于时间表遵守情况的数据指数，以确定应该购置公共汽车的最佳时间点。还应指出的是，除了购置新的公共汽车之外，使用自适应协调的交通信号管理技术、交叉路口公交优先、反向公交专用道和公交通行特权等也是改善公共汽车在交通通道上遇到的交通状况和公共汽车服务质量水平的有效战略。

2. 分析

可以设想，以下分析将用于公共汽车购置支持工具的开发：
1）每条路线的公共汽车运行速度。
2）公共汽车运行时间表的遵守情况。
3）每条路线的平均交通速度。
4）每条路线的公共汽车行驶速度可变性。
5）可接受的公交时刻表合规性变化。
6）公共汽车运行时刻表合规性变化的成本。

10.10　分析学应用的思考

在分析学的使用和可获得的见解方面，五个概念中的每一个都提供了一些其他想法。

（1）高速公路管理

在分析工作中遇到了若干挑战。其中一些挑战与建立数据科学与交通运输之间的桥梁有关。可以说，低估了在建立这样一座桥梁和使数据科学家快速掌握交通数据特征所需的努力。同样，将数据科学传达给交通运输专业人员所需的努力也被低估了。其他挑战与企业的发现特质有关。将发现工具应用于数据集的整个过程本质上意味着，在过程开始时不被感知的事物可能变得很重要。一个发现导致另一个发现的情况也是如此。在这项工作中，肯定是这样，在最初设想的工作时间表中对一个重要扩展内容的初步分析曾付出了巨大的努力。原工作计划约为两个月，而实际工作时间则超过12个月。

另一个挑战是TMC段的定义，其长度从500m到超过2 000m不等。由于只能在段的长度上，而不能在段内对影响进行分析，因此这限制了评估的分辨率。自这项工作完成以来，INRIX采用了一套段长度更短、更一致的新数据集[1]。这有利于分析的高分辨率，并使这个数据源可用于交叉路口之间的距离较大和交通速度变化较大的干线道路。在研究期间开发的技术如果与网联汽车数据一起使用，也将是非常有价值的。网联汽车数据提供了发自网联汽车的秒级速度轨迹的可能性。这个高分辨率的数据集可以与这里开发的技术一起使用，以便在瓶颈开始、中间和结束时更深入地了解驾驶员的行为。

该项目的一个重要发现要素是认识到，分析可以为一种新的科学的交通工程方法奠定基础。随着有更多数据可以得到，以及数据的准确性和分辨率的提高，本项目所揭示的原理可促成科学的交通工程方法的采用。

这将基于对交通状况变化的详细了解以及交通管理工具和装置的具体影响。随着网联汽车技术的出现，能够大规模地收集瞬时车速、车辆位置和车辆识别等信息，很可能为科学的交通工程方法做好准备。我们认为，需要将网联汽车数据纳入一个包括碰撞、事故、道路几何尺寸、路线图、道路标志、天气状况和其他数据在内的综合交通运输数据集，依靠这个数据集可以应用发现技术来支持一种科学方法。

科学的交通工程最终将带来由数据和效果驱动的交通管理策略的设计。人们最终还可以预见到总有一天，可以重写设计文件以考虑这一新的科学方法。在采用科学的交通工程的同时，还可以采取科学方法来规划未来对交通运输设施（包括智能交通系统）的投资。访问涵盖交通运输服务提供的多个方面和主要条件的综合数据集还会支持在数据集范围内的任何一点处进行的前期研究。识别和理解过去投资的确切影响将促使未来有目标明确的投资。这很可能是交通运输规划和工程的一种新的科学方法的起源。

与这种科学方法有关的一种想法是，需要从数据的角度对交通运输人员通常在主观基础上使用的术语进行定义。如本章所示，这些术语包含像经常性和非经常性拥堵以及瓶颈一样的术语。

关于高速公路速度可变性研究的最终思想涉及超出机构界限的绩效数据的可用性。这些数据源的可用性可能会给地方机构带来关于运营效率的压力。例如，在高速公路工作期间，数据科学小组注意到，2014年9月20日下午3时至4时之间发生了一起事故。经与当事人进行讨论后，发现这是一场暴风雪来袭的时间和日期。这种互动的重要性在于，一个独立的数据科学小组可以在不依赖公共机构数据的情况下发现绩效问题。

（2）可达性指数

可达性分析的一个有趣方面在于使用观测数据的能力，在这种情况下，通常将使用交通运输模型中的综合数据。存在一种可能性，即可以将观测数据与这些综合数据结合起来，以便更全面地了解这座智慧城市。然而，有必要考虑所得数据集的准确性，因为来自交通运输模型的数据很可能基于一个规模比观测数据小得多的样本。

（3）收费回报指数

一旦建立了通行费回报指数框架，就有可能利用深入的分析来了解安全性、效率和用户体验的变化将如何影响通行费回报指数。虽然在本例中已计算了整个通行费网络的通行费回报指数，但亦可探讨总网络不同部分的通行费回报指数的动态特性，以了解在安全性、效率和用户体验的变化以及通行费收入的变化。在可变通行费技术的分析中，通行费回报指数也是一个有用的工具。在这样的方法中，通行费是动态变化的，以实现特定的服务目标水平。在许多情况下，服务水平的目标是在道路网络可变通行费部分上的平均时速为45mile。在计算任何给定时间支付的通行费方面，通行费回报指数可作为目标函数。当前动态收费的实现依赖于一个对照表，该表可对不同通行费等级的交通量和速度进行对比。在确定与可变通行费部署相关的弹性时，通常不考虑诸如出行目的等因素(弹性被定义为在通行费等级每增加一级时从收费公路改为可替代的其他路线的车辆数量)。

（4）干线道路绩效管理

使用社交媒体分析将用户感知合并可能会产生一些有趣的结果。虽然交通和交通运输工程师根据通道沿线的总延误进行优化，但与驾驶员的讨论表明，他们可能认为通道沿线的停车次数比总延误更为重要。这似乎是因为驾驶员不会介意沿通道行驶稍微长一点的路程,只要这是一个停车少的平稳的行程。这意味着,如果停车次数减少,较低的平均速度对于驾驶员来说是可以接受的。

(5)公共汽车购置的决策支持

虽然在用作一种工具以便能够更好地决定公共汽车的购置时间方面,已经对这项分析进行了描述,但这项分析还构成了利用数据分析支持的科学投资规划的更大视角的一部分。公共汽车购置的决策支持所涉及的原则对于智慧城市内支持交通运输服务提供的其他基础设施要素同样适用。

参 考 文 献

[1] www.inrix.com .The data set for the freeway speed variability study was provided by INRIX Inc. and preprocessed by Appian Strategies Inc. before delivery to the data science team.

[2] Workshop session with Albert Yee, Emergent Technologies, and founder of the Caltrans Freeway Management Academy.

[3] Discussion with Randy Cole, executive director for Ohio Turnpike, and a toll analytics group under the auspices of the International Bridge Tunnel and Turnpike Association.

[4] *The Economic and Societal Impact of Motor Vehicle Crashes*, 2010 (Revised), U.S. Department of Transportation, National Highway Traffic Safety Administration, May 2015.

[5] Discussion with Michael Bolton, deputy executive director, PACE Bus Chicago.

第 11 章　智慧城市交通运输服务的效益和成本估算

11.1　知识目标

1. 解释估算智慧城市交通服务的效益和成本的基本概念。
2. 举例说明支持智慧城市交通服务提供子系统的假定配置。
3. 描述智慧城市交通服务成本估算的例子。
4. 举例说明智慧城市交通服务的效益估算。
5. 解释智慧城市交通服务规划和高级别筛选评估的依据。

11.2　词频云图

本章内容概述的词频云图如图 11-1 所示。

分析学　每年　**假定**

效益　资本　汽车　中央　**城市**　网联

成本　数据　提供　直接　效率　要素

排放　促成者　估算　图　燃料　硬件　信息

生命　生命周期　**管理**　英里　运营

每　人　手机　人口　私有　提供　降低

服务　智慧　软件　花费

子系统　支持　系统　合计

交通运输　旅行　货车　单元数

城市的　使用　车辆　年

图 11-1　第 11 章词频云图

11.3　导语

本章探讨与智慧城市实现有关的成本和效益。以收支平衡的方式处理这一问题，从而获得具有实用价值的效益和成本估算准则。这是一个具有挑战性的主题，因为成本和效益明细通常是通过一个详细的设计过程来确定的。这个详细的设计过程将针对特定的城市和特定的环境进行定制。在此设计过程中，要做出技术选择，以便按照最适合涉及城市的特定方向开展预期部署。要确定包括资本和运营成本在内的生命周期成本，还必须了解服务的运营和维护成本。

本书倡导用一种服务进化方法来确定智慧城市部署的起点和路线图。第 5 章所确定的 16 个智慧城市服务项目在这一主题方面也可构成智慧城市交通运输效益 - 成本规划框架的基础。这样的一个模型可为智慧城市提供构建和影响投资模式所需的高级指导。还要认识到，第 5 章所定义的分析方法可适用于确定智慧城市服务的效益和费用估计数。因此，本章所描述的成本和效益模型也可以被视为一个起点或平台。随着从智慧城市不断收集效益和成本数据，以及描绘智慧城市的分析方法不断得到开发，这个平台可以随着时间的推移而不断完善。本章所界定的效益－成本规划框架具有直接和独立的价值，但主要因素及其价值最终将在于为未来的加强和发展奠定基础。其目的是描述评估智慧城市交通运输服务的效益和成本的框架和总体方法，然后利用这样的分析技术继续逐步完善模型。目标是为智慧城市服务的演进开发一个先进的决策支持系统。这将考虑到智慧城市政策目标，并就应部署哪些服务以及为优化若干因素而采用的部署顺序提供指导。这些目标包括效益－成本比率、传统系统的合并以及先前投资的性质。通过长期目标的确定和实施，最优服务顺序的确定为详细的优先级划分和阶段划分以及服务的提供奠定了基础。如前所述，项目是必不可少的，因为它们代表了可以受计划约束和成本控制约束的可管理的部署单元，并且是迈向未来全局的一个独立步骤。然而，必须认识到，价值和效益实际上是由项目启用的服务所提供的。利用服务来传达计划投资模式还能更有效地与一系列智慧城市合作伙伴、公众或拟议服务的最终用户进行外联。

定义效益－成本框架的另一个重要目标是在有效的前后评估所需的数据方面为智慧城市提供指导。在以前对先进交通技术的投资中，前后的数据收集是不一致的，这为前后情况的直接比较和在城市之间进行比较带来了挑战[1]。

11.4 方法概述

智慧城市交通服务的效益和成本评估的总体方法如图11-2所示。下面对每一步骤进行描述。

（1）定义智慧城市交通运输服务

该方法的出发点是为将要部署的智慧城市交通运输服务创建一个定义。虽然这些服务可能因城市而异，但第5章确定的16项服务被用来解释和说明一般方法。表5-2展示了与这些服务相对应的目标。这有两个原因。首先，目标提供了对服务可能提供的价值和效益类型的一些见解；其次，加强服务和目标之间的联系是可取的。提供服务的主要目的是实现先前定义的目标。这些目标也是根据安全性、效率和用户体验三个方面进行分组的。

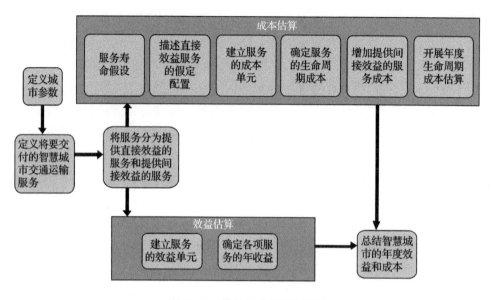

图 11-2　效益和成本评估过程

（2）将服务分为提供直接效益的服务和提供间接效益的服务

这 16 项服务可分为提供直接价值和效益的服务以及充当促成者使其他服务能够提供价值和效益的服务。这并不意味着提供间接效益的服务没有价值，而是表明它们的价值与其他服务的支持密切相关。

（3）描述直接效益服务的假定配置

虽然在研究一般的智慧城市时没有详细的设计可用，但有必要描述为成本和效益评估目的而假定的高级配置。这些可以被比喻为高级别的系统架构，这些架构描述了总体组成，并解释了效益和成本估算的基础。

（4）建立服务的成本单元

如第 5 章所述，这些服务项目将随着时间和空间的变化而发展。在这种情况下，空间代表地理范围或在任何特定时间接受服务的城市人口的比例。

（5）建立服务的效益单元

以与上述成本单元类似的方式，可以为每项服务确定效益单元。效益可以与服务空间、服务时间和服务质量有关。

（6）确定服务的生命周期成本

生命周期成本是提供服务所需的资金成本和运营成本的组合。两者都可能与服务的空间范围和服务的质量直接相关。

（7）确定服务效益

服务效益是从以前的实施经验中获得的，前提是智慧城市的收益水平与以前部署的收益水平类似。由于以前部署的智慧城市数量很少，所以先前的部署包括智能交通系统部署和智慧城市部署。

（8）效益和成本总结

评估过程的最后一步是对效益和成本进行总结，以备将这些数字用作服务排序提供决策支持的输入信息。

11.5 若干假定

即使在草图规划层面，也有必要对智慧城市的规模和性质做出一些总体假定，以此作为成本和效益评估的基础。一个智慧城市模型已经被定义，可以用表 11-1～表 11-3 所列的参数来描述。选用这些数字是为了尽可能切合实际，但如前所述，详细的成本和效益评估需要详细的设计练习。表 11-1 汇总了在成本估算中使用的美国国家参数。

这些数字被用作成本估算的依据。美国人口统计数据是从普查数据中获得的[2]，全国加油站的数字是按照美国人口的比例计算的[3]。

私人汽车运营成本和城市货车运营成本是从美国汽车协会网站获得的[4]，假设一辆城市配送货车的运营成本与在美国汽车协会成本系列中最高端的四轮驱动 SUV 类似。这可能是保守的估算，因为一辆城市配送货车的停车次数很可能会增加运营成本。私人汽车和城市货车的排放控制成本是从国家公布的数据中获得的[5]。旅行时间的价值（美元/h）和每人每天的平均旅行时间（min）是从已公布的数据中得出的[6,7]。每年拥有 1 TB 数据的总成本来自一本已发布的白皮书[8]。

表 11-1　用于模拟智慧城市的美国国家参数

项目	数据
全国总人口	324 838 897
全国加油站个数	123 807
每个加油站的人口	2 624
每英里私人汽车运营成本	0.580 美元
每英里城市货车运营成本	0.708 美元
每英里私人汽车排放成本	0.011 美元
每英里城市货车排放成本	0.026 美元
每英里电动汽车运营成本	0.140 美元
时间价值	12.5 美元/h
每人每天出行平均花费时间	79.5min
每年拥有 1 TB 数据的总成本	12 000 美元

表 11-2　智慧城市中设备数量的估计

智慧城市道路	道路长度/mile	1mile 设备数/套	设备总数/套	说明
智慧城市高速公路	51	4	204	1mile 在每个方向设置一个车辆检测站和一个动态信息标志
智慧城市干线道路	126	2	252	1mile 一个交叉路口，每个交叉路口设置一个交通控制器和一个车辆检测系统
智慧城市地面街道	989	4	3 956	0.5mile 有一个交叉路口，每个交叉路口有一个交通控制器和一个车辆检测系统
智慧城市公交线路	372	4	1 488	无轻轨或通勤铁路；每条线路 1mile 每个方向有两套设备
设备数合计/套			5 900	

表 11-2 是对智慧城市设备数量的估计。表中的说明解释了这些估计数所依据的假定。

得出这些数字的依据如下。就高速公路、干线道路和城市地面街道而言，人均估计数是根据国家数字编制的[9]，与拥有 100 万人的智慧城市人口相称。公交路线是从芝加哥交通管理局（Chicago Transit Authority, CTA）网站公布的数据中得出的[10],按人口比例分配。

表 11-3 智慧城市的特征参数

项目	数据
智慧城市可解决的出行人口	1 000 000
智慧城市公共汽车数量	539
智慧城市私人汽车数量	807 990
智慧城市出租汽车数量	7 200
智慧城市租赁汽车数量	7 121
智慧城市配送车辆数量	80 799
年人均行车里程	9442mile
私人汽车 VMT 比例	88%
货车 VMT 比例	12%
智慧城市日均配送量	5 000
智慧城市停车位数量	323 237
智慧城市智能工厂数量	200
智慧城市智能教育设施数量	200
智慧城市智能医疗设施数量	200
智慧城市电动汽车充电点数量	381
智慧城市包裹递送的平均成本	10.00 美元
智慧城市电动汽车运营成本降低	76%
智慧城市电动汽车排放降低	100%
每 10 万人每年死亡人数	10.69
每 10 万人每年受伤人数	752
每年平均数据量	365TB

表 11-3 展示了在成本估算中使用的智慧城市特征参数的详细情况。这些数据要么是假定的,要么是根据表 11-1 所示的国家数据得出的。

可解决的人口假定为 100 万人。请注意,这不包括非常年轻和非常年老的人,而是假定为代表旅行人口的人。公共汽车的数量是根据芝加哥交通管理局公布的关于公共汽车数量和服务人口的数据(按人口比例计算)得出的。由于 CTA 使用通勤铁路,并且与典型的城市相比可能更少地依赖公共汽车,因此会造成一个保守的估计。CTA 被用作一个数据源,有关公共汽车数量、路线里程和服务人口的全面服务详细信息均可在 CTA 网站上的相关表格中找到[10]。假设智慧城市模型不采用轻轨交通或通勤铁路。

智慧城市内私人汽车的数量是根据按智慧城市人口比例计算的国家数字[11]得出的。

年人均行车里程[12]、私人汽车 VMT 比例和货车 VMT 比例是根据按智慧城市人口比例计算的国家数字[13]中得出的。

智慧城市配送车辆数量被假设为私人汽车总数的 10%。

智慧城市日均配送量是保守估计数。

智慧城市出租汽车数量是根据按人口比例计算的国家统计数[14]得出的。

租赁汽车和停车位数量也是如此,使用按人口比例分摊的租赁汽车[15]和停车位[16]的国家数字。

智能工厂、教育设施和医疗设施的数量是按照每 5 000 人中有一套设施的最佳估计数。

城市包裹递送的平均费用被假定为 10 美元的最佳估计数。关于电动汽车充电点,据推测,一个智慧城市的电动汽车充电点密度最终将与目前美国加油站的密度相同。全国加油站的数字是根据智慧城市人口比例得出的[3],以此得到电动汽车充电点的数量。美国人口统计数据是从美国人口普查网站获得的[2]。

电动汽车运营成本的减少是通过将公布的电动汽车运营成本(假定电力成本为 0.10 美元 /kW・h)与运营一辆私人车辆的成本[17]进行比较而得出的。

在安全统计方面,每年每 10 万人口死亡人数和每年每 10 万人口受伤人数均依据国家公布的数字并按智慧城市人口比例计算得出,在此假定死亡和伤害事故的社会成本来自同一参考资料[18]。关于计算节省的旅行时间的价值,每人每天的平均旅行时间[7]按智慧城市的人口比例计算。

关于大数据和分析方面,假定拥有 1 TB 数据的总成本约为每年 12 000 美元[8],而一个智慧城市每天将产生大约 1 TB 的数据[19]。

11.6　智慧城市成本与效益评估

按照 11.5 节所述方法,以下将 16 个服务项目中每项服务的智慧城市效益和成本估计进行说明。

(1)定义智慧城市交通服务

如 11.5 节所述,第 5 章界定的 16 项智慧城市交通服务被用作这一方法的基础。由于其中一些服务不提供直接效益,而是作为从其他服务中释放效益的推动者,所以有必要将这些服务分为两类,以便采用该方法。这将在下一部分中描述。

(2)将服务分为提供直接效益的服务和促成其他服务的服务

表 11-4 展示了根据提供直接效益的服务和支持其他服务的促成性服务即间接效益服务进行分组的 16 项服务。

表 11-4 提供直接效益的服务和促成性服务的服务项目

序号	直接效益服务	促成性服务
1	资产和维护管理	
2	网联汽车	
3	联网参与市民和游客	
4	综合电子支付	
5		基于智能传感器的基础设施
6		低成本、高效率、安全和可快速恢复的信息和通信技术
7	智能电网、道路电气化和电动汽车	
8	智慧土地利用	
9		战略性商业模式和伙伴关系
10		交通运输治理
11	交通运输管理	
12	旅行信息	
13		城市分析
14	城市自动化	
15	城市配送与物流	
16	以用户为中心的出行	

由于下列原因,将某些服务划分为促成性服务。

1)基于智能传感器的基础设施:这些是安装在路边和交通运输系统沿线停留处的传感器。它们提供描述普遍的交通运输状况的数据,作为规划和业务决策的输入。因此,它们没有提供直接价值,但在服务提供和绩效管理方面发挥着关键作用。

2）低成本、高效率、安全和可快速恢复的信息和通信技术：这些信息和通信技术是用来在智慧城市内提供连通性的通信网络。数据从传感器、众包和其他系统以及从网联汽车传送到中央后台或智慧城市交通运输管理中心，以便转换为信息、洞察力、理解和行动。这样的技术具有重要的价值，但其本身并不输出价值。它们的价值在于能够实现数据传送并支持将数据转换为信息。

3）战略性商业模式和伙伴关系：这些服务侧重于商业模式和伙伴关系安排的商定，为智慧城市交通服务的高效提供奠定了基础。商业模式能够决定4个方面：收入来源、预定客户、待提供的服务以及筹资和供资安排。

商业模式还应说明为提供服务而支付的费用与任何回报收入之间的差额即利润。通常，商业模式还将构成合作伙伴安排的基础，确定谁做什么以及遵守什么条款和在什么条件下做。商业模式和合作安排并不提供直接价值，但却至关重要，因为通过将公共和私营部门资源和动机进行合并和融合可以实现智慧城市服务提供的优化。

4）交通运输治理：为了支持智慧城市有效提供交通服务，有必要确定一个政府组织，以支持服务的有效规划和运营。可以定义业务概念，以确定参与智慧城市的各种交通运输伙伴的作用和责任。在这里，这项服务也没有提供直接价值，但却在优化智慧城市的交通服务提供方面发挥着至关重要的作用。

5）城市分析：这是本书的主要话题。虽然这些措施不能提供直接价值，但它们在智慧城市交通服务规划和运营的决策过程中是作为主要推动因素的。从交通服务的角度看，有效的分析将从服务提供和整体交通运输管理和治理组织方面影响智慧城市的绩效。

上述每项促成性服务都将在成本和效益分析方面得到单独处理。假设每项服务不提供独立效益，其效益在于促成其他服务。每项服务的成本将以提供直接效益服务的成本比例或整体项目换算系数的比例得出。

11.7　成本估算目的的假定配置

为11项直接效益服务定义了一系列假定配置，以确定支持服务提供的系统要素。下面将对这些假定配置进行说明。

(1) 资产和维护管理

如图11-3所示，为该系统确定了三个构成要素，以支持资产和维护管理服务的提供。基于传感器的数据子系统要素代表设备和软件，它们是能够为自动化方式管理的每个设备收集数据所需的设备和软件。手动数据输入子系统是启用有关设备状态和性能的手动输入所需的硬件和软件，包括远程终端设备和中央资产管理数据和分析系统的输入设备。资产管理数据与分析要素是一个集中式的硬件和软件系统，该系统为智慧城市提供高效的资产和维护管理所需的功能。

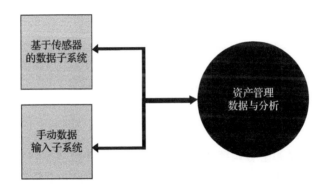

图11-3 资产和维护管理服务的假定配置

(2) 网联汽车

如上文所述，为网联汽车系统假定的配置将支持网联汽车服务提供，该配置如图11-4所示。

网联汽车系统有四个基本要素：私人汽车车载子系统、城市配送车辆车载子系统、租赁汽车/出租汽车车载子系统和网联汽车数据与分析子系统。所有三个车载子系统在成本估算方面的假设都是相似的，并且这三个车载子系统包括管理发送给车辆和来自车辆的数据以及支持从车载子系统到网联汽车数据与分析子系统的连接所需的硬件和软件。网联汽车数据与分析子系统是一个支持与网联汽车的数据管理和分析相关的所有功能所需要的硬件和软件环境。

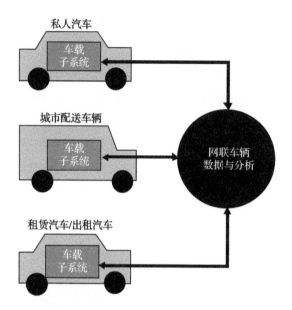

图 11-4 网联汽车子系统的假定配置

（3）联网参与市民和游客

联网参与市民和游客系统的假定配置如图 11-5 所示。它由两个子系统要素组成：联网市民和游客智能手机的应用程序以及联网市民和游客数据与分析子系统。联网市民和游客应用程序被假定对于智慧城市市民和游客都是可用的，并且是一个可以在各种当前可用的智能手机上安装和操作的应用程序。智能手机应用程序将管理市民和游客与联网市民和游客数据与分析子系统之间的接口。通信链路将支持双向通信，通过智能手机应用程序将信息提供给市民和游客，并且在众包的基础上，利用智能手机应用程序有选择地收集数据。联网市民和游客数据与分析子系统将由一个硬件和软件环境组成，能够支持与市民和游客相关的数据管理和数据分析所需的所有功能。

图 11-5 联网参与市民和游客系统的假定配置

（4）综合电子支付

支持为智慧城市提供综合电子支付服务的综合电子支付系统由五个要素组成：智能手机支付应用程序子系统、电子停车收费子系统、通行费电子收费子系统、公交电子票务子系统和支付数据与分析子系统，如图 11-6 所示。

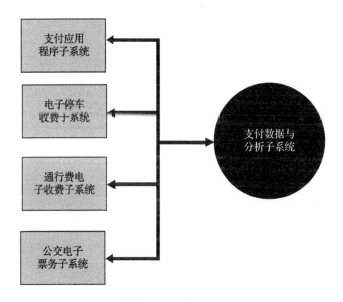

图 11-6 综合电子支付系统的假定配置

支付应用程序子系统被认为是一个可以在各种智能手机设备上使用的应用程序。该软件支持与用户的接口，并支持支付应用程序与综合支付数据与分析子系统之间的双向通信。电子停车收费子系统的硬件和软件环境将支持智慧城市内地面和停车结构空间的所有与电子停车收费有关的收入和管理职能。这些职能将包括空间可用性和位置方面的数据收集和信息提供。通行费电子收费子系统将包括一个支持包含账户管理、转发器管理、交易处理和实施在内的所有方面的电子收费硬件和软件环境。公交电子票务子系统将通过特定用途的硬件和软件环境支持类似的公交票务功能，从而支持公交车辆上的销售点交易以及数据和交易的后台处理。

（5）智能电网、道路电气化和电动汽车

智能电网、道路电气化和电动汽车服务的假定系统配置如图 11-7 所示。该系统由五个要素组成：私人汽车车载子系统、城市配送车辆车载子系统、租赁汽车/出租汽车车载子系统、路边电动汽车充电子系统和智能电网数据与分析子系统。

假设私人汽车、城市配送车辆和租赁汽车/出租汽车的车载子系统都是相同的，并由一个硬件和软件环境组成，该环境将支持电动汽车充电系统的管理以及终端车辆子系统与路边电动汽车充电子系统之间的交互。假设除了能量传递之外，还支持有关车辆和电池性能的数据传递。这也可被视为向驾驶员提供旅行信息和从车辆子系统中提取探测车辆数据的机会。

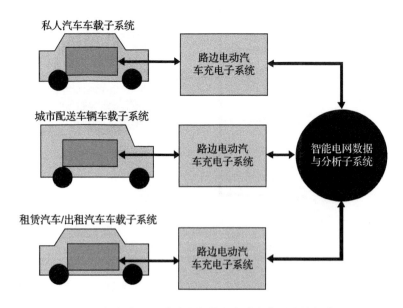

图 11-7　智能电网、道路电气化和电动汽车系统的假定配置

（6）智慧土地利用

智慧土地利用系统的假定配置如图 11-8 所示。它由九个独立的要素组成：私人汽车车载子系统、城市配送车辆车载子系统、租赁汽车/出租汽车车载子系统、智慧土地利用规划数据与分析子系统、运动分析子系统、零售子系统、智能工厂子系统、教育子系统和医疗子系统。对于所有类型的车辆，假设车内子系统是相同的。智慧土地利用规划数据与分析子系统由一个能够处理与智慧土地利用规划相关的数据管理与分析的硬件和软件环境所构成。运动分析子系统是一个能够将智能手机的运动分析数据转换为土地使用参数的硬件和软件环境。零售、智能工厂、教育和医疗子系统的硬件和软件环境旨在支

持从每个子系统提取相关的土地利用数据，以交付给智慧土地利用规划数据和分析子系统。其意图是，从最终车辆子系统得到的探测车辆数据将依据智慧城市内的各种用途提供更详细和动态的行程视图。运动分析数据将通过提供针对个人的数据来补充这些数据，以涵盖其他交通运输方式。零售、智能工厂、教育和医疗子系统将成为智慧城市土地利用数据与分析子系统与旨在改善零售体验、提高工厂效率和增加到教育和医疗服务机构的可达性而设计的焦点在内部的应用程序之间的一座桥梁。

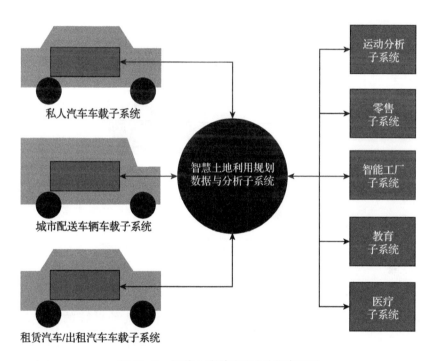

图 11-8　智慧土地利用系统的假定配置

（7）交通运输管理

智慧城市交通运输管理服务提供的交通运输管理系统的假定配置如图 11-9 所示。该配置由四个构成要素组成：交通管理数据与分析子系统、交通信号管理数据与分析子系统、公交管理数据与分析子系统以及智慧城市交通运输管理数据与分析子系统。交通管理数据与分析子系统处理来自高速公路和事故管理源的数据，以将分析提供给智慧城市交通运输管理数据与分析子系统。交通信号管理数据与分析子系统处理来自城市交通信号控制系统的数据，并向智慧城市交通运输管理数据与分析子系统提供分析。公交管理数据与分析子系统处理有关公共交通系统普遍状况的数据，并向智慧城市交通运输管理数据与分析子系统提供分析。智慧城市数据与分析子系统是一个硬件和软件环境，用于支持与数据处理相关的所有功能，并创建与智慧城市交通运输管理相关的分析。

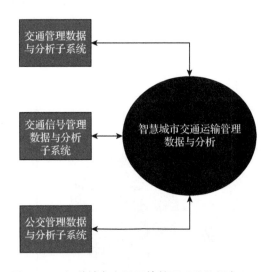

图 11-9 智慧城市交通运输管理系统的假定配置

（8）旅行信息

能够实现相关的旅行信息服务提供的旅行信息子系统的假定配置如图 11-10 所示。确定了七个要素：智能手机应用子系统、运动分析子系统、交通运输管理数据与分析子系统、公交管理数据与分析子系统、高速公路管理中心子系统、交通信号管理数据与分析子系统、旅行信息数据与分析子系统。智能手机应用程序将在旅行者和旅行信息数据与分析子系统之间充当用户界面，这将为旅行者提供当前的旅行信息，并使旅行者能够就主要的交通状况提供反馈。运动分析子系统将提供基于 GPS 的手机数据，以便确定旅行者的出发地和目的地以及选择的交通模式。旅行信息数据与分析子系统由硬件和软件环境组成，这个硬件和软件环境支持将旅行信息数据转化为信息和对数据进行分析的所有功能。交通运输管理子系统将作为旅行信息数据与分析子系统以及公交、高速公路和交通信号管理各个子系统的数据源。

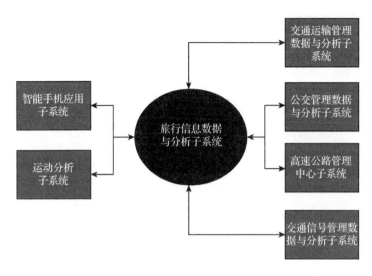

图 11-10 旅行信息数据与分析子系统的假定配置

（9）城市自动化

实现城市自动化相关的服务提供的城市自动化子系统的假定配置如图 11-11 所示。

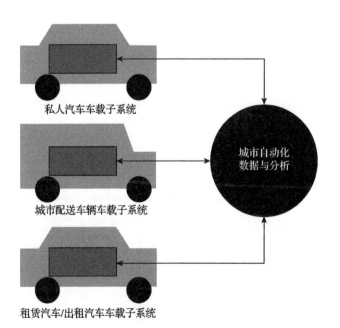

图 11-11 城市自动化系统的假定配置

（10）城市配送与物流

实现城市配送和物流服务相关的城市配送与物流子系统的假定配置如图 11-12 所示。

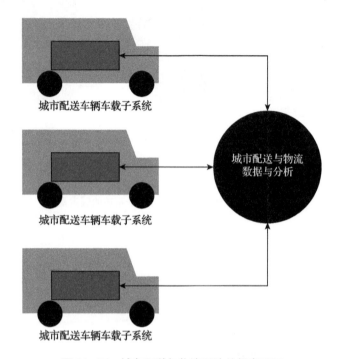

图 11-12　城市配送与物流系统的假定配置

（11）以用户为中心的出行

这常被称为 MaaS，其假定配置如图 11-13 所示。

系统中定义了四个独立的构成要素，其中一些构成要素会重复，以表明每个智慧城市可能有不止一个子系统。确定的构成要素包括用户子系统、公共 MaaS 提供商子系统、私有 MaaS 提供商子系统和以用户为中心的出行数据与分析子系统。以用户为中心的子系统将是一个智能手机应用程序，它支持用户与以用户为中心的出行数据与分析子系统之间的接口。这将支持双向通信，一个方向是可获得的服务和成本的信息，另一个方向是有关用户旅行需求的信息。MaaS 子系统将由公共和私营企业运作，并将支持出行服务的车队管理与协调以及所需的数据收集和信息处理，从而为用户提供出行服务菜单。

以用户为中心的出行数据和分析子系统将是一个能够通过将可用服务与用户需求相匹配来支持管理 MaaS 所需的所有功能的硬件和软件环境。

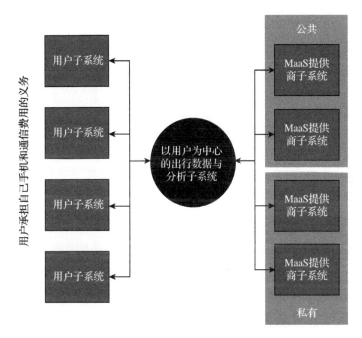

图 11-13　以用户为中心的出行系统的假定配置

11.8　智慧城市交通运输服务的成本评估

利用表 11-1～表 11-3 所示的智慧城市模型参数和 11.7 节所述的假定配置，为智慧城市每个交通服务项目编制了一系列成本估计数（表 11-6～表 11-14）。各项服务成本估算结果见表 11-5～表 11-20。在每个表之后都有一个对计算进行的注释。

表 11-5　资产和维护管理成本估算

要素	资产管理中心	基于传感器的数据子系统	手动数据输入子系统	合计
换算系数（每套资本）/美元	2 000	500	500	

(续)

要素	资产管理中心	基于传感器的数据子系统	手动数据输入子系统	合计
设备套数	5 900	5 900	5 900	
所需资本投资总额/美元	11 800 000	2 950 000	2 950 000	17 700 000
年度运营成本/美元	1 770 000	442 500	442 500	2 655 000
假定设计寿命/年	7	7	7	
每年所需资本投资/美元	1 685 714	421 429	421 429	2 528 572
年度生命周期成本/美元	3 455 714	863 929	863 929	5 183 572

假定资产管理中心子系统所需的资本投资与所管理设备的数量成正比。根据表 11-5 所示关于每英里设备的数目以及每一道路类型和公共汽车路线的里程数的假设，假定总共有 5 900 套设备。每种道路类型和每条公共汽车路线每英里的数据设备的数量是根据我的经验进行的最佳估计，表示预计在每种道路和每条路线上安装设备的平均数量。考虑到中心子系统所需的资本投资与正在管理的设备数量之间的关系，假定换算系数 (每套资本) 为 2 000 美元为最佳估计数。针对基于传感器的数据子系统和手工数据输入子系统的换算系数，假设了每套 500 美元的最佳估计数。前者表示从设备自动提取设备性能数据所需的额外的硬件和软件，而后者表示与手动数据输入相关的硬件和软件的成本。假定所有子系统的设计寿命为 7 年。由于需要对硬件和软件资产的估计使用寿命做出判断，研究没有最终商定硬件和软件系统的使用寿命。鉴于技术变革的速度，由于技术的进步和对新的特征和功能的期盼，一个硬件和软件系统很可能在其使用寿命结束之前被取代。即使系统仍然能用，7 年的设计寿命考虑的是在此时应进行一次技术更新。生命周期的资本成本是通过总投资除以系统的假定设计寿命来确定的，这代表了在系统设计寿命期间的总资本投资的分期偿还需求。同样，运营成本是按年度确定的，然后将资本生命周期成本和运营成本结合起来，形成一个年度生命周期总成本。假设年度生命周期运营成本为每年总资本成本的 15%。这一假设已用于本章随后的所有成本计算。这与已发布的信息是一致的，这些信息表明交通运输管理中心的年均运营维护成本约为资本成本的 15%[20]。

表 11-6 网联汽车成本估算

要素	网联汽车中央子系统	私人汽车车载子系统	城市配送货车车载子系统	公交车车载子系统	租赁汽车和出租汽车车载子系统	年度生命周期成本
换算系数（每套资本）/美元	50	500	500	500	500	
设备套数	903 649	807 990	80 799	539	14 321	
所需资本投资总额/美元	45 182 451	403 995 000	40 399 500	269 500	7 160 514	497 006 966
年度运营成本/美元	6 777 368	60 599 250	6 059 925	40 425	1 074 077	99 401 393
假定设计寿命/年	7	7	7	8	7	
每年所需资本投资/美元	6 454 636	57 713 571	5 771 357	33 688	1 022 931	70 996 183
合计/美元	13 232 004	118 312 821	11 831 282	74 113	2 097 008	145 547 227

对于网联汽车中央子系统，每套 50 美元的最佳估值用作硬件和软件成本估计的换算系数。对于私人汽车车载子系统，假设将增加至 500 美元的车载电子系统成本。同样的最佳估值用于城市配送车辆、租赁汽车和出租汽车车载子系统。所有构成要素的设计寿命假定为 7 年。假设城市配送车辆的数量占私人汽车总数的 10%。

表 11-7 联网参与市民和游客成本估算

要素	联网市民中央子系统	联网市民应用程序	年度生命周期成本
换算系数（每套资本）/美元	5	10	
设备套数	1 000 000	1 000 000	
所需资本投资总额/美元	5 000 000	10 000 000	15 000 000
年度运营成本/美元	750 000	1 500 000	2 250 000
假定设计寿命/年	7	1	
每年所需资本投资/美元	714 286	10 000 000	10 714 286
生命周期总成本/美元	1 464 286	11 500 000	12 964 286

联网参与市民与游客系统，假定中央硬件和软件的成本与使用该系统的市民和游客成比例。假设每人或每部智能手机的换算系数为5美元。为了开发、销售和安装，联网市民与游客应用程序假定每部智能手机或每个人为10美元。中央硬件与软件的设计寿命假定为7年，同时为所联网市民和游客应用程序假定1年的设计寿命。这反映了智能手机应用的一次性性质以及关于小型软件应用程序的变化速度。

表 11-8 综合电子支付成本估算

要素	电子停车收费子系统	支付应用程序	通行费电子收费子系统	电子票务收费子系统	合计
换算系数（每套资本）/美元	100	5	50	50 000	
设备套数	323 237	1 000 000	903 110	539	
所需资本投资总额/美元	32 323 715	5 000 000	45 155 501	26 950 000	109 429 216
年度运营成本/美元	4 848 557	750 000	6 773 325	4 042 500	16 414 382
假定设计寿命/年	7	1	7	7	
每年所需资本投资/美元	4 617 674	5 000 000	6 450 786	3 850 000	19 918 460
年度生命周期成本/美元	9 466 231	5 750 000	13 224 111	7 892 500	36 332 842

对于综合支付系统，停车、智能手机支付应用程序、通行费和公交票务的成本分别确定，然后合并为一项单一的综合支付系统成本。对于电子停车子系统，假定每个停车位的中央硬件和软件将花费约100美元。对于智能手机支付应用程序，假设软件开发、营销和安装的成本为每人5美元左右。对于通行费电子收费子系统，假定每辆车50美元的换算系数，而对公交电子票务系统，每辆公共汽车50 000美元的换算系数。假定中央硬件和软件的设计寿命为7年，而智能手机应用软件的设计寿命为1年。

表 11-9 智能电网、道路电气化、电动汽车成本估算

要素	智能电网管理中央子系统	路边电动汽车充电子系统	车载系统	合计
换算系数(每套资本)/美元	10 000	100 000	500	
设备套数	381	381	903 649	
所需资本投资总额/美元	3 811 335	38 113 354	451 824 514	493 749 203
年度运营成本/美元	571 700	5 717 003	67 773 677	74 062 380
假定设计寿命/年	7	7	7	
每年所需资本投资/美元	544 476	5 444 765	64 546 359	70 535 600
年度生命周期成本/美元	1 116 177	11 161 768	132 320 036	144 597 981

对于智能电网、道路电气化和电动汽车系统,分别计算了中央、路边和车载子系统的费用,然后合并为单个成本估算值。假定所有构成要素的设计寿命为 7 年。电动汽车充电站点总数估计为 381 个,这是以美国目前人均加油站的密度为依据的,它与智慧城市的人口成正比。每个电动车辆充电站点拨给 10 000 美元,用于智能电网管理中央子系统的硬件和软件建设成本,并且假设每个路边充电站点将花费 100 000 美元。除了车辆成本外,车载子系统的成本假定为 500 美元。

表 11-10 智慧土地利用成本估算

要素	智慧土地利用中央子系统	运动分析子系统	智能工厂子系统	智能教育子系统	智能医疗子系统	合计
换算系数(每套资本)/美元	10	10	50 000	50 000	50 000	
设备套数	903 649	1 000 000	200	200	200	
所需资本投资总额/美元	9 036 490	10 000 000	10 000 000	10 000 000	10 000 000	49 036 490

（续）

要素	智慧土地利用中央子系统	运动分析子系统	智能工厂子系统	智能教育子系统	智能医疗子系统	合计
年度运营成本/美元	1 355 474	1 500 000	1 500 000	1 500 000	1 500 000	7 355 474
假定设计寿命/年	7	7	7	7	7	
每年所需资本投资/美元	1 290 927	1 428 571	1 428 571	1 428 571	1 428 571	7 005 211
年度生命周期成本/美元	2 646 401	2 928 571	2 928 571	2 928 571	2 928 571	14 360 685

假设智慧土地利用系统将包括一个中央硬件和软件平台，该平台连接到独立的运动分析、智能工厂、智能教育和智能医疗各个子系统。这些子系统将向智慧土地利用中央子系统提供数据，并将这样做所产生的额外成本也作为成本的一部分。智能工厂、智能教育和智能医疗系统的成本很可能会超过这里的假设，因为这些系统的功能和能力将针对工厂、教育机构和医疗机构内的特定用途而设计。智慧土地利用规划中央子系统的硬件和软件成本与智慧城市内车辆总数有关，假设每辆车将使中央硬件和软件成本增加10美元，以此作为换算系数。运动分析子系统的硬件和软件也以同样的方式计算，使用该系统的人每人10美元，以此作为换算系数。对于智能工厂、智能教育和智能医疗，假设每台设备都会使整个系统的成本增加50 000美元，因而将此作为换算系数。

表11-11 交通运输管理成本估算

要素	智慧城市交通运输中心	交通管理中心	交通信号管理中心	公交管理中心	合计
换算系数（每套资本）/美元	10 000	200 000	10 000	20 000	
设备套数	1 538	51	1 115	539	
所需资本投资总额/美元	15 380 000	10 200 000	11 150 000	10 780 000	47 510 000

（续）

要素	智慧城市交通运输中心	交通管理中心	交通信号管理中心	公交管理中心	合计
年度运营成本/美元	2 307 000	1 530 000	1 672 500	1 617 000	7 126 500
假定设计寿命/年	7	7	7	7	
每年所需资本投资/美元	2 197 143	1 457 143	1 592 857	1 540 000	6 787 143
年度生命周期成本/美元	4 504 143	2 987 143	3 265 357	3 157 000	13 913 643

交通运输管理系统由包含所有交通方式的智慧城市交通运输中心、交通管理中心、交通信号管理中心和公交管理中心组成。假设这些中心目前都不存在，建立这些中心的成本已计入总成本。假设智慧城市交通管理中心和交通信号控制中心为每英里道路管理花费 10 000 美元，公交管理中心为每辆公共汽车管理的花费为 20 000 美元。假定主要负责高速公路事故管理的交通管理中心的每英里管理费用为 200 000 美元。由于管理的道路里程较少，这是一个相对较高的数字。由这些假设得出，每个中心的资本成本约为 1 000 万～1 100 万美元，这与已公布的交通运输管理中心的成本信息相一致[19]。

表 11-12　旅行信息成本估算

要素	旅行信息中央子系统	智能手机应用子系统	运动分析子系统	合计
换算系数（每套资本）/美元	40	2	2	
设备套数	1 000 000	1 000 000	100 000	
所需资本投资总额/美元	40 000 000	2 000 000	2 000 000	44 000 000
年度运营成本/美元	6 000 000	300 000	300 000	6 600 000
假定设计寿命/年	7	1	1	
每年所需资本投资/美元	5 714 286	2 000 000	2 000 000	9 714 286
年度生命周期成本/美元	11 714 286	2 300 000	2 300 000	16 314 286

旅行信息系统假设由旅行信息中央硬件和软件平台、智能手机应用程序以及运动分析子系统组成。运动分析子系统假定是智能手机操作成本的边际附加成本，并被假定与智能手机应用程序有相同的成本，按每人 2 美元处理。旅行信息中央平台的成本使用 40 美元的换算系数计算。智能手机应用程序的

开发、营销和安装费用假设为每人 2 美元，运动分析子系统假定每人 2 美元。已经为中央硬件和软件假定了 7 年的设计寿命。智能手机应用软件和移动分析子系统都具有 1 年的假定设计寿命。

表 11-13　城市自动化成本估算

要素	城市自动化中央子系统	城市配送货车车载子系统	租赁汽车/出租汽车车载子系统	公共汽车车载子系统	私人汽车车载子系统	合计
换算系数（每套资本）/美元	15	1 000	1 000	1 000	1 000	
设备套数	903 649	80 799	14 321	539	807 990	
所需资本投资总额/美元	13 554 735	80 799 000	14 321 028	539 000	807 990 000	917 203 763
年度运营成本/美元	2 033 210	12 119 850	2 148 154	80 850	121 198 500	137 580 564
假定设计寿命/年	7	7	7	8	7	
每年所需资本投资/美元	1 936 391	11 542 714	2 045 861	67 375	115 427 143	131 019 484
年度生命周期成本/美元	3 969 601	23 662 564	4 194 015	148 225	236 625 643	268 600 048

假定城市自动化系统包括城市自动化中央硬件和软件平台以及城市配送货车、租赁汽车和出租汽车以及私人汽车车载子系统。在智慧城市的车辆总数中，城市自动化中央硬件和软件平台采用每辆车 15 美元的换算系数。这些车辆包括城市配送货车、租赁汽车和出租汽车以及私人汽车。除了车辆的成本外，所有这些车型的车载系统的成本都假定为 1 000 美元。所有系统组成要素的设计寿命假定为 7 年。

表 11-14 城市配送与物流成本估算

要素	城市配送与物流中央子系统	城市配送货车车载子系统	合计
换算系数（每套资本）/ 美元	150	500	
设备套数	80 799	80 799	
所需资本投资总额 / 美元	12 119 850	40 399 500	
年度运营成本 / 美元	1 817 978	6 059 925	
假定设计寿命 / 年	7	7	
每年所需资本投资 / 美元	1 731 407	5 771 357	
生命周期总成本 / 美元	3 549 385	11 831 282	15 380 667

城市配送与物流系统由城市配送与物流中央硬件和软件平台以及城市配送货车车载子系统组成。对于管理的每辆车，中央硬件和软件的费用是用 150 美元的换算系数来估计的，而且假定除车辆成本之外的车载系统成本为 500 美元。假定所有组成要素的设计寿命为 7 年。

表 11-15 以用户为中心的出行系统成本估算

要素	以用户为中心的出行中央子系统	用户子系统	公共出行服务提供商子系统	私营出行服务提供商子系统	合计
换算系数（每套资本）/ 美元	50	10	50	50	
设备套数	1 000 000	1 000 000	1 000 000	1 000 000	
所需资本投资总额 / 美元	50 000 000	10 000 000	50 000 000	50 000 000	160 000 000
年度运营成本 / 美元	7 500 000	1 500 000	7 500 000	7 500 000	24 000 000
假定设计寿命 / 年	7	1	7	7	
每年所需资本投资 / 美元	7 142 857	10 000 000	7 142 857	7 142 857	31 428 571
年度生命周期成本 / 美元	14 642 857	11 500 000	14 642 857	14 642 857	55 428 571

以用户为中心的出行服务系统的成本与所涉及人口成正比。以用户为中

心的出行中央硬件和软件的成本是按人均 50 美元的换算系数来估计的。用户子系统的成本按照人均 10 美元的换算系数来估计。公共出行服务提供商子系统和私营出行服务提供商子系统均使用人均 50 美元的换算系数来估计。所有中央硬件和软件的设计寿命假定为 7 年，用户子系统智能手机应用程序的设计寿命假定为 1 年。

表 11-16　基于智能传感器的基础设施成本估算

要素	传感器	合计
换算系数（每套资本）/ 美元	20 000	
设备套数	5 900	
所需资本投资总额 / 美元	118 000 000	118 000 000
年度运营成本 / 美元	17 700 000	17 700 000
假定设计寿命 / 年	7	
每年所需资本投资 / 美元	16 857 143	16 857 143
生命周期总成本 / 美元	34 557 143	34 557 143

基于智能传感器的基础设施的成本估算方法假设，每个连接到基础设施的传感器的换算系数为 20 000 美元。这包括传感器和连接传感器到中央后台所需的通信基础设施的成本。如表 11-2 所述，传感器总数假定为所有道路类型和公交线路上的传感器总数。确定 7 年的设计寿命是考虑技术变化和到 7 年时需要技术更新的缘故。

表 11-17　低成本、高效率、安全和可快速恢复的 ICT 成本估算

要素	通信基础设施	合计
换算系数（每套资本）/ 美元	50 000	
设备套数	5 900	
所需资本投资总额 / 美元	295 000 000	295 000 000
年度运营成本 / 美元	44 250 000	44 250 000
假定设计寿命 / 年	20	
每年所需资本投资 / 美元	14 750 000	14 750 000
生命周期总成本 / 美元	59 000 000	59 000 000

为估计低成本、高效率、安全和可快速恢复的信息和通信技术的成本，每英里公路和公共汽车路线的换算系数为 50 000 美元。这比基于智能传感器的基础设施所使用的数字高，因为假设将会连接更多的设备。假设系统成本主要由诸如导管和光纤的电信硬件构成，并且这些硬件对技术变化不太敏感。因此，假定设计寿命为 20 年。

表 11-18　智慧城市交通服务直接效益成本汇总

要素	年度生命周期成本 / 美元
资产和维护管理	5 183 571
网联汽车	145 547 227
联网参与市民和游客	12 964 286
综合电子支付	36 332 842
智能电网、道路电气化和电动汽车	144 597 981
智慧土地利用	14 360 686
交通运输管理	13 913 643
旅行信息	16 314 286
城市自动化	268 600 049
城市配送与物流	15 380 667
以用户为中心的出行	55 428 571
直接效益服务合计	728 623 810
10% 的成本意外开支	72 862 381
计入 10% 的成本意外开支后的直接效益服务成本合计	801 486 191

战略性商业模式和伙伴关系（如基于智能传感器的基础设施）被认为是一种促成性服务，它不会在效益方面提供直接价值。这些服务对于提供其他服务是至关重要的，但并不提供直接的有形的效益。有人认为，与战略性商业模式和伙伴关系有关的支持和管理将在那些提供直接效益的服务的总成本中占一定比例，最佳估计假定为总成本的 1%。表 11-18 汇总了直接效益服务的成本。这包括 10% 的意外开支，以便应对成本估算的高级别问题。

表 11-19 交通运输治理成本估算

要素	交通运输治理的支持和管理	合计
换算系数(在年度生命周期成本中所占的百分比)(%)	1	
所需资本投资总额/美元	801 486 191	801 486 191
年度生命周期运营成本/美元	8 014 861.91	8 014 861.91
年度运营成本/美元	1 202 229	1 202 229
假定设计寿命/年	7	
每年所需资本投资/美元	1 144 980	1 144 980
年度生命周期成本/美元	2 347 210	2 347 210

交通运输治理的处理方式类似于战略性商业模式和伙伴关系。假定对交通运输治理的管理和支持将占直接效益服务总成本的 1%。

表 11-20 城市分析成本估算

要素	建立数据平台和进行分析	合计
每年拥有 1TB 数据的成本/美元	12 000	
每年 TB 数	360	
假定设计寿命/年	7	
年度生命周期成本/美元	4 380 000	4 380 000

就城市分析而言,假设存储和管理每太字节(TB)数据的总成本为每年 12 000 美元。这包括一个完整的成本项目菜单,包括硬件折旧、软件购置或折旧、维护、存储管理劳动力、电力消耗、系统监控和采购成本[8]。由该系统管理的字节数假定为每天 1 TB。这符合圣迭哥政府协会(San Diego Association of Governments)在其综合通道管理项目(Integrated Corridor Management Project)[20]方面的经验。假定设计寿命为 7 年,与本章其他后台硬件和软件的设计寿命假设相一致。

11.9 智慧城市交通运输服务成本汇总

表 11-21 以 11.8 节举例说明的计算为基础，汇总了每项智慧城市交通运输服务分期偿还的资本投资折合的年度生命周期成本和年度运营成本。如前所述，大多数服务提供直接效益，而一些服务（例如战略性商业模式和伙伴关系以及交通运输治理）则是直接效益服务的促成者。促成性服务在表 11-21 底部分别予以处理。除了前面对直接效益服务的成本估算增加 10% 意外开支外，促成性服务的成本估算也增加了 10% 的意外开支。

表 11-21 智慧城市交通服务成本汇总

要素	年度生命周期成本/美元
资产和维护管理	5 183 571
网联汽车	145 547 227
联网参与市民和游客	12 964 286
综合电子支付	36 332 842
智能电网、道路电气化和电动汽车	144 597 981
智慧土地利用	14 360 686
交通运输管理	13 913 643
旅行信息	16 314 286
城市自动化	268 600 049
城市配送与物流	15 380 667
以用户为中心的出行	55 428 571
直接效益服务合计	728 623 810
10% 的成本意外开支	72 862 381
计入 10% 的成本意外开支后的直接效益服务成本合计	801 486 191
基于智能传感器的基础设施	34 557 143
低成本、高效率、安全和可快速恢复的 ICT	59 000 000
城市分析	4 380 000
战略性商业模式和伙伴关系	2 347 210
交通运输治理	2 347 210
间接效益服务即促成性服务总成本	102 631 562
10% 的成本意外开支	10 263 156

（续）

要素	年度生命周期成本/美元
计入10%的成本意外开支后的间接效益服务即促成性服务成本合计	112 894 718
间接效益服务即促成性服务成本占总成本的比例	14%

11.10 智慧城市交通运输服务的效益评估

表 11-22～表 11-32 对提供直接效益的智慧城市交通运输服务项目的效益逐一进行了估算。在每个表之后，对计算进行了相关的解释。

表 11-22 资产和维护管理效益估算

要素	效率效益	合计
年度生命周期成本/美元	5 183 571	5 183 571
假定减值率	10%	
年度生命周期减值/美元	518 357	518 357

资产和维护管理服务的效益是基于这样一个假设：使用该服务将使资产和维护管理生命周期成本降低 10%，使年度生命周期成本节省 518 443 美元。

表 11-23 网联汽车效益估算

要素	安全效益	要素	效率效益	合计
每10万人每年死亡人数/人	10.69	私人汽车每车英里的排放成本/美元	0.011	
每10万人每年受伤人数/人	752	城市货车每车英里的排放成本/美元	0.026	
死亡/人	107	私人汽车排放总成本/美元	91 606 284	
受伤/人	7 520	城市货车排放总成本/美元	28 968 056.00	
平均死亡费用/美元	1 400 000	私人汽车每英里运行成本/美元	0.580	

(续)

要素	安全效益	要素	效率效益	合计
受伤事故平均费用/美元	1 000 000	城市货车每英里运行成本/美元	0.708	
死亡费用/美元	149 660 000	私人汽车运行总成本/美元	4 830 149 520	
受伤费用/美元	7 520 000 000	城市货车运行总成本/美元	788 822 448	
事故总费用/美元	7 669 660 000	运行和排放总成本	5 739 546 308	
假设事故减少	5%	假设运行和排放总成本减少	5%	
事故减少节省的费用/美元	383 483 000	运行和排放总成本节省/美元	286 977 315	670 460 315

就网联汽车服务而言，假定每年的效益来自两个来源，即减少伤亡事故的费用以及降低私人汽车和货车的运行和排放成本。取得这些效益一方面应归功于为车辆提供更好的路线导引和决策质量的信息，另一方面应归功于使用网联汽车技术，从而为实现安全性改善而实施基于使用的保险等策略。智慧城市的交通事故、排放和运行成本都降低了5%。

表11-24 联网参与市民和游客的效益估算

要素	效率效益
每人每天的旅行时间/h	1.325
每人每年的旅行时间/h	344.5
每年旅行的时间成本/美元	344 500 000
旅行时间节省的平均价值/美元	13
每年旅行时间的总成本/美元	4 306 250 000
假定节省	2%
年度效益/美元	86 125 000

联网参与市民和游客服务的效益是根据旅行时间节省2%来估计的。假定可以通过服务向市民和游客提供关于交通选择的更好信息，这将导致旅行花费的时间减少。此外，也可能会有以旅行费用减少的形式呈现的额外效益，但这还没有列入效益计算，因为旅行费用取决于许多因素，包括智慧城市的

通行费、票价和停车费。

表 11-25　综合电子支付效益估算

要素	效率效益
每人每天的旅行时间 / h	1.325
每人每年的旅行时间 / h	344.5
每年旅行的总时间 / h	344 500 000
旅行时间节省的平均价值 / 美元	12.5
每年旅行时间的总成本 / 美元	4 306 250 000
假定节省	10%
年度效益 / 美元	430 625 000

综合电子支付服务的效益是基于这样的假设：通过更有效的交通支付，每人每天可以节省的旅行时间为 10%。更有效的交通支付可提高上车（登机）速度，并改善交通运输模式之间的连接性和改善交通运输路线和服务之间的交汇点。

表 11-26　智能电网、道路电气化和电动汽车效益估算

要素	效率效益
私人汽车每车英里排放成本 / 美元	0.011
城市货车每车英里排放成本 / 美元	0.026
私人汽车排放总成本 / 美元	91 606 284
城市货车排放总成本 / 美元	28 968 056
私人汽车每车英里运行成本 / 美元	0.580
城市货车每车英里运行成本 / 美元	0.708
私人汽车运行总成本 / 美元	4 830 149 520
城市货车运行总成本 / 美元	788 822 448
运行和排放总成本 / 美元	5 739 546 308
假定排放降低	100%
假定运行成本降低	76%
年度排放成本效益 / 美元	120 574 340
年度运行成本效益 / 美元	4 262 668 390
年度生命周期效益 / 美元	4 383 242 730

智能电网、道路电气化和电动汽车服务被认为可以减少私人汽车和城市货车的排放和运营成本。假定排放降低100%是由于电动汽车产生的排放为零。可以说，有些排放只不过是从路边转移到发电厂，但与内燃机车辆的分散排放相比，合理的假设是，将这些排放物集中起来可以实现有效和高效的处理。通过假设电动汽车的平均运行成本为每车英里0.14美元[17]，而内燃机车辆的平均运行成本为每车英里0.58美元，确定电动汽车的排放量减少76%。可以认为，这种成本降低既适用于私人汽车，也适用于城市货车。

表 11-27 智慧土地利用效益估算

要素	效率效益
私人汽车每车英里排放成本 / 美元	0.011
城市货车每车英里排放成本 / 美元	0.026
私人汽车排放总成本 / 美元	91 606 284
城市货车排放总成本 / 美元	28 968 056
私人汽车每车英里运行成本 / 美元	0.580
城市货车每车英里运行成本 / 美元	0.708
私人汽车运行总成本 / 美元	4 830 149 520
城市货车运行总成本 / 美元	788 822 448
运行和排放总成本 / 美元	5 739 546 308
假定降低	2%
年度效益 / 美元	114 790 926

假定智慧土地利用服务会产生与私人汽车和城市货车的排放成本和运行成本相关的效率效益。假设这项服务将使每一种用途的土地使用得到优化，并对交通运输需求做出更好的预测，这些因素加在一起，将使效率提高约2%。

表 11-28 交通运输管理效益估算

要素	安全效益	要素	效率效益	要素	效率效益
每10万人每年死亡人数 / 人	10.69	每人每天的旅行时间 /h	1.325	私人汽车每车英里的排放成本 / 美元	0.011
每10万人每年受伤人数 / 人	752	每人每年的旅行时间 /h	344.5	城市货车每车英里的排放成本 / 美元	0.026

(续)

要素	安全效益	要素	效率效益	要素	效率效益
死亡/人	107	每年旅行总时间/h	344 500 000	私人汽车排放总成本/美元	91 606 284
受伤/人	7 520	旅行时间节省的平均价值/美元	12.5	城市货车排放总成本/美元	28 968 056.00
平均死亡费用/美元	1 400 000	每年旅行时间的总成本/美元	4 306 250 000	私人汽车每英里运行成本/美元	0.580
伤害事故平均费用/美元	1 000 000			城市货车每英里运行成本/美元	0.708
死亡费用/美元	149 660 000			私人汽车运行总成本/美元	4 830 149 520
受伤费用/美元	7 520 000 000			城市货车运行总成本/美元	788 822 448
事故总费用/美元	7 669 660 000			运行和排放总成本	5 739 546 308
假定节省	2%	假定节省	2%	假定节省	2%
年度效益/美元	153 393 200	年度效益/美元	86 125 000	年度效益/美元	114 790 926
合计			354 309 126		

假定交通运输管理服务在减少事故、旅行花费的时间、排放成本和运营成本方面产生效益。假设每项成本均降低2%。

表 11-29　旅行信息效益估算

要素	效率效益
每人每天的旅行时间/h	1.325
每人每年的旅行时间/h	344.5
每年旅行总时间/h	344 500 000
旅行时间节省的平均价值/美元	12.5

（续）

要素	效率效益
每年旅行时间的总成本 / 美元	4 306 250 000
假定节省	2%
年度效益 / 美元	86 125 000

假定旅行信息服务产生与每人每天旅行时间相关的效益。由于在正确的时间和地点向旅行者提供了更好的旅行信息和决策质量信息，所以假定旅行者将因整个旅行时间减少 2% 而受益。

表 11-30 城市自动化效益估算

要素	安全效益	要素	效率效益
每 10 万人每年死亡人数 / 人	10.69	私人汽车每车英里的排放成本 / 美元	0.011
每 10 万人每年受伤人数 / 人	752	城市货车每车英里的排放成本 / 美元	0.026
死亡 / 人	107	私人汽车排放总成本 / 美元	91 606 284
受伤 / 人	7 520	城市货车排放总成本 / 美元	28 968 056.00
平均死亡费用 / 美元	1 400 000	私人汽车每车英里运行成本 / 美元	0.580
伤害事故平均费用 / 美元	1 000 000	城市货车每车英里运行成本 / 美元	0.708
死亡费用 / 美元	149 660 000	私人汽车运行总成本 / 美元	4 830 149 520
受伤费用 / 美元	7 520 000 000	城市货车运行总成本 / 美元	788 822 448
事故总费用 / 美元	7 669 660 000	运行和排放总成本	5 739 546 308
假定节省	45%	假定节省	10%
年度效益 / 美元	3 451 347 000	年度效益 / 美元	573 954 631
合计			4 025 301 631

在城市自动化服务方面，假设事故减少 45%，私人汽车和城市货车的排

放和车辆运行成本将减少10%。根据一篇已发表的研究报告[21]，自动化可以减少90%的事故，但考虑到向全自动化的过渡是逐步的，因此假设达到45%的中间数值。假设排放和车辆运行成本减少10%。

表11-31 城市配送与物流效益估算

要素	效率效益	要素	效率效益
城市配送与物流成本/美元	10 000 000	私人汽车每车英里的排放成本/美元	0.011
		城市货车每车英里的排放成本/美元	0.026
		私人汽车排放总成本/美元	91 606 284
		城市货车排放总成本/美元	28 968 056.00
		私人汽车每车英里运行成本/美元	0.580
		城市货车每车英里运行成本/美元	0.708
		私人汽车运行总成本/美元	4 830 149 520
		城市货车运行总成本/美元	788 822 448
		运行和排放总成本	5 739 546 308
假定节省	5%	假定节省	5%
年度效益/美元	500 000	年度效益/美元	286 977 315
合计		287 477 315	

城市配送与物流服务的效益是由城市配送成本降低5%、城市车辆排放和运营成本降低5%所产生的。城市配送与物流的成本是根据每一次城市配送的平均费用为10美元和智慧城市内每天平均5 000次交货的假设进行计算的，并假定每年有200个作业日，且大部分交货将在工作日进行。排放和车辆运行的费用是根据全国每年行驶的车英里数计算的，假定私人汽车占88%，城市配送货车占2%。

表 11-32 以用户为中心的出行服务效益估算

要素	效率效益	要素	效率效益
私人汽车每车英里的排放成本/美元	0.011	每人每天的旅行时间/h	1.325
城市货车每车英里的排放成本/美元	0.026	每人每年的旅行时间/h	344.5
私人汽车排放总成本/美元	91 606 284	每年旅行总时间/h	344 500 000
城市货车排放总成本/美元	28 968 056.00	旅行时间节省的平均价值/美元	12.5
私人汽车每车英里运行成本/美元	0.580	每年旅行时间的总成本/美元	4 306 250 000
城市货车每车英里运行成本/美元	0.708		
私人汽车运行总成本/美元	4 830 149 520		
城市货车运行总成本/美元	788 822 448		
运行和排放总成本	5 739 546 308		
假定节省	5%	假定节省	5%
年度效益/美元	286 977 315	年度效益/美元	215 312 500
合计			502 289 815

对于以用户为中心的出行服务，假设效益是从智慧城市内排放和车辆操作成本降低 5% 和旅行时间减少 5% 中得到的。

11.11 智慧城市交通运输服务成本和效益总结

为了总结成本和效益估算过程，表 11-33 列出了每项智慧城市交通运输服务的估计成本和效益。它还显示了每项提供直接效益服务的效益—成本比。请再次注意，有五个智慧城市交通服务项目是不提供直接效益的促成性服务，它们只具有相关的成本而没有效益，因此，也就没有效益—成本比。

表 11-33 成本和效益估算汇总

要素	年度生命周期效益 / 美元	生命周期成本 / 美元	效益-成本比
资产和维护管理	518 357	5 183 571	0.1
网联汽车	670 460 315	145 547 227	4.6
联网参与市民和游客	86 125 000	12 964 286	6.6
综合电子支付	430 625 000	36 332 842	11.9
智能电网、道路电气化和电动汽车	4 383 242 730	144 597 981	30.3
智慧土地利用	114 790 926	14 360 686	8.0
交通运输管理	354 309 126	13 913 643	25.5
旅行信息	86 125 000	16 314 286	5.3
城市自动化	4 025 301 631	268 600 049	15.0
城市配送与物流	287 477 315	15 380 667	18.7
以用户为中心的出行	502 289 815	55 428 571	9.1
直接效益服务合计	10 941 265 216	728 623 810	15.0
基于智能传感器的基础设施		34 557 143	
低成本、高效率、安全和可快速恢复的 ICT		59 000 000	
城市分析		4 380 000	
战略性商业模式和伙伴关系		2 347 210	
交通运输治理		2 347 210	
间接效益服务即促成性服务总成本		102 631 562	
总计	10 941 265 216	831 255 372	13.2

11.12 小结

智慧城市交通服务的效益和成本问题是一个具有挑战性的问题。在进行详细设计之前，不可能做到详细的成本估算。成本估算要考虑特定的技术选择和智慧城市的独特属性。本章假设的有关智慧城市交通服务成本-效益的框架或方法的定义将代表向正确方向迈出的一步。

显然，在进行前后研究以确定交通运输投资（如智慧城市交通运输服务）的影响方面，需要采取更加严格的办法。在欧洲进行的研究指出，在许多情况下，缺乏对前后研究正式的结构化方法导致了适当的评价材料的不足[1]。这就说明，需要有定义智慧城市前后研究方法的标准和对需要的数据进行定义的标准。大数据分析的作用对于详细了解智慧城市交通服务的成本和效果至关重要，这也是显而易见的。希望本章所述的工作可作为应用大数据分析学创建智慧城市效益-成本模型的基础。

另一个需要进一步开展工作的领域是公共部门和私营部门之间的投资分配。本章没有尝试将年度生命周期成本分摊到特定企业或实体，也没有试图找出16个智慧城市交通服务之间的协同增效作用，这将是由未来详细的成本效益模型来完成的一个重要任务。

本章中定义的方法还可以构成一种渐进规划方法的基础，逐步实现智慧城市服务随时间和地理空间的变化和按照不同服务质量进行演变。为智慧城市计划确定合适的出发点，以及为达到最佳效果而将智慧城市服务部署进行精确排序，这些将在很大程度上取决于智慧城市内部的先前投资和不同政策目标的优先次序。

这里确定和描述的方法代表了一种用于确定智慧城市的投资需求和理解智慧城市交通服务影响的智能的、数据驱动的、科学的方法的真正开始。希望与智慧城市交通相关的公共和私营部门企业之间能够建立对话，以期改进这一方法，使智慧城市交通服务与市场上可用的解决方案相一致，并在建设详细的成本-效益模型方面取得进展。

参 考 文 献

[1] 2DECIDE project, WP 4.3, deliverable 4.2: reporting validation and testing, version 1.0, European commission, directorate Gen. for mobility and transport, 16 December 2011, http://www.transport-research.info/sites/default/files/project/documents/20120330_130220_8072_2DECIDE_4_2_Report_on_Validation_and_Testing_final_for_EC_10.pdf, retrieved on March 20, 2017.

[2] https://www.census.gov/popclock/the U.S. Census population clock website, retrieved March 10, 2017.

[3] http://www.nacsonline.com/Research/FactSheets/ScopeofIndustry/Pages/IndustryStore-Count.aspx, the Association for Convenience and Fuel Retailing website, retrieved March 14, 2017.

[4] http://newsroom.aaa.com/2015/04/annual-cost-operate-vehicle-falls-8698-finds-aaaarchive/, AAA website retrieved March 14, 2017.

[5] Transportation Cost and Benefit Analysis II—Air Pollution Cost, Victoria Transport Policy Institute http://www.vtpi.org/tca/tca0510.pdf, retrieved April 10, 2017.

[6] U.S. Department of Transportation, Revised Departmental Guidance on Valuation of Travel Time in Economic Analysis, https://www.transportation.gov/office-policy/transportation-policy/revised-departmental-guidance-valuation-travel-time-economic, retrieved April 10.

[7] Bureau of transportation statistics, total time spent traveling in weekdays and weekends 2003-2014, https://www.rita.dot.gov/bts/publications/passenger_travel_2016/tables/fig2_5_text, retrieved April 10, 2017.

[8] Hitachi Data Systems, White Paper, Storage Economics, Four Principles for Reducing Total Cost of Ownership, April 2015, https://www.hds.com/en-us/pdf/white-paper/fourprinciples-for-reducing-total-cost-of-ownership.pdf, retrieved on April 9, 2017.

[9] https://www.fhwa.dot.gov/policyinformation/pubs/hf/pl11028/chapter1.cfm, Federal Highway administration policy information website, retrieved on 14 March 2017.

[10] http://www.transitchicago.com/about/facts.aspx , Chicago transit Authority website, retrieved on March 14, 2017.

[11] https://energy.gov/eere/vehicles/fact-841-october-6-2014-vehicles-thousand-peopleus-vs-other-world-regions, energy.gov, office of energy efficiency and renewable energy website, retrieved onMarch 14, 2017.

[12] https://www.rita.dot.gov/bts/sites/rita.dot.gov.bts/files/publications/state_transportation_statistics/state_transportation_statistics_2015/chapter-5/table5_3, research and innovative technology administration, retrieved March 11, 2017.

[13] https://www.fhwa.dot.gov/planning/tmip/publications/other_reports/commercial_vehicles_transportation/task4_sect3.cfm, Federal Highway administration planning website, retrieved March 11, 2017.

[14] https://en.wikipedia.org/wiki/Taxicabs_of_the_United_States,Wikipedia website regarding taxicabs of the United States, retrieved on March 14, 2017.

[15] http://www.autorentalnews.com/fileviewer/2451.aspx, auto rental used.com, retrieved March 14, 2017.

[16] Parking infrastructure: energy, emissions, and automobile life-cycle environmental accounting, Mikhail Chester1, Arpad Horvath and Samer Madanat, Published 29 July 2010 • IOP Publishing Ltd , section 2 scenario one, http://iopscience.iop.org/article/10.1088/1748-9326/5/3/034001/meta, retrieved March 12, 2017.

[17] https://avt.inl.gov/sites/default/files/pdf/fsev/cost.pdf, Idaho National Laboratory, Advanced Vehicle Testing Activity website, retrieved March 14, 2017.

[18] The Economic and Societal Impact of Motor Vehicle Crashes, 2010, National Highway traffic safety administration, 2015 (revised https://crashstats.nhtsa.dot.gov/Apl/Public/ViewPublication/812013), retrieved April 10, 2017.

[19] San Diego Association of Governments, I 15 Integrated Corridor Management Project, http://www.sandag.org/index.asp?projectid=429&fuseaction=projects.detail , retrieved on 17 March 2017. The specific estimate of 1 TB per day was obtained in an interview with Peter Thompson, Senior Technology Program Analyst, SANDAG.

[20] Intelligent Transportation Systems Benefits, Cost, Deployment, and Lessons Learned Desk Reference: 2011 update, Intelligent Transportation Systems Joint Program Office, U.S. DOT, http://www.itskr.its.dot.gov/its/benecost.nsf/files/BCLLDepl2011Update/$File/Ben_Cost_Less_Depl_2011%20Update.pdf, page 102, retrieved March 20, 2017.

[21] Bertoncello, M., D. Wee, *Ten Ways Autonomous Driving Could Redefine the Automotive World*, [Online] McKinsey and Company; New York, June 2015, http://www.mckinsey.com/industries/automotive-and-assembly/our-insights/ten-ways-autonomous-drivingcould-redefine-the-automotive-world, retrieved on March 20, 2017.

第12章 全书总结

12.1 知识目标

1. 概述本书的基本要素，并突出特别重要的要点。
2. 解释阅读本书的价值。
3. 讨论本书可以作为平台的进一步工作。
4. 通过提供一些简洁的忠告，就如何根据书中的信息采取行动提出一些建议。
5. 提供一些关于进一步阅读的想法。

12.2 词频云图

与前几章一样，为了提供本章的总体概述，这里给出本章词频云图，如图12-1所示。

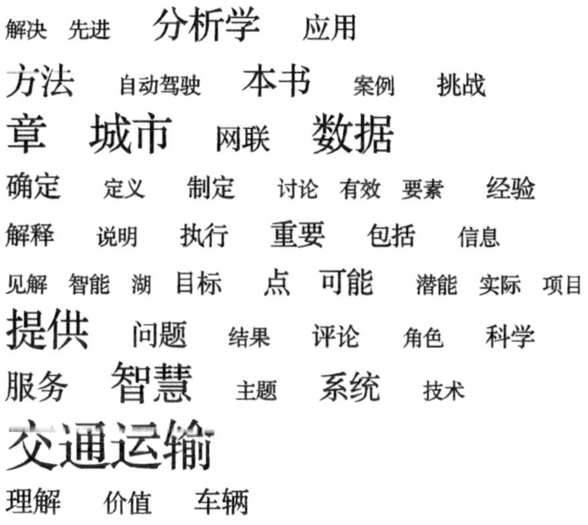

解决　先进　**分析学**　应用
方法　自动驾驶　**本书**　案例　挑战
章　**城市**　网联　**数据**
确定　定义　制定　讨论　有效　要素　经验
解释　说明　执行　重要　包括　信息
见解　智能　湖　目标　点　可能　潜能　实际　项目
提供　问题　结果　评论　角色　科学
服务　**智慧**　主题　系统　技术
交通运输
理解　价值　车辆

图 12-1　第 12 章词频云图

12.3　导语

在这个时候写这本书的主要原因是为智慧城市的交通运输与数据科学之间建立一种联系或桥梁。目前，人们对智慧城市有很多兴趣、想法和行动。毫无疑问，这一主题激发了城市规划人员、市长和广大公众的想象力。智慧城市新方案正在作为一面旗帜，为先进技术应用于城市环境提供重点和聚合催化剂。虽然智慧城市不仅仅是交通运输，还有智能医疗、智能居住和工作场所以及智能公用事业，但交通运输在智慧城市的形成和运营中将扮演极其重要的角色。希望这本书将进一步推动智慧城市新方案，并向交通运输专业人员提供一些额外的见解和理解，以帮助确保以最有效的方式进行智慧城市交通投资。智能交通系统项目的早期经验之一是需要利用不同的应用程序来识别和利用不同项目之间的共同点。许多技术都是为共享而设计的，公共部门和私营部门之间的密切互动对于部署计划的加快有很大帮助。本章对前几章进行总结，并对要点进行概述，还提出了一些关于进一步行动和进一步阅读的建议。

12.4　第 1 章回顾

第 1 章为本书的其余部分设定了场景，探讨了本书的写作背景和起因。第 1 章还考察了主题的选择，解释了现在解决智慧城市交通运输问题的价值。此外，第 1 章解释说，本书是针对不同的领导层，包括交通专业人员、业务分析师、汽车专业人员、智慧城市从业人员、大学教师以及学生。这是一个广泛的读者群体，但它是一种可作为智慧城市交通规划者和实施者的多学科小组。多样性的读者群体跨越多个学科，包括大数据、网联汽车和自动驾驶汽车、智慧城市和数据分析。为使本书圆满结束，第 11 章的内容还包括如何实现智慧城市交通服务的效益和成本估算。本书提供的综合信息的预期效果是，根据从智慧城市交通运输与数据科学之间的交叉领域得出的实际经验和专门知识，为智慧城市规划者和实施者提供指导和鼓励。

12.5　第 2 章回顾

根据以往在智能交通系统方面的经验，引入一个新的学科领域通常要求在提供答案之前先确定问题。第 2 章界定了通过大数据以及分析学在智慧城市交通运输中的应用可以回答的问题。这有双重目的：首先，它提供了一个全面的问题清单，从而构成探索和发现的基础；其次，它为接近问题答案和后续章节的内容奠定了基础。第 2 章先是解释了数据的价值，以及大数据技术和分析学对交通运输为什么如此重要。数据的价值常常被低估，希望第 2 章的内容将有助于提高智慧城市交通运输专业人员对数据价值的认识。

随后，第 2 章解释了为什么提出问题，而不是在书的这个阶段提供答案。接下来，第 2 章提供了可在智慧城市交通运输领域内回答的问题列表，这些问题被构造为安全性、效率和用户体验三个类别，并根据其预期用户或读者列出。目的是提供有用问题的列表，这些问题可以为每个读者群形成一个起点，以制订与他们在智慧城市范围内的特定角色和职责相关的定制问题集。本书所描述的方法的一个主要组成部分是把交通运输看作是一个单一的系统。为此，第 2 章提供了四个额外的问题，以评估在使交通运输行为成为一个单一系统方面我们取得的进展。这些问题涉及目标的明确性、连通性、状态确定和适应性。这样可让读者针对这四个问题的清单对其特定城市领域进行评估。

12.6 第 3 章回顾

"大数据"一词被大量使用，但常常缺少一个清晰且一致的定义。第 3 章讨论了这样一个明确且一致的定义的必要性，并提供了一个构成本书其他部分的基础定义。首先，第 3 章解释了如何测量数据。虽然这在一些读者群体中可能被认为是微不足道的，但重要的是让每个人都达到同一水平，并作为我们正在建立的数据科学与交通运输之间桥梁的一个重要构件。然后提供了对大数据的多维解释，说明大数据在很大程度上是关于量的，但也有其他方面。这些方面包括数据的多样性、数据的可变性、数据的复杂性和数据的真实性。第 3 章还解释了实时分析与基于存档数据即静态数据的分析之间的区别。

第 3 章的一个重要内容是讨论如何将大数据分析视为通往未来自动化的垫脚石。人们似乎非常关注智能车辆，而对配套的智能后台却没有那么多的兴趣。因此，第 3 章探讨了数据管理，以及在企业范围内查看所有收集到的数据的简单能力如何在很大程度上改善数据的使用效率和效果。为了从智慧城市交通运输的角度将大数据的讨论活跃起来，第 3 章最后解释了交通运输环境中的大数据，并提供了交通运输中潜在的大数据源的具体例子。

12.7 第 4 章回顾

如前所述，交通运输在智慧城市中可能扮演着极其重要的角色。网联汽车和自动驾驶汽车也很可能在智慧城市的交通运输中发挥着极其重要的作用。第 4 章探讨了网联汽车的定义以及引入网联汽车所面临的一些挑战。此外，第 4 章还研究了网联汽车主题的两个变体，特别强调将车辆连接到路边或后台基础设施所采用的电信方式。随后，第 4 章对自动驾驶汽车进行了定义，并探讨了其相关的挑战。为了清晰起见，第 4 章还讨论了网联汽车和自动汽车之间的区别，并为了将该主题与第 5 章所包含的智慧城市信息合并，还讨论了智慧城市交通运输运营背景下的网联汽车和自动驾驶汽车。最后，第 4 章描述了网联汽车和自动驾驶汽车对交通运输和汽车制造业的影响。

12.8 第 5 章回顾

智慧城市是本书的中心话题。因此，第 5 章以 16 种智慧城市交通服务的形式从交通运输的角度对智慧城市进行了定义。为了在定义的服务与智慧城市的需求和目标类型之间建立强有力的联系，第 5 章创建了一种将服务项目与目标相关联的对照列表，并从交通角度举例说明了几个可能的智慧城市目标。随后，第 5 章描述了定义的服务如何在定义出发点方面发挥作用，并提供了从当前的情况到未来智慧城市的路线图，提出了将服务纳入智慧城市实施的草图规划法的建议方法。

由于智慧城市的实施将带来挑战和机遇，第 5 章提供了这些挑战的初步清单，并解释了挑战的性质。最后，第 5 章概述了在实施伦敦拥堵收费项目中取得的一些实际经验教训。这些代表了在城市交通环境中应用先进技术所经历的真实挑战。最后，第 5 章引入并解释了感性城市的概念，它超越了智慧城市。感觉能力包括城市的感知和做出适当反应的能力，可以作为一个单一的系统，并将智能应用于感知的结果。这将导致应用可采取行动的洞察力来产生适当的应对措施。

12.9 第 6 章回顾

作为数据科学和交通运输之间桥梁建设的延续，第 6 章解释了数据分析和更广泛的工商业领域。还讨论了这种经验在智慧城市交通中的适用性。此外，第 6 章定义了数据分析学，并对分析项目和 KPI 进行了比较，给出了报告和分析本质上的差异。分析倾向于跨越多个数据源，并且更有可能是不同数据元素之间的比率和比较。分析学还提供了一种更灵活的方法，可以回答已经确定的问题，以及在使用大数据分析过程中会发现的问题。传统的 KPI 和报告方法往往造成一个难以适应新问题的僵化框架。第 6 章还以体育类比的形式说明了一个重要的区别，表明即使是最好的报告系统也只能使你成为体育比赛的观众；而数据分析是一个重要的工具，可以让你成为教练，并对团队或组织的表现产生影响。因此，第 6 章通过解释分析学在揭示智慧城市交通模式和趋势中所起的关键作用，进一步探讨了分析学的价值。此外，第 6 章列出了以前确定的每种智慧城市交通服务的分析项目，提供了它们与智慧城市交通直接相关的具体实例。

12.10　第 7 章回顾

第 7 章以智慧城市发展的出发点概念为基础，从交通运输角度确定了智慧城市的五个可能的出发点。从出发点的总体性质、作为出发点的适用性以及可用于支持出发点部署的分析类型各个方面，对每个出发点进行仔细考察。这种方法使智慧城市交通运输分析学的实际应用能够在确定智慧城市交通服务演变的起点和路线图的可能方法中表达出来。虽然第 7 章没有对可能的出发点提供一个全面的清单，只是解释了相关分析的样本，但它应该足以为智慧城市内的交通运输分析学和服务演变的定制方法奠定基础。

12.11　第 8 章回顾

一种称为应用案例的系统工程工具在交通运输和数据科学之间的桥梁中扮演着极其重要的角色。对于智慧城市的交通运输专业人员来说，应用案例捕获了要解决的问题、要应用的分析方法、所需的数据以及将要实现的效益。从数据科学的角度来看，这是客户需求、问题和目标（这些对于指导大数据分析方法的开发至关重要）的必要表达。因此，第 8 章定义了术语应用案例，并给出了智慧城市交通运输应用案例的一些样板。这些应用案例样板可以作为智慧城市定制方法的模型，解释了在实践中智慧城市交通运输的应用案例如何实施。

12.12　第 9 章回顾

如果要想释放分析学的力量和价值，创建和运行智慧城市交通数据湖是一项需要给予重点考虑的任务。目前的做法包括开发数据提取平台，将多个来源的数据汇集在一起，组装起来，然后分发给许多合作伙伴。数据湖的概念包含了这种智能数据交换方法，但增加了分析能力和分析共享的极有价值的元素。创建智慧城市交通数据湖具有为决策（包括绩效管理和服务提供规划）提供大量输入信息的潜力。它还能够通过为数据和分析共享提供共同线索，在智慧城市实施的各个要素之间发挥强大的凝聚力。经验表明，仅仅在整个智慧城市简单地提供数据不可能保证数据的有效利用。将共享方法扩展以便包括可从数据派生的分析，可能会为良好地使用数据和分析学提供额外的刺激。正如我们从以前实施智能交通系统中汲取的教训和经验一样，在交通运输以外的企业建立数据湖方面，有一些很好的教训和经验可供借鉴。在提出建立和运营智慧城市交通数据湖的方法之前，第9章概述了创建智慧城市交通数据湖可能面临的挑战。这当中强调需要吸取教训和实际经验，并采取切实可行、有力的方法来建立智慧城市交通数据湖。为强调拟议方法的价值，第9章还包括为应对挑战而确立的拟议方法的基本要素，从而说明通过创建和运营智慧城市交通数据湖可提供的价值。第9章最后阐述了如何利用分析学和数据湖来指导智慧城市交通组织的构建，为一个企业的成功奠定了基础。

12.13 第 10 章回顾

为了说明大数据分析在智慧城市交通计划中的价值，第10章定义了一系列与应用智慧城市交通大数据和数据分析技术相关的概念。这些概念涵盖了智慧城市交通应用的方方面面，包括高速公路速度可变性分析、智慧城市可达性分析、反映收费道路绩效的通行费回报指数、干线道路绩效管理和公共汽车购置决策支持。虽然其中一些例子深入地介绍了实施模式，但第10章清楚地解释了分析学在与智慧城市相关的一系列交通问题上的实际应用。

12.14 第 11 章回顾

第11章解释了智慧城市交通服务的效益和成本估算的概念框架。虽然如果没有详细的设计和技术选择，就不可能提供详细的成本估算，但第11章开发并提供了一系列配置假设，作为支持成本-效益分析的草图规划法的一种手段。为了提供一些现实的结果，有必要假设一个典型的智慧城市，并制订适当的参数来解释城市的性质和特征。虽然根据研究，这些参数都是尽可能切合实际的，但总体成本-效益估算方法提供了数量级的结果，而不是详细的评估。第 11 章还说明了智慧城市交通服务成本和效益评估的结构化方法，并解释了如何将其用作智慧城市交通服务规划和高级别筛选评估的模型。希望第 11 章的内容将为进一步的工作奠定基础，从而形成一个更详细的智慧城市交通服务的成本-效益模型。

12.15　给智慧城市交通运输专业人员的建议

为总结本书所涵盖的信息和新见解，现提出 24 项建议。下面列出的这些建议是读者在弄懂本书的内容之后应该考虑采取行动的一个简洁概要。

1）智慧城市交通是加速应用先进技术造福城市居民和来访者的绝佳机会。交通运输业应全力抓住这一机遇，积极利用数据科学的新动力。

2）仅在交通和数据科学之间架起一座桥梁还不够，双方还必须行动起来，走过这座桥，并在桥上的某处相遇。

3）大数据分析的机遇与潜在挑战并存。获取数据和分析的权利会意味着，与参与交通服务提供的专业人员相比，交通以外的人和交通运输企业以外的人对智慧城市交通规划和运营会有更好的了解。

4）从事跨越学科界限的工作会遇到持续不断的挑战。与智能交通系统一样，智慧城市交通如果要有成效和高效率地运作，将需要动员多学科团队，让他们了解目标，至少了解彼此的专长。

5）定义问题是一个良好的起点，因为在一个新的主题领域，问题的定义有助于澄清目的和目标。如果你不知道要提什么问题，也很难得到答案。

6）对大数据的认识是这些技术在智慧城市交通环境中成功应用的基础。在采用这些技术方面，工商业的其他领域可能领先于交通运输，但应用从这些其他领域吸取的教训和实际经验可以加快交通运输的技术应用步伐，并取得令人瞩目的成果。在硅谷，人们常说"早起的鸟儿有虫吃，第二只老鼠有奶酪吃。"紧随领头者和早期采用者可能会是利用前人经验和教训的最佳方法。

7）我们有很好的机会来适应和采用其他行业的大数据分析技术，并将其应用于智慧城市的交通运输。

8）数据科学方法发生了巨大变化。虽然以前我们倾向于对数据进行分割和分区，以便有效和高效地管理数据，但现在可以在所有数据中合并数据并创建包含全部数据的企业数据视图。这可以最大限度地结合数据元素以创建新的洞察力和理解。考虑为智慧城市交通运输建立统一的数据存储库即数据湖的新可能性。

9）大数据分析有可能处理从规划、设计和项目交付到运营和维护等各种智慧城市交通活动。重要的是，各方面的交通运输专业人员要意识到新的能力。

10）应详细了解数据的价值和保留数据所涉及的新经济学。可能没有必要对每个数据元素的价值做出早期判断，因为这将妨碍以后的组合会提供新的见解和理解的可能性。

11）这还涉及在 Hadoop 时代和用其他大数据存储方法对当前数据存储和数据管理成本形成一种新的看法。

12）应制订一项智慧城市交通数据分析策略，采用应用案例和试点项目，以便形成对目标和可能性的真正理解。同样，在了解数据目的的基础上，对分析的可能性进行新的洞察，以推动数据收集和数据采集。

13）要做好合作的准备，因为成本共担和利用私营部门的动机实现公共部门的目标的新的可能性是存在的。随着交通运输服务提供中潜在的私营部门角色的出现和发展，我们可能别无选择，只能采取伙伴关系，支持和影响策略。

14）注意网联汽车和自动驾驶汽车的可能性。来自网联汽车的探测数据可能会为智慧城市的交通需求的数据获取带来革命性变化。同样，自动驾驶汽车有可能解决智慧城市的许多交通问题，包括拥堵、停车和最后一英里的交通服务提供。此外，要意识到与自动驾驶汽车相关的潜在挑战，这些挑战可能导致当前交通运输服务模式的中断，除非我们对此有所预见并将这些新技术纳入我们的智慧城市交通方式当中。

15）对智慧城市新方案的定义应采取目标驱动法，了解在更大的智慧城市技术框架内交通的相对重要性。

16）应根据大数据和交通运输数据分析得出的见解和理解，了解科学的结果驱动投资方案的新可能性。

17）做好了解和利用一个项目支持另一个项目的能力的准备。尽管每个项目都将交付独立的成果，但最好的成果总是在项目和方案之间取得协调一致时才能取得。

18）正在出现的一种可能性是，越过智慧城市而进入感性城市，而这种感性城市的感知能力得到优化，且智能水平较高，从而始终可以确定和实施适当的策略。由于具有明确的目的性、连通性、适应性和在任何特定时间的有效的状态确定能力，大数据分析在交通运输规划和运营中作为一个单一的系统也可发挥关键作用。

19）应准备吸取教训和利用从其他行业和全球其他智慧城市交通新方案中获得的实际经验。

20）应开始研究主观交通运输术语的数据定义，准备好将分析学用于大规模智慧城市交通数据集的方法，以确定新的趋势和模式。同时也要意识到报告和分析之间的重大区别，以及需要有一个深而广的数据存储库，只有这样才能从分析中获得最大的好处。

21）对交通运输规划、交通工程和工作计划定义采用新的科学方法的可能性持开放态度。

22）对智慧城市的发展采取结构化方法，充分考虑到一个项目支持另一个项目的能力。

23）认识数据科学的新可能性和能力，以及如何将这些进步应用于智慧城市交通。

24）应着手开发智慧城市交通服务的结构化成本-效益分析框架，并在详细设计拟议工具的基础上提出详细的成本-效益模型。

12.16 小结

出于必要，本书涉及广泛的兴趣领域。如前所述，本书的一个主要目标是在智慧城市交通运输和数据科学之间架设一座桥梁。我本人在交通运输和数据科学之间的交叉领域积累了大量的洞察力和理解力。正如预期的那样，这种构建和记录取得的经验的经历带来了新的学习和理解的机会。希望本书能对读者产生同样的影响，并且作为一个有效工具在将先进技术应用于智慧城市交通运输中发挥预期作用。

如果这本书激励你去寻求更多关于所涵盖的主题的信息，可以考虑以下渠道：

1）《高速公路思考》（*Thinking Highways*）杂志：该杂志侧重于先进技术在交通运输中的应用，但经常以智慧城市交通为焦点和话题[1]。

2）智慧城市委员会：智慧城市委员会是公共机构和私营部门解决方案提

供商的独特组合，为智慧城市从业人员提供了极好的资源[2]。

3）我以前的著作：《ITS 体系结构》（*ITS Architectures*）和《先进的旅行信息系统》（*Advanced Traveler Information Systems*）。这两本书都有几年的历史了，但都包含了本书所依据的基本原则[3,4]。

4）国家智能交通系统体系结构网站：这里的材料也有几年的历史了，但是它已经得到了维护和更新，因而呈现了一种涵盖与先进技术应用于智慧城市交通相关的多个方面的资源。该网站包括技术、组织和商业模式等各个方面[5]。

参 考 文 献

[1] *Thinking Highways*, http://thinkinghighways.com/.

[2] Smart city Council, http://smartcitiescouncil.com/.

[3] *Intelligent Transportation System Architectures*, https://www.amazon.com/Intelligent-Transportation-System-Architecture-Library/dp/089006525X/ref=sr_1_1?ie=UTF8&qid=1490323442&sr=8-1&keywords=intelligent+transportation+system+architectures.

[4] *Advanced Traveler Information Systems*, https://www.amazon.com/Advanced-Traveler-Information-Systems-McQueen/dp/1580531334/ref=sr_1_1?ie=UTF8&qid=1490323508&sr=8-1&keywords=Bob+McQueen+advanced+traveler+information+systems.

[5] National Intelligent Transportation Systems Architecture website, http://local.iteris.com/itsarch/.

关于作者

鲍勃·麦昆（Bob McQueen）是一个创造性的技术问题解决专家，具有卓越的口头和书面沟通技巧，同时具备已被证实的技术、商业规划、业务发展和营销方面的经验。他在先进的交通技术相关业务开展、机会分析和关系构建方面经验丰富；在先进的数据分析技术、大数据和绩效管理系统的运用方面，也具有特殊的技能和经验。他写了40多篇关于先进交通技术的论文和两本关于系统架构和旅行信息系统的书。鲍勃目前是佛罗里达州奥兰多市的一家公司（Bob McQueen and Associates）的首席执行官。该公司致力于协助公共机构和私营企业了解技术投资的影响和充分利用先进交通运输技术的潜力，包括大数据分析技术。